그분의 상처로
우리는
나았습니다
예수님의 마지막 일주일

그분의 상처로 우리는 나았습니다

2015년 6월 25일 교회 인가
2015년 12월 25일 초판 1쇄 펴냄
2016년 3월 18일 초판 3쇄 펴냄

지은이 정진석 추기경
펴낸이 염수정
펴낸곳 가톨릭출판사
편집 겸 인쇄인 홍성학
디자인 자문 이창우
편집장 이현주
편집 임찬양, 전혜선
디자인 정해인

본사 서울특별시 중구 중림로 27
지사 경기도 고양시 일산동구 노첨길 65
등록 1958. 1. 16. 제2-314호
전자우편 edit@catholicbook.kr
전화 1544-1886(대) / (02)6365-1888(영업국)
지로번호 3000997

ISBN 978-89-321-1424-8 03230

ⓒ 정진석, 2015

값 14,000원

인터넷 가톨릭서점 http://www.catholicbook.kr
직영 매장 명동대성당 (02)776-3601, 3602/ FAX (02)776-1019
        가톨릭회관 (02)777-2521/ FAX (02)777-2520
        서초동성당 (02)313-1886
        서울성모병원 (02)2258-6439, (02)534-1886/ FAX (02)392-9252
        절두산순교성지 (02)3141-1886/ FAX (02)3141-1886
        분당성요한성당 (031)707-4106
        미주지사 (323)734-3383/ FAX (323)734-3380

가톨릭의 모든 도서와 성물을 '인터넷 가톨릭서점'에서 만나 보실 수 있습니다.

성경 ⓒ 한국천주교중앙협의회, 2005

이 도서의 국립중앙도서관 출판예정도서목록(CIP)은 서지정보유통지원시스템 홈페이지(http://seoji.nl.go.kr)와
국가자료공동목록시스템(http://www.nl.go.kr/kolisnet)에서 이용하실 수 있습니다(CIP제어번호 : 2015031328).

이 책은 저작권법에 의해 보호를 받는 저작물이므로 무단 전재와 무단 복제를 금합니다.

그분의 상처로
우리는
나았습니다

정진석 추기경 지음

예수님의 마지막 일주일

가톨릭출판사

일러두기

7장 십자가상 일곱 말씀은 폴턴 쉰 주교의 《The Seven Last Words》를
저자가 일부 번역하고 묵상한 내용을 넣었습니다.

Fulton J. Sheen, 《The Seven Last Words》, St. Pauls, 1996.

머리말

새 시대의 문을 연 성주간

하느님은 "내 생각은 너희 생각과 같지 않고, 내 길과 너희 길은 같지 않다. 하늘이 땅에서 아득하듯 내 길은 너희 길보다 높다. 내 생각은 너희 생각보다 높다."(이사 55,8-9 참조)라고 말씀하십니다. 하느님이 계시해 주시지 않으면 시간과 공간의 제한 속에 사는 미소한 인간에게는 영원하고 무한한 하느님을 제대로 이해할 수 있는 방법이 없습니다.

예수님은 잠시 동안 사람으로 이 세상에 오신 하느님이십니다. 예수님은 비교적 짧은 일생을 사셨지만 그 누구보다도 가장 오래 살아 계십니다. 예수님은 인류 역사상 가장 큰 영향력을 발휘하시며 온 세상 사람들을 이끌고 계십니다. 앞으로도 인류 역사가 계속되는 한 주님은 우리와 함께 살아 계실 것입니다.

한 처음에 우주 만물을 창조하신 하느님의 말씀이 인간의 죄악으로 손상된 세상의 조화調和를 회복시키러 이 세상에 오셨습니다. 하느님이 인류를 죄에서 구원하고자 하신다면, 우주를 창조하실 때처럼 한 말씀만 하시면 다 이루어질 것입니다. 그런데 하느님은 왜 천주 성자 예수님을 십자가에서 마지막 피 한 방울까지 다 쏟게 하면서 숨을 거두게 하셨을까요?

이것은 바로 하느님이 보여 주신 정의의 표현입니다. 악인들이 범한 죄와 흉악한 이념에 빠진 집단이 저지른 참혹한 죄 그리고 인류가 범하는 엄청난 죄를 용서받기 위해서는 가장 고귀하고 지극히 거룩한 피가 요구되기 때문입니다.

또한 하느님이 지니신 인류에 대한 지극한 사랑의 표현입니다. 구세주는 너무나 사랑하신 인류를 죄에서 구원하고 완전한 행복으로 이끌어 가려고 당신 생명의 피를 몽땅 쏟아 주신 것입니다.

예수님은 인류 역사상 누구보다도 가장 억울하게 온갖 수모와 모진 고통을 받으며 돌아가셨습니다. 전능하신 하느님이 인간의 가장 비참한 밑바닥까지 체험하신 이유는 무엇일까요? 지극히 억울한 고통을 당하고 괴로워하는 누구라도 예수님께 하소연하면 모두 이해하고 안아 주시기 위함이었을 것입니다.

예수님의 생애를 압축한 시간이 성주간입니다. 성주간에 일어난 사건들 하나하나가 인류 구세사에서 긴 세월을 두고 깊이 묵상해야 될 내용으로 가득 차 있습니다. 이 책을 통해 성주간 동안 예수님께 일어났던 사건들을 따라가며, 주님의 사랑과 구원 사업의 성취를 함께 묵상해 보고자 합니다.

1961년 주님 수난 성지 주일에 신학교의 전통에 따라 그 전날 사제품을 받은 제가, 두 명의 새 부제와 함께 라틴어 대례 미사를 주례한 감격이 어제처럼 새삼스럽습니다. 그로부터 54년간 주님이 파견하신 사제로 살 수 있도록 이끌어 주신 주님께 찬미와 영광을 드립니다. 예수님의 십자가 아래 굳건히 서 계신 성모님의 모범을 따라 홀몸으로 키운 외아들을 서슴없이 신학교에 보내 주신 어머니께 이 책을 바칩니다. 이 책의 원고를 정리해 준 정 알비나 수녀님과 가톨릭출판사와 서울대교구 홍보국에 감사드립니다. 또한 서울 가톨릭 미술가회 지영현 신부님이 독자들을 위하여 좋은 그림을 찾아 주셨습니다. 감사드립니다.

2015년 5월 성령 강림 대축일
성요셉 신학교 개교 160주년
혜화동 신학교에서 저자 씀

차례

머리말 새 시대의 문을 연 성주간　　　　　　　　　　　　5

1　주님 수난 성지 주일　13

1) 나귀를 타고 예루살렘에 입성하심　　　14
2) 예루살렘의 멸망 예고　　　19
3) 예수님의 예루살렘 입성　　　22
4) 성전 뜰에서　　　27
5) 로마 총독의 입성　　　32

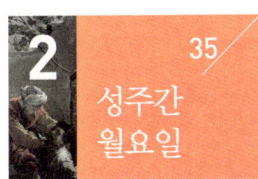

2 성주간 월요일   35

1) 저주받은 무화과나무   35
2) 성전에서 가르치시는 예수님   38
   (1) 두 아들의 비유   38
   (2) 악한 소작인들의 비유   39
   (3) 밀알의 비유   41
   (4) 황제의 것은 황제에게 하느님의 것은 하느님께   42
3) 예수님의 적대자들   44
   (1) 사두가이파   44
   (2) 바리사이파   46
   (3) 최고 의회 의원들   48
   (4) 예수님을 죽일 음모   49

3 성주간 화요일   50

1) 말라 버린 무화과나무   50
   (1) 하느님을 믿어라   52
   (2) 기도와 용서   55
2) 율법 학자들과 바리사이들에 대한 경고   56
   (1) 다윗과 그리스도   56
   (2) 불행한 위선자들   57
   (3) 유다인들의 불신과 심판   58
   (4) 가난한 과부의 헌금   59
3) 예루살렘 멸망과 세상 종말 예언   61
   (1) 성전의 파괴 예고   61
   (2) 재난의 시작   61
   (3) 예루살렘 멸망의 징조   63
   (4) 주님의 재림   64

4 성주간 수요일 — 66

1) 심판에 관한 예수님의 가르침 — 66
   (1) 개별 심판에 관한 세 가지 비유 — 67
   (2) 예수님의 재림과 최후의 심판 — 70
2) 예수님의 수난 예고 — 73
   (1) 최고 의회의 음모 — 76
   (2) 최고 의회의 결의 — 78
3) 유다스의 배반 예약 — 81
   (1) 열두 사도 중 한 명인 유다스 — 81
   (2) 예수님께 향유를 부은 여자 — 83
   (3) 유다스가 배신한 심리 — 86
   (4) 유다스와 수석 사제들의 계약 — 90

5 성주간 목요일 — 93

1) 최후의 만찬 준비 — 93
2) 사도들의 발을 씻으심 — 99
   (1) 수난 직전 예수님의 심정 — 99
   (2) 예수님과 베드로의 대화 — 103
   (3) 너희도 서로 발을 씻어 주어라 — 108
   (4) 유다스의 발을 씻으신 주님 — 110
   (5) 주님의 산란한 심정 — 112
   (6) 예수님이 배반자를 암시하심 — 115
3) 예수님의 격려와 작별 인사 — 123
4) 성체성사를 제정하심 — 128
5) 베드로의 장담 — 134
6) 겟세마니에서의 기도 — 144
7) 예수님이 잡히심 — 158
8) 최고 의회에서의 신문 — 172
9) 베드로가 예수님을 모른다고 하다 — 190
10) 유다스의 절망과 자살 — 200

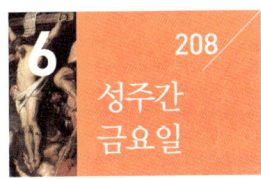

6 성주간 금요일 — 208

1) 빌라도에게 끌려가시다 — 208
2) 빌라도의 신문 — 217
3) 빌라도가 예수님을 헤로데에게 보냄 — 226
4) 축제 때의 죄수 석방 — 230
5) 가시관을 쓰신 예수님 — 244
6) 십자가의 길 — 255
7) 십자가에 못 박히시다 — 259
8) 예수님이 돌아가심 — 272
　(1) 예수님이 숨을 거두심 — 272
　(2) 십자가 아래 서 있던 사람들 — 275
　(3) 군사가 예수님의 옆구리를 창으로 찌르다 — 278
9) 예수님의 장례 — 282
　(1) 아리마태아 출신 요셉 — 282
　(2) 예수님이 묻히심 — 287

7 십자가 상 일곱 말씀 — 293

1) **첫 번째 말씀:**
"아버지, 저들을 용서해 주십시오." — 294

2) **두 번째 말씀:**
"이 사람이 어머니의 아들입니다. 이분이 네 어머니시다." — 297

3) **세 번째 말씀:**
"너는 오늘 나와 함께 낙원에 있을 것이다." — 302

4) **네 번째 말씀:**
"저의 하느님, 저의 하느님, 어찌하여 저를 버리셨습니까?" — 306

5) **다섯 번째 말씀:**
"목마르다." — 311

6) **여섯 번째 말씀:**
"다 이루어졌다." — 314

7) **일곱 번째 말씀:**
"아버지 손에 맡깁니다." — 318

8. 성주간 토요일 — 323

1) 안식일에 수선을 떤 유다인 지도자들 … 323
2) 예수님의 무덤 경비 … 325

9. 예수 부활 주일 — 327

1) 주님이 부활하심 … 327
   (1) 여인들의 묘소 방문 … 327
   (2) 경비병들의 허위 선전 … 333
2) 엠마오로 가는 두 제자와 동행하신 주님 … 336
3) 부활하신 주님이 사도들에게 나타나심 … 342

10. 예수 부활 주일 이후 — 349

1) 주님이 갈릴래아에서 사도들에게 나타나심 … 349
2) 티베리아스 호숫가에 나타나신 주님 … 351
   (1) 와서 아침을 먹어라 … 351
   (2) 베드로의 수위권 … 354

맺음말 예, 주님! 제가 주님을 사랑하는 줄을 주님께서 아십니다 … 358

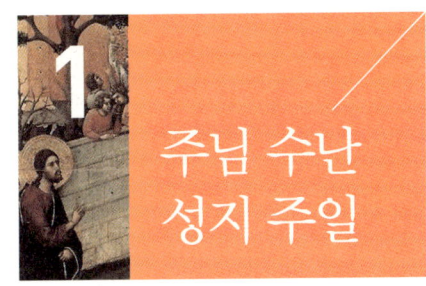

1. 주님 수난 성지 주일

    이스라엘 남성들은 매년 3대 축제인 과월절과 오순절, 초막절에 예루살렘 성전을 순례할 의무가 있었습니다(신명 16,16 참조). 갈릴레아 지방에서 복음을 선포하시던 예수님과 제자들도 이 의무를 지켰을 것입니다. 요한 복음서를 보면 예수님도 공생활 기간 동안 과월절 때마다 매번 예루살렘에 가셨고(요한 2,13; 6,4; 12,12 참조), 다른 축제 때에도 세 번 예루살렘에 가셨음을 알 수 있습니다(요한 5,1; 7,10; 10,22 참조). 마태오·마르코·루카 복음사가는 예수님이 공생활 중 마지막 과월절에 예루살렘에 가신 사실 한 번만 기록하였습니다.

1) 나귀를 타고 예루살렘에 입성하심(마태 21,1-11; 마르 11,1-11; 루카 19,28-38; 요한 12,12-19)

예수님은 공생활 마지막 해 과월절을 경축하려고 갈릴래아에서 예루살렘으로 가셨습니다. 예수님은 이 순례가 죽음으로 가는 길이고 적의 손에 넘겨져 십자가에 달리게 되실 때임을 알고 계셨습니다. 예수님은 파스카 축제가 시작되는 주간 첫날 일요일에 제자들과 함께 백성의 환호를 받으며 예루살렘에 입성하셨습니다. 목요일 저녁에 제자들과 함께 파스카 만찬을 하시고 성체성사를 제정하셨습니다. 그리고 금요일에 십자가에 처형되시어, 주일 새벽에 부활하셨습니다. 성서학자들에 따르면 그때가 주님 탄생 후 AD 30년 4월 초순이었다고 합니다.

어린 나귀를 빌려 오게 하시는 예수님

파스카 축제가 시작되는 주간 첫날 일요일(성지 주일) 아침, 예수님 일행은 베타니아를 떠나서 예루살렘 성읍을 향해서 걸어갔습니다. 신심 깊은 경건한 유다인들이 거룩한 성전이 있는 예루살렘 도성에 들어갈 때에는 걸어서 들어가는 것이 관례였습니다. 예수님도 예루살렘에 가실 때마다 언제나 조용하게 걸어서 도성에 들어가셨습니다.

그런데 이번에는 예수님이 예루살렘 도성 동쪽 첫 마을인 벳파게 근처에 도착하셨을 때, 엉뚱하게도 두 제자에게 "맞은쪽 동네로 가거라. 매여 있는 암나귀와 그 곁의 어린 나귀를 곧바로 보게 될 것이다. 그것들을 풀어 나에게 끌고 오너라."(마태 21,2) 하고 분부하셨습니다.

예루살렘 입성
페드로 데 오렌테(Pedro de Orrente, 1588~1645년), 1620?년,
캔버스에 유채, 에르미타주 미술관, 상트페테르부르크, 러시아.

평소에 어디를 가시든지 걸어 다니시던 예수님이 느닷없이 나귀를 빌려 오라고 분부하시니까 제자들이 어리둥절하여 잠시 멍하니 서 있었습니다. 당신의 뜻을 전혀 짐작하지 못하는 제자들에게 예수님은 이렇게 설명해 주셨습니다. "누가 너희에게 무어라고 하거든, '주님께서 쓰신답니다.' 하고 대답하여라. 그러면 그것들을 곧 보내 줄 것이다."(마태 21,3 참조)

주님이 계획하신 일

예수님은 나귀 주인에게 나귀를 빌려 달라고 청하면서 '스승님이 쓰신다.'라는 표현 대신에 '주님께서 쓰신다.'라는 표현을 하라고 제자들에게 말씀하셨습니다. 이는 예수님이 사도들의 스승일 뿐 아니라 백성 전체를 구원하실 메시아이심을 공개적으로 선언하신 것입니다.

예수님이 제자들에게 분부하신 내용으로 미루어 보아 예수님이 벳파게 주민들로부터 큰 신망을 얻고 계셨음을 짐작할 수 있습니다. 예수님은 그곳 어느 집에 암나귀와 어린 나귀가 있는지, 그리고 그 주인이 그것들을 선뜻 빌려줄 것을 미리 알고 계셨습니다.

메시아이신 예수님이 나귀를 타고 군중의 환호를 받으며 당당하게 입성하실 작정이십니다. 아마도 예수님이 진작부터 성대하게 예루살렘에 입성하실 절차를 계획하셨음을 짐작할 수 있습니다.

주님은 굳이 어린 나귀를 끌고 오라고 분부하셨습니다. 타실 작정이 아니었다면 그런 심부름을 시켰을 리가 없을 것입니다. 아직 아무도 탄 적이 없는 어린 나귀는 유다인에게나 로마인에게나 종교 의식용으로 적합한 동물로 사용되었고 신성시되었습니다(즈카 9,9 참조).

순진한 제자들의 심부름

예수님과 제자들 일행이 예루살렘에 갈 때마다 베타니아와 벳파게를 지나갔기 때문에 그 지역 사람들도 예수님과 제자들을 잘 알고 있었을 것입니다. 그래서 주님의 분부를 받은 두 제자는 자기들의 행동이 그곳 주민들한테 도둑으로 의심을 받을까 염려하는 마음이 전혀 없었습니다. 제자들은 예수님의 명령대로 망설임 없이 대담하게 길을 나섰습니다. 맞은편 마을에 가 보니 예수님의 말씀대로 과연 암나귀와 어린 나귀가 길가로 난

문 앞에 매여 있었습니다. 제자들은 암나귀와 어린 나귀가 묶인 끈을 거침없이 풀었습니다. 그러자 제자들의 얼굴을 못 알아본 나귀 주인이 "왜 그 어린 나귀를 푸는 거요?"(루카 19,33) 하고 물었습니다.

벳파게 주민의 후한 인심

두 제자는 예수님이 미리 일러 주신 대로 대답하였습니다. 그 마을 주민들은 예수님에 관한 소문을 이미 들었습니다. 그래서 나귀 주인은 자기의 나귀를 나자렛 예언자가 탈 것임을 알고 영광스러운 생각이 들어 예수님의 청을 선뜻 받아들였습니다. 과연 예수님이 말씀하신 대로 나귀 주인은 곧바로 아무 망설임 없이 귀중한 암나귀와 어린 나귀를 빌려주었습니다.

아직 사람을 태운 적이 없는 어린 나귀는 어미 나귀에게서 떨어지면 울고 날뛸 것입니다. 그래서 제자들은 어미 나귀와 어린 나귀를 한꺼번에 예수님께 끌고 왔습니다. 아직 사람을 태운 적이 없는 어린 나귀에는 안장이 없었기 때문에 작은 모포를 등에 올려놓아야 했지만 제자들은 모포를 미리 준비하지 않았기 때문에 자신들의 겉옷을 벗어서 차곡차곡 개어 어린 나귀 등 위에 임시 안장으로 올려놓았습니다. 그리고 거기에 예수님이 올라타시게 하였습니다. 그러나 사람을 처음 태운 어린 나귀가 몸부림을 쳐서 제자들이 나귀를 붙잡고 달래 주었습니다.

기쁨에 넘치는 군중의 환호 소리

이스라엘 민족의 해방 기념일인 과월절은 이스라엘의 최대 명절입니다. 전국에서뿐만 아니라 여러 나라에 흩어져 사는 유다인들도 예루살렘에 모여들었습니다. 그런데 예루살렘 성읍에는 숙박 시설이 부족해서 축제 기간 동안 올리브 산이나 올리브 산 동남쪽의 벳파게 마을 근처까지 나와서 야영을 하는 순례객들이 많았습니다. 갈릴래아 지방 주민들이 축제에 참석하려면 예리코를 거쳐 예루살렘 도성으로 가는 길목인 벳파게를 지나가야 했습니다. 그리고 이들 중에는 예수님이 예루살렘에 오신다는 소문을 듣고 그 시각에 예수님을 기다리고 있던 사람들도 있었습니다. 예수님이 되살려 주신 라자로를 보기 위하여 베타니아에 왔다가 예수님의 제자들을 따라서 이 자리까지 온 사람들도 있었습니다.

예수님의 제자들이 대중 앞에서 거침없이 행하는 보기 드문 희한한 거동을 많은 군중이 목격하였습니다. 군중은 오시기로 약속된 메시아가 바로 이분이심을 본능적으로 직감하였습니다. 이 직감적인 감각이 군중 한 사람 한 사람 마음속에 번져 나갔습니다. 군중은 지난 3년 동안 자기들이 직접 목격하였거나 전해 들은, 예수님이 행하신 놀라운 기적들을 회상하면서 새삼스럽게 감격에 겨워 흥분하기 시작하였습니다(루카 19,37 참조).

흥분한 군중은 아무도 행할 수 없는 놀라운 기적들을 거침없이 행하신 메시아가 먼지가 나는 길을 가시면 너무나 송구하다는 생각이 들었습니다. 그래서 그 근방에 있는 올리브 나뭇가지를 꺾어서 길에 깔았습니다. 그리고 누가 먼저인지 따질 것도 없이 너도나도 자진해서 올리브 나무 아래 무성하게 자라고 있던 풀도 잘라다가 그 길에 깔았습니다. 그리고 자기의 겉옷을 벗어 예수님이 지나가시는 길에 깔아 놓은 사람들도 있었습니다. 이런 행동은 임금이나 개선장군에게만 하는 명예의 표현이었습니다(2열왕 9,13 참조).

예수님의 일행이 올리브 산에 도착하자 나귀에 타신 예수님을 예루살렘 성전까지 모셔 드릴 장엄한 행렬이 자연스럽게 꾸려졌습니다. 행렬은 올리브 산 꼭대기에서 출발하였습니다. 올리브 산 정상에서 서쪽을 바라보면서 내려오시는 예수님 눈앞에 키드론 골짜기 너머로 예루살렘 시가지와 시온 언덕 위에 웅장하게 세워진 예루살렘 성전이 환히 내려다보였습니다.

예수님을 따라가던 군중은 예루살렘이 보이자 더욱 큰 소리로 환호하였습니다. 제자들은 드디어 예수님이 다윗의 자손에 걸맞게 나귀를 타시고 예루살렘에 입성하시는 당당한 모습을 보고, 눈물겨운 감격이 벅차올랐습니다.

2) 예루살렘의 멸망 예고(루카 19,41-44)

예수님이 탄생하시기 천 년 전에 다윗 임금이 예루살렘을 수도로 정하고 계약의 궤를 안치한 이래 예루살렘은 하느님에 대한 참된 예배의 중심지가 되었습니다.

하느님께 선택받은 백성의 수도인 예루살렘 도성의 주민들이 메시아로 오신 예수님을 받아들였다면 온 세상을 얼마나 찬란하게 비추는 시온 성이 되었겠습니까? 예수님의 제자들처럼 예루살렘 도성의 주민들도 하느님과 화해하는 유일한 수단이 예수님을 믿고 따르는 것임을 깨달았다면 얼마나 좋겠습니까? 예루살렘 도성의 주민들도 예수님의 가르침을 들었고 기적을 보았습니다. 그런데도 그들은 예수님을 알아보지 못했고 예수님의 말씀을 알아듣지도 못하였습니다. 그 책임은 그들에게 있습니다. 예수님은 예루살렘 멸망에 대하여 여러 번 말씀하셨습니다(루카 19,41-44; 21,20-24; 23,28-31 참조). 예수님이 미리 경고하신 예루살렘의 파멸은 유다인들이 구원받지 못함을 상징하는 것입니다. 인류를 죄에서 구원하시려고 유다인으로 탄생하신 예수님이 정작 유다인들이 구원에서 제외되는 것을 얼마나 안타까워하셨겠습니까?

만일 이 도성 주민들이 회개하고자 한다면 아직 늦지 않았습니다. 오늘 이 도성을 찾아오신 예수님을 받아들인다면 구원을 받을 수 있습니다. 그런데 이 도성의 주민들은 교만과 완고함 때문에 영혼의 소경이 되어 예수님이 베풀어 주신 마지막 기회까지 외면해 버렸습니다.

예루살렘의 멸망을 예고하시며 우신 예수님

예루살렘에 입성하시려는 예수님은 그곳에 인류의 구세주로 오신 당신을 죽이려는 적들이 기다리고 있다는 것을 알고 계셨습니다. 이제부터 예루살렘에서 당하실 수난을 아시는 예수님께는 군중의 환호성이 더욱 가슴 아프게 들렸습니다. 이 세상에 오신 하느님이신 예수님은 이 도성이 당신의 사명 수행을 거부하기 때문에 멸망할 것임을 아셨습니다. 그래서 예루살렘도 주님의 제자들처럼 평화를 가져다줄 임금이 당신임을 알았으면 얼마나 좋겠는가 하고 안타까워하시며 한탄하셨습니다(루카 19,42 참조). 그러자 눈물 한 줄기가 뺨에 흘러내렸습니다.

예수님의 애절한 눈물은 제자들의 환호성과 극단적으로 대조됩니다. 예수님은 이 도성의 군중이 당신에게 보내는 열광은 이내 사라지고 편견에

예루살렘 성전 파괴
니콜라 푸생(Nicolas Poussin, 1594~1665년), 1637년,
캔버스에 유채, 빈 미술사 박물관, 빈, 오스트리아.

사로잡혀 구원의 빛인 당신을 해칠 것임을 알고 계셨습니다.

슬프게도 이 도성은 머지않아 완전히 파괴될 것입니다. 예수님은 예언자적 전망으로 장래에 일어날 그 공포의 때를 보시고 애통한 눈물을 흘리셨습니다. 오늘날 이 자리에는 '주님 눈물Dominus Flevit 성당'이 세워져 있습니다.

예수님이 예고하신 대로 AD 70년에 로마 군대가 예루살렘 시가지와 성전을 철저히 파괴한 사건을 루카 복음사가는 세상 종말의 심판을 예시하는 역사로 보았습니다.

3) 예수님의 예루살렘 입성

　예수님 일행은 올리브 산꼭대기에서 키드론 골짜기 바닥까지 내려간 다음, '아름다운 문'이라고 불리던 예루살렘 도성의 동쪽 문을 통하여 도성에 들어갔습니다. 예루살렘 도성에 들어선 예수님 일행은 거기서 다시 행렬을 가다듬고 시온 산에 있는 성전 앞 광장까지 올라갔습니다.

　예수님 일행과 함께 걸어가는 군중은 손에 올리브 나뭇가지를 꺾어 들고 흔들면서 앞서거니 뒤서거니 하며 억누를 수 없는 기쁨과 희망을 나타내는 환성을 질렀습니다.

　예수님이 나귀를 타고 군중의 환호를 받으면서 예루살렘 도성에 입성하시는 모습을 본 군중은 천 년 전 다윗 임금과 솔로몬 임금 시대의 찬란했던 부귀영화를 회상했을 것입니다.

다윗의 자손 메시아

　그때 예수님을 향하여 누군가가 "다윗의 자손께 호산나!"(마태 21,9) 하고 외쳤습니다. 다윗의 자손이라는 말은 메시아를 지칭하는 독특한 표현이었습니다. 이 말에 공감하는 군중도 덩달아서 "호산나 만세!" 하고 일제히 소리쳤습니다. 종교적 의미로 이루어진 지상의 승리와 하늘의 영원한 승리의 의미가 합쳐서 "지극히 높은 곳에서 호산나!"라고 환호한 것입니다.

　BC 970년에 다윗 임금이 자기 아들 솔로몬을 후계자로 지명하였습니다. 후계자에게는 임금의 노새를 탈 특권이 주어집니다. 솔로몬이 다윗 임금의 노새를 타고 올리브 산에서 키드론 골짜기로 내려갔습니다. 거기서 차독 사제와 나탄 예언자가 솔로몬의 머리에 기름을 부었습니다. 임금의 나팔수가 나팔을 불자, 모든 백성이 "솔로몬 임금 만세!" 하고 외쳤습니다. 모든 백성이 피리를 불고 솔로몬의 뒤를 따라가면서 큰 기쁨에 넘쳐 땅이 갈라질 지경으로 환호하였습니다(1열왕 1,29-40 참조).

다윗의 자손이 오시는 것은 엄밀한 뜻으로 메시아의 인류 구원 사업을 실현하기 위함입니다. 그것은 다윗의 나라를 실현하는 것입니다. 이것은 모든 유다인들의 희망이었습니다.

예수님이 나귀를 타고 성전 마당으로 가시는 광경을 본 도성 주민 전체가 깜짝 놀라서 눈이 휘둥그레졌습니다.

주님의 이름으로 오시는 분

예수님의 뒤를 따라 성전 마당으로 들어간 군중은 예루살렘 도성이 떠나가도록 "다윗의 자손께 호산나! 주님의 이름으로 오시는 분은 복되시어라! 우리 조상 다윗 왕국 만세! 지극히 높은 곳에 호산나!"(마르 11,9-10 참조) 하고 목청껏 외쳤습니다.

'호산나'라는 말은 본시 히브리어로나 아람어로나 "주님, 구원을 주소서."라는 뜻이었습니다. 그러다가 차츰 그 말의 원뜻이 변화하여, 예수님 시대에 와서는 기쁨을 나타내는 '만세'라는 환호의 외침이 되었습니다.

요한 세례자가 예언한 바와 같이 예수님은 메시아 시대를 여시려고 "오시는 분"이십니다(마태 3,11; 11,2-6 참조).

예수님을 환호하는 군중은 하늘 높은 곳에 계신 하느님을 찬양하면서 "지극히 높은 곳에 호산나!"(마르 11,10) 하고 외쳤습니다. 예수님을 따르는

예루살렘 입성
두초 디 부오닌세냐(Duccio di Buoninsegna, 1255?~1315년), 1308~1311년, 목판에 템페라, 시에나 대성당 박물관, 시에나, 이탈리아.

제자들은 하느님이 당신의 계획을 실현하시고 백성을 해방시킬 '메시아'를 보내어 당신 약속을 이루셨음을 실감하였습니다. 예수님의 탄생 때에 천사들이 "지극히 높은 곳에서는 하느님께 영광"(루카 2,14) 하고 찬미의 노래를 불렀습니다. 이와 마찬가지로 제자들이 하느님께로부터 오는 '평화'를 기리며 그분을 찬양하였습니다.

술렁거리는 도성

예수님 뒤를 따라 성전에 올라가는 군중이 외치는 "다윗의 자손 만세!"라는 환호 소리가 시간이 지날수록 더 높아져 갔습니다. 예루살렘 도성에 사는 주민들뿐만 아니라 파스카 축제를 경축하려고 외국에서 온 유다인들과 성전 마당에 모여 있는 많은 군중에게도 들릴 정도였습니다.

성전 마당에 순례 온 사람들 중에는 이 근래에 예수님에 관하여 일어난 사건들을 알지 못하는 사람들도 있었습니다. 그들은 예수님 일행의 환호 소리를 듣고 "이분이 누구이기에 이렇게 요란하냐?" 하고 서로 수군거렸습니다. 군중 중에서 예수님의 모든 사건을 다 알고 있던 이가 "저분은 갈릴래아 나자렛에서 오신 예수님이오." 하고 큰 소리로 대답해 주었습니다.

군중 속에 있던 바리사이 몇 사람은 그 환호성의 주인공이 나자렛의 예수님이라는 말을 듣자 환호 소리가 비위에 거슬렸습니다. 그들은 대뜸 예수님께 "스승님, 시끄럽게 떠드는 제자들을 조용히 하라고 꾸짖으십시오."(루카 19,39 참조) 하고 거칠게 항의하였습니다. 그러자 예수님이 "이들이 잠자코 있으면 돌들이 소리 지를 것이다."(루카 19,40) 하고 바리사이들을 면박하였습니다.

즈카르야 예언의 성취

근동近東 지방에서는 집회나 행렬을 할 때 한 사람이 찬미의 감탄을 선창하면 모든 군중이 한소리로 화답하는 관습이 있었습니다. 예수님이 입성하실 때에도 흥에 겨운 군중의 환호성이 점점 더 열정적으로 높아져 갔습니다. 예수님을 따르는 환호의 행렬은 "예루살렘의 딸들에게 알려라. 네 임금이 겸손하시어 어린 나귀를 타고 오신다."(이사 40,9)라는 예언자들의 말씀이 실현된 것입니다(이사 62,1; 즈카 9,9-10 참조).

마태오와 요한 복음사가도 예수님의 성대한 예루살렘 입성 사건을 즈카르야 예언의 성취로 기록하였습니다(마태 21,4-5; 요한 12,14-15 참조).

즈카르야의 예언은 임금이 행렬을 지어 자기의 왕성王城으로 입성하는 광경입니다. 이 임금은 무력으로 통치하기 위하여 건장한 군마軍馬를 타고 오는 분이 아니라 온순한 어린 나귀를 타고 입성하시는 평화의 임금이십니다(창세 49,11; 판관 5,10 참조).

어린 나귀를 타고 입성하시는 평화의 임금님은 기병이나 전차대戰車隊나 활이나 칼이 필요 없도록 전쟁을 추방할 것입니다. 그리고 온 세상 모든 나라의 평화를 이루실 것입니다.

예수님의 성대한 예루살렘 입성의 의의

일부 성서학자들은 예수님이 성대하게 예루살렘을 입성하신 행위에는 세 가지 이유가 있다고 설명합니다. 첫째는 즈카르야 예언자의 예언을 성취시키기 위하여, 둘째는 예수님이 임금님이시지만 겸손과 온유의 모범을 보이기 위하여, 셋째는 예수님이 당신이 평화의 임금인 메시아임을 선언하기 위함이었다고 설명합니다.

4) 성전 뜰에서(마태 21,14-17; 루카 19,39-40)

바리사이들의 불평

예수님의 일행이 성대하게 예루살렘에 입성하는 행렬을 보고 환영하는 군중과는 달리 바리사이들은 속이 상하였습니다. 나자렛이라는 촌에서 예언자가 나올 수 없다고 확신하는 바리사이들은 예수님께 경거망동하지 말라고 경고하고 싶었습니다. 그러나 군중의 반응이 두려워서 예수님을 직접 비난하지 못하고 제자들 무리에게 공연한 소란을 떨게 하지 말아 달라고 예수님께 점잖은 척 협박하였습니다(루카 19,39 참조).

예수님의 언행에 대해서 평소 못마땅하게 여기던 바리사이들은 그전에도 예수님께 "헤로데가 당신을 죽이려고 합니다. 그러니 이 고장을 떠나 주십시오."(루카 13,31 참조) 하고 친절을 가장하여 협박성 경고를 한 적도 있습니다.

바리사이들의 불평에 대하여 예수님은 "제자들과 군중이 잠자코 있으면 돌들이 소리 지를 것이다."(루카 19,40 참조)라고 면박하셨습니다.

이 말씀은 예루살렘 주민이 예수님을 환호로 맞이하는 것을 아무도 막지 못할 것이고, 만일 예루살렘이 자기의 임금님을 인정하려고 하지 않으면 이 도시가 파괴되리라는 것을 예고하신 말씀으로 볼 수도 있습니다(루카 19,44 참조).

바리사이들이 예수님께 경고는 했지만, 지금은 자신들의 무력함을 스스로 인정할 수밖에 없었습니다. 마음속으로는 분개하고 있지만, 겉으로는 별다른 행동을 할 수가 없었습니다. 그들의 노력은 아무런 효과도 거두지 못하고 오히려 자신들의 체면만 깎았을 뿐입니다. 군중이 모두 예수님 편을 들었기 때문입니다(요한 12,19 참조).

눈먼 이와 다리저는 이를 치유하심

예수님이 예루살렘 성전 뜰 안에 들어가시자, 예루살렘 도성 거리에 흩어져 있던 눈먼 이들과 절름거리는 이들까지도 거침없이 성전 뜰 안으로 뒤따라 들어와 예수님께 다가갔습니다. 그들은 예수님을 무슨 병이든지 치유해 주시는 분으로 믿고 있었기 때문에 자신들의 치유를 청하는 뜻으로 염치 불고하고 성전 뜰 안까지 들어간 것입니다. 사실 이러한 불구자들은 성전에 출입하는 것도 금지되었습니다(2사무 5,8 참조). 그런데 예수님은 성전에 출입이 금지된 불구자들을 성전 마당까지 데리고 들어와 서슴없이 치유해 주신 것입니다(마태 21,14 참조).

수석 사제들은 성전의 정결과 질서를 지키는 책임자들입니다. 그런 그들이 성전에 출입이 금지된 불구자들을 예수님이 성전에서 치유해 주시는 기적을 보고선, 당황하고 격분하였습니다. 사제가 될 권리와 자격이 있는 레위인이라도 신체적으로 흠이 있는 자는 성전에 출입하는 사제가 될 수 없었습니다. 이에 대해 성경에 첫 자리에 언급된 이가 눈먼 이와 다리저는 사람이었기 때문입니다(레위 21,18 참조).

수석 사제들과 율법 학자들의 항의

예수님을 따라서 많은 아이들도 성전 뜰 안까지 들어왔습니다. 벳파게에서부터 행렬을 따라서 온 아이들도 있었고, 예루살렘에 사는 아이들이 예수님 일행의 행렬을 뒤따라오기도 했습니다. 나귀를 타고 입성하시는 예수님과 "다윗의 자손께 호산나!"라고 목청껏 외치는 군중을 본 아이들은 신바람이 났습니다. 모처럼 신나는 재밋거리를 목격한 아이들은 군중을 따라서 "다윗의 자손께 호산나!" 하고 마음껏 큰 소리를 질렀습니다. 수석 사제들은 정숙해야 될 성전 뜰이 너무 소란스럽다고 느꼈습니다. 수석 사제들과 율법 학자들이 예수님이 일으키신 기적들을 보고, 또 성전에서 "다윗의 자손께 호산나!" 하고 외치는 아이들을 보고 불안해졌습니다.

유다교의 율법을 건성으로 실천하는 사두가이파 사람들과 유다교의 율법을 철저하게 실천하고 가르치는 열성적인 바리사이파 사람들은 평소에 적대 관계에 있는 사람들입니다. 그런데 예수님을 반대하는 공동 목표를 두고 지금 그들이 함께 손을 잡은 것입니다. 예수님이 행하시는 기적을 보고, 또 군중 심지어 어린이들까지 "다윗의 자손께 호산나!"라고 외치며 그분을 환호하는 소리를 듣고 사제들과 율법 학자들은 한마음으로 분개한 것입니다.

그들은 예수님의 장엄한 행렬 때문에 성전 뜰에서 소란이 일어나서 그로 인해 로마 군사들이 개입할까 봐 걱정되었습니다. 장차 어떤 일이 일어날까 조심스러워서 예수님께 "저 아이들이 무어라고 하는지 듣고 있소?"(마태 21,16) 하고 힐문하면서 성전 뜰 안이 평소처럼 평온해지도록 협조를 청하였습니다. 그러자 예수님은 망설임 없이 즉석에서 성경 말씀을 인용하여 "'어린이들과 젖먹이들의 입으로 주님을 찬양하게 하여라.'라는 말씀을 읽어 본 적이 없느냐?"(마태 21,16 참조) 하고 반박하셨습니다.

예수님은 어린이들에게 조용히 하라고 타이르지 않으셨고 다만 이스라엘의 종교 권위자들인 그들의 항의에 대해서만 반박하셨습니다. 더불어 당신이 메시아임을 공개적으로 선언하신 것입니다.

예수님의 거침없는 선언을 들은 수석 사제들과 율법 학자들은 예수님의 입을 막을 방법을 찾기 시작하였습니다(루카 19,47 참조). 그러나 예수님은 예루살렘으로 들어간다는 것이 적의 포위망 속으로 들어가는 것임을 이미 알고 계셨습니다.

사도들의 깨달음

예수님의 장엄한 예루살렘 입성 행렬에 참여하였거나 목격한 사람들의 감회는 다양하였을 것입니다. 예수님과 사도들을 보고 감격한 사람들도 있었고, 혹시 로마 군대와 충돌할까 봐 염려하는 사람들도 있었으며, 시기하고 질투하는 심정에서 분개하는 사람들도 있었습니다.

사도들은 기쁨에 용기를 얻었으며, 자기들이 보고 들은 것을 통해 하느님께 감사하는 마음도 깊어졌습니다(루카 19,37 참조). 군중도 흔쾌히 이 환영에 동참하였습니다. 예루살렘에서 온 사람들과 외지에서 온 순례자들은 죽었던 라자로가 다시 살아난 신비스러운 사건에 대해 알았고 이 사건을 통해 예수님을 큰 예언자로 존경하고 있었습니다(요한 12,12-18 참조).

사도들은 예수님의 성대한 예루살렘 입성 행렬에 기뻐하며 환호하였으나, 그 의미를 완전히 깨닫지는 못하였습니다. 사실 사도들은 예수님이 공생활 동안에 행하신 언행 중 많은 부분을 이해하지 못하거나 오해하였습니다. 사도들이 예수님의 가르침과 그 의미를 제대로 깨달은 것은, 예수님이 십자가에서 죽임을 당하고 부활하여 승천하신 다음, 성령을 받은 이후였습니다. 그제서야 그들은 비로소 예수님에 관하여 구약 성경에 기록된 모든 예언의 의미를 확실히 이해하게 되었습니다(요한 12,16 참조).

저녁에 베타니아로 가심

예수님이 예루살렘에 입성하시던 그때 군중이 너무 흥분에 싸이고 감격하였기 때문에 입성 이후에 예수님은 군중에게 교훈의 말씀을 하지 못하셨습니다. 최후의 순간이 임박함을 자각하신 예수님은 만감이 교차하는 감회 어린 표정으로 한 번 더 성전 전체를 찬찬히 둘러보셨습니다.

이스라엘 민족의 최대 명절인 파스카 축제에는 전 세계 유다교인들이 예루살렘 성전으로 순례를 옵니다. 그런데 예수님 시대에는 그곳에 외지인들을 위한 숙박 시설이 매우 부족하였습니다. 가난한 예수님과 사도들은 예루살렘 도성의 숙박 시설을 이용할 형편이 아니었습니다.

이윽고 날이 어두워지자 예수님은 아직 하느님이 정하신 때가 오지 않았으므로, 적의 손아귀에 빠지지 않으시고 도성을 빠져나와 베타니아로 가서 머무셨습니다. 베타니아에는 라자로와 마르타와 마리아가 사는 따뜻한 집이 언제나 예수님을 기다리고 있었습니다(마태 21,17; 마르 11,11 참조).

5) 로마 총독의 입성

카이사리아 성읍

예루살렘은 외딴 곳에 위치한 작은 규모의 고대 성읍입니다. BC 37년에 로마 제국의 후원을 받은 헤로데가 이곳을 점령하고 임금이 되었습니다. 유다인이 아닌 이두매아 출신인 헤로데는 유다인들로부터의 적대적인 존재였기 때문에 예루살렘은 그가 살기에 불안한 곳이었습니다.

헤로데는 BC 22년에 예루살렘에서 서쪽으로 96킬로미터 떨어진 지중해 해변에 새 도시를 건설하였습니다. 오늘날 이스라엘의 가장 큰 항구 도시인 하이파에서 남쪽으로 43킬로미터에 위치한 지중해 해안 도시였습니다.

헤로데는 로마 황제 아우구스투스에게 아부하는 뜻으로 새 도시의 이름을 카이사리아라고 지었습니다. 이 도시는 로마 시대와 비잔틴 시대에 큰 도시로 발전하였습니다. 그러나 AD 66년에 유다인들과 로마인들 사이에 충돌이 일어나 이 도시가 유다 전쟁의 시발점이 되어 완전히 파괴되었습니다. 그 전쟁으로 인해 AD 70년에 예루살렘 성벽과 성전까지 파괴되었습니다.

로마 총독의 거처와 경비대

카이사리아는 옛 도시인 예루살렘보다 수도로서의 조건이 더 좋았습니다. 그래서 로마 총독부와 천 명의 로마 군대의 주력 부대가 그곳에서 주둔하였습니다. 그 반면에 예루살렘 경비를 담당하는 로마 군대는 규모가 작은 부대여서 안토니아 요새에 주둔하고 있었습니다. 안토니아 요새는 예루살렘 성전 서편에 붙은 고지에 위치하고 있어서 성전에 모여 드는 군중을 관찰하기에 적합하였습니다.

로마 총독은 유다인들의 3대 축제 때마다 예루살렘에 많은 순례자들이 모여들었기 때문에 긴장하였습니다. 유다인들의 소요 사태가 일어날 수도 있기에 그러한 불상사를 대비하는 차원에서 예루살렘 주둔군을 보강하려고 로마 총독이 카이사리아에 주둔하고 있는 기병대와 보병들을 이끌고 예루살렘에 오곤 하였습니다. 축제 기간 동안 로마 총독은 안토니아 요새에서 업무를 수행한 듯합니다. 축제 기간이 무사히 끝나면 임시 보충 부대는 카이사리아로 되돌아갔습니다.

예수님의 입성과 로마 총독의 입성

예루살렘에 나귀를 타고 입성하시는 예수님을 뒤따르는 사람들은 평범한 서민들이었습니다. 양순한 나귀를 타신 예수님은 예루실렘 주민들에게 평화의 임금으로서 합당한 모습을 보여 주신 것입니다. 그 행렬이 장엄하다고 한들 얼마나 장엄했겠습니까?

예수님이 예루살렘 도성의 동쪽 문을 통해서 입성하신 그 시간 즈음에 예루살렘 서쪽에서도 로마 총독이 거느린 기병대와 보병대가 행렬을 지어 예루살렘에 입성하였습니다. 빌라도 총독이 이끌고 오는 군대 행렬은 전 세계를 지배하는 로마 제국의 권력을 당당하게 과시하는 군홧발 소리로 요란하였을 것입니다.

본시오 빌라도는 요한 세례자와 예수님이 활동하셨던 AD 26년에서 36

년까지 로마 황제를 대리하여 이두매아·유대아·사마리아 지방을 다스리는 로마 총독 겸 군사령관이었습니다. AD 30년 4월 초 일요일, 같은 날에 예루살렘에 입성한 예수님과 빌라도는 인류 구세사의 새로운 장면을 연출하는 무대의 주연들입니다. 그 주간 금요일에 빌라도는 유다인 최고의회의 강요에 못 이겨 예수님께 무죄임을 선언하지 못하고 십자가형을 선고하였던 것입니다.

2 성주간 월요일

1) 저주받은 무화과나무(마태 21,18-21; 마르 11,12-14)

무화과 열매를 찾으신 예수님

베타니아에서 머문 예수님과 사도들은 다음 날 아침 일찍 베타니아를 떠나 다시 예루살렘으로 향했습니다. 이때 예수님은 시장하셨습니다. 예수님과 사도들이 마리아와 마르타의 집에서 머물렀는데 예수님은 왜 시장하셨을까요? 마르타나 마리아에게 알리지도 않으시고 아침 일찍 떠나셨던 것일까요? 혹은 수난을 앞둔 예수님이 진리에 굶주린 백성들의 공복을 느끼셨던 것일까요? 시장기를 느끼신 예수님의 눈에 마침 잎이 무성한 무화과나무가 보였습니다.

행위로 표현된 비유

예수님이 무화과나무의 열매를 찾으셨을 때 그 나무에는 열매가 없었습니다. 예수님이 찾은 무화과나무는 길가에 있는 야생의 나무였기에 누구든지 열매를 보면 따 먹었을 것입니다. 그러나 예수님이 무화과나무 열매를 찾은 때는 4월초였으니까 열매가 없는 것은 당연합니다. 무화과 철이 아님을 어렸을 때부터 잘 아시는 예수님이 엉뚱하게 이 무화과나무를 향해 "이제부터 너는 영원히 열매를 맺지 못하리라."(마태 21,19; 마르 11,14 참조) 하고 저주하셨습니다. 아무 잘못도 없는 무화과나무를 저주하신 예수님의 행위에는 어떤 의미가 있을까요?

예수님이 실제로 배가 고프셔서 무화과를 찾으셨다고 말하는 학자도 있습니다. 그러나 이와는 다르게 예수님이 무화과를 찾으신 것을 실제 배고픔이 아닌 상징적인 행동이라고 설명하는 학자도 있습니다.

대다수의 학자들은 이것을 "행위로 표현된 비유"라고 설명합니다. 예수님은 이 행위로써 교훈을 주시려고 하셨다는 것입니다. 예수님은 잎사귀 밖에 없는 나무에서 열매를 찾으셨습니다. 그리고 열매 없는 나무를 말라 죽게 하셨습니다. 이 행위는 예수님이 요구하는 열매를 맺지 않는 사람들은 엄하게 처벌을 받을 것임을 나타냅니다. 이것은 신앙의 열매를 맺지 않는 유다인들을 빗대어 말씀하신 경고일 것입니다.

사도들이 받은 교훈

사도들은 예수님이 행하신 일과 말씀에서 교훈을 받았을 것입니다. 사도들은 예수님의 말씀을 듣고서 무화과나무가 저주를 받은 것은 열매가 없었기 때문이라고 생각하였습니다. 그런데 이날 이스라엘이 지도자들의 위선과 허위 때문에 하느님께 버림을 받는다는 예수님의 말씀을 들었습니다(마태 21,28-32 참조). 그리고 포도밭 소작인의 비유를 통해 포도밭 주인의 소작료 독촉을 완고하게 거부하는 소작인들이 바로 유다인 지도자들을 의미한다고 들었습니다(마태 21,33-46; 마르 12,1-12; 루카 20,9-19 참조). 사도들은 비로소 그때서야 풍성한 나뭇잎의 그늘에 실질적 열매가 없는 것을 숨기고 있는 무화과나무는 버림받은 유다이즘의 상징임을 깨닫게 됩니다.

예수님이 상징적인 행동으로 가르쳐 주신 예언적이며 윤리적인 교훈은 그 당시뿐만 아니라 모든 시대를 위한 가르침입니다. 예수님 시대의 유다인들에게도, 현대의 우리에게도 그대로 적용됩니다.

잎이 무성하지만 열매가 없는 무화과나무는 성전을 상징하기도 합니다. 매우 아름답게 지어진 성전이라도 하느님을 경배하는 신자들이 그 성전 안에서 하느님 뜻에 맞는 신앙의 열매를 맺지 못한다면, 그 성전이 단죄받는 장소가 될 수도 있기 때문입니다.

하느님을 올바로 경배하는 그리스도교 신자들은 항상 하느님이 원하시는 열매를 맺으며 살아야 합니다. 주인이신 하느님은 언제나 그 열매를 요구하실 수 있습니다. 하느님이 우리에게 요구하시는 것은 무화과나무의 잎이 아니라 열매입니다. 즉 잎이 상징하는 단순한 '좋은 소망'이 아니라 열매가 상징하는 '실천적 선행'입니다. 어떤 계절이라도, 곧 우리 생애의 어느 때에라도 주님은 우리 각자에게 찾아오십니다. 주님이 찾으실 때 우리에게 아무런 열매가 없다면 어떻게 되겠습니까?

2) 성전에서 가르치시는 예수님

수난의 때가 다가오고 있음을 아셨던 예수님은, 성주간 동안 매일 사도들을 데리고 예루살렘 성전에 가시어 알아듣기 쉬운 여러 가지 비유로 백성들을 가르치셨습니다. 온 백성은 아침 일찍부터 성전으로 모여서 예수님의 말씀을 들었습니다(루카 21,37-38 참조). 예수님의 말씀을 들은 군중은 예수님의 권위 있는 가르침에 모두 탄복하였습니다.

예수님이 성전에 모여 있는 백성들에게 비유로 교훈을 주셨습니다. 그 교훈은 하느님의 선민으로 특은(特恩)을 받았음에도 불구하고 불성실하게 사는 '유다인들'과 특히 위선적인 '유다인 지도자들'을 견책하는 비유들이었습니다.

(1) 두 아들의 비유(마태 21,28-32)

예수님은 아버지의 뜻을 받드는 진정한 효자의 자세를 쉽게 설명하셨습니다. "아버지가 두 아들에게 '오늘 포도밭에 가서 일하여라.' 하고 일렀다. 맏아들이 '싫습니다.' 하고 대답하였으나 얼마 후 뉘우치고 일하러 갔다. 둘째 아들은 '네, 가겠습니다.' 하고 대답하였지만 일하러 가지 않았다."(마태 21,28-30 참조) 이러한 예수님의 비유는 누구나 쉽게 이해할 수 있습니다. 이어서 예수님은 청중에게 "두 아들 가운데 아버지의 뜻을 실천한 자가 누구냐?" 하고 물으셨습니다. 그러자 청중이 "맏아들입니다." 하고 대답하였습니다. 예수님은 그들에게 이 비유의 뜻을 설명해 주셨습니다(마태 21,31 참조).

두 아들의 비유에서 장남은 세리와 창녀들을 가리킵니다. 그들은 하느님을 공개적으로 거스른 죄인이었지만 요한 세례자와 예수님의 설교를 듣고 회개하여 하느님의 뜻을 받들었습니다. 그러나 유다인 지도자들은 하느님을 따른다고 공언하면서도 실제로는 요한 세례자와 예수님의 올바른 가르침을 따르지 않았습니다. 더구나 그들은 세리나 창녀의 회개하는 모범을 보고서도, 올바른 길을 가르치는 요한 세례자와 예수님에 대한 불신의 자세를 고집하였습니다. 이러한 그들을 예수님이 견책하신 비유입니다.

(2) 악한 소작인들의 비유(마태 21,33-46; 마르 12,1-12; 루카 20,9-19)

하느님이 이스라엘 백성을 정성을 다해 보살펴 주셨는데, 이 백성이 하느님께 배은망덕하고 있음을 예수님은 포도밭 소작인들의 비유로 책망하셨습니다.

"땅 주인이 포도밭을 정성스럽게 일구고 울타리를 둘러치고 소작인들의 편의 시설까지 구비하고서 소작인들에게 맡기고 멀리 떠났다. 포도 수확철이 되자 포도밭 주인은 소작료를 받아 오도록 종들을 보냈다. 그런데 소작인들은 주인이 보낸 종들을 붙잡아 매질하고 돌을 던져 죽이기까지 하였다. 주인이 다시 처음보다 더 많은 종을 보냈지만, 소작인들은 그들에게도 같은 짓을 하였다. 이제 주인에게는 사랑하는 아들만 남았다. 그는 '내 아들이야 존중해 주겠지.' 하고 소작인들에게 마지막으로 자신의 아들을 보냈다. 그러나 소작인들은 '저자가 이 포도밭의 상속자다. 자, 저자를 죽여 버리면 이 상속 재산이 우리 차지가 될 것이다.' 하고 모의하고

악한 소작인의 비유
도메니코 페티(Domenico Feti, 1589~1624년), 1620?년,
캔버스에 유채, 드레스덴 국립 미술관, 드레스덴, 독일.

서 아들을 붙잡아 죽이고 포도밭 밖으로 던져 버렸다."(마태 21,33-39 참조)

하느님이 수시로 예언자들을 보내시어 이 백성이 올바른 길로 되돌아오도록 경고하셨는데, 백성의 지도자들이 오히려 예언자들을 박해하면서 하느님께 반항하였습니다. 결국 하느님의 외아드님이신 예수님까지도 죽였습니다. 그러니 포도밭 주인은 소작인들에게 어떻게 하겠습니까? 주인은 소작인들을 없애 버리고 포도밭을 다른 소작인들에게 맡길 것입니다.

이 비유에서 주인은 하느님을 뜻하고, 소작인들은 유다인 지도자들을 뜻한다는 것을 쉽게 짐작할 수 있습니다. 이어서 청중에게 '모퉁이의 머릿돌'의 비유를 말씀하셨습니다. "너희는 '집 짓는 이들이 내버린 돌 그 돌이 모퉁이의 머릿돌이 되었네. 이는 주님께서 이루신 일 우리 눈에 놀랍기만 하네.'라는 시편의 말씀을 읽어 본 적이 없느냐?"(마태 21,42 참조) 그리고 이어서 단호한 어조로 "하느님께서 너희들에게서 하느님의 나라를 빼앗아, 소작료를 많이 내는 민족에게 주실 것이다."(마태 21,43 참조)라고 말씀하셨습니다.

악한 소작인들의 비유 말씀을 듣고 있던 수석 사제들과 바리사이들은 이 비유가 예수님을 핍박하는 자기들에게 경고하신 말씀인 것을 알아차렸습니다. 그들은 당장 예수님을 붙잡으려고 하였으나 예수님을 예언자로 존경하고 있는 군중이 두려워 그분을 그대로 두고 떠나갔습니다.

(3) 밀알의 비유(요한 12,20-26)

파스카 축제를 경축하러 예루살렘에 온 그리스인들 몇 사람이 그리스어를 할 줄 아는 필립보에게 예수님을 뵙게 해 달라고 부탁하였습니다(요한 12,20-22 참조). 예수님은 그 말을 전해 듣고 군중에게 당신의 수난의 때가 왔다는 것과 밀알의 비유를 들어 십자가 사건의 의미를 말씀해 주셨습니다.

"사람의 아들이 영광스럽게 될 때가 왔다. 내가 진실로 진실로 너희에게 말한다. 밀알 하나가 땅에 떨어져 죽지 않으면 한 알 그대로 남고, 죽으면 많은 열매를 맺는다. 자기 목숨을 사랑하는 사람은 목숨을 잃을 것이고, 이 세상에서 자기 목숨을 미워하는 사람은 영원한 생명에 이르도록 목숨을 간직할 것이다. 누구든지 나를 섬기려면 나를 따라야 한다. 내가 있는 곳에 나를 섬기는 사람도 함께 있을 것이다. 누구든지 나를 섬기면 아버지께서 그를 존중해 주실 것이다."(요한 12,23-26)

(4) 황제의 것은 황제에게 하느님의 것은 하느님께(마태 22,15-22; 마르 12,13-17; 루카 20,20-26)

예수님이 성전에서 비유로 책망하시는 말씀을 듣고 앙심을 품은 예수님의 적대자들이 예수님을 로마 총독에게 고발할 구실을 찾으려고 앞잡이들을 예수님께 보냈습니다.

적들의 앞잡이들이 예수님을 찾아와 아첨하는 동시에 지극히 난처한 질문을 던졌습니다. "스승님, 저희는 스승님께서 올바르게 말씀하시고, 사람을 그 신분에 따라 가리지 않으시고, 하느님의 길을 참되게 가르치신다는 것을 압니다. 그러니 스승님은 어떻게 생각하시는지 말씀해 주십시오. 저희가 황제에게 세금을 내는 것이 합당합니까, 합당하지 않습니까?"(마태 22,16-17 참조)

바리사이들은 만일 예수님이 로마 황제에게 세금을 내는 것이 합당하지 않다고 대답하면 예수님이 로마 황제에게 반역하도록 백성을 선동한다고 로마 총독에게 고발할 작정이었습니다. 그와는 반대로 예수님이 로마 황제에게 세금을 내는 것이 합당하다고 대답하면, 예수님을 이스라엘 민족이 로마 제국에 정복되어 있는 것을 찬동하는 민족의 반역자로 매도할 작정이었습니다. 하느님께 선택을 받은 특별한 민족임을 자부하고 있는 이스라엘 민족은 이방인 민족에게 지배받는 것을 극도로 혐오했기 때문입니다.

황제에게 세금을 내는 것이 합당하냐는 질문은 예수님께 올가미를 씌우려는 음흉한 질문임을 군중 모두가 쉽게 알아차렸습니다. 예수님은 그들의 악의를 알아채시고 "위선자들아, 너희는 어찌하여 나를 시험하느냐? 세금으로 내는 돈을 나에게 보여라."(마태 22,18-19) 하고 말씀하셨습니다. 그들이 로마 화폐인 데나리온 한 닢을 예수님께 드리자 예수님이 "이 돈에 새겨진 초상과 글자가 누구의 것이냐?"(마태 22,20 참조) 하고 물으셨습니다. 그들이 황제의 것이라고 대답하자 예수님은 "황제의 것은 황제에게 돌려주고, 하느님의 것은 하느님께 돌려 드려라."(마태 22,21) 하고 대답하셨습니다.

지혜가 충만하신 예수님은 질문자의 악한 속셈을 꿰뚫어 보시고 한마디로 질문자의 입을 틀어막으셨습니다. 그들은 예수님의 놀라운 답변에 허를 찔려 감히 그분을 붙잡을 엄두도 내지 못하였을 뿐만 아니라 예수님의 답변에 감탄하며 입을 다물었습니다.

"황제의 것은 황제에게 돌려주고, 하느님의 것은 하느님께 돌려 드려라."라는 명쾌한 답변은 얼마나 통쾌합니까? 따지고 보면 황제의 초상이 새겨져 있는 돈만 황제의 것이고, 그것을 제외한 세상의 모든 것이 하느님의 것입니다. 이 점을 동시에 그리고 분명하게 말씀하신 것이 예수님의 지혜입니다. 모든 것은 하느님의 것임을 선언하시는 말씀입니다. 군중이 모두 놀라서 입을 벌리고 박수를 쳤을 것입니다.

3) 예수님의 적대자들

바리사이들과 사두가이들이 예수님께 당신이 메시아임을 믿을 수 있도록 하늘에서 오는 표징을 보여 달라고 요청하였습니다(마태 16,1 참조). 예수님은 그들에게 "너희는 하늘의 징조는 분별할 줄 알면서 시대의 표징은 분별하지 못하는구나."(마태 16,3 참조) 하고 말씀하셨습니다. 그리고 예수님은 요나처럼 3일 동안 땅속에 있다가 부활하실 것임을 암시하셨습니다(마태 16,4 참조). 그리고 이어서 예수님은 유다인들에게 바리사이들과 사두가이들의 위선적인 가르침을 조심하라고 이르셨습니다(마태 16,6 참조).

(1) 사두가이파

대사제를 비롯한 사제들 대다수가 사두가이파였습니다. 그들은 모두 재판관 직무를 겸하고 있어서 바리사이들보다 우월한 권세를 누렸습니다. 사두가이파는 그 당시 세속적 출세를 인생의 목표로 여기는 합리주의자들이었고, 현세의 부귀영화와 육신의 쾌락만 추구하는 헬레니즘에 영향을 받은 이들이었습니다. 그들은 하느님을 믿었으나 하느님의 섭리나 천사의 존재는 믿지 않았습니다. 이스라엘 조상들로부터 구전으로 내려오는 전승을 배척하고, 성경에 쓰여 있는 율법만 준수하는 건성적인 유다교 신자들이었습니다. 그들은 육신의 부활과 영혼의 불멸을 믿지 않고, 또한 육신이 죽은 다음 각 사람의 행실에 따라서 하느님이 내리시는 상벌을 믿지 않았습니다. 영혼의 구원 문제에는 관심이 없는 현세주의자들이었습니다.

부활에 관한 논쟁(마태 22,23-33; 마르 12,18-27; 루카 20,27-40)

세상 종말에 모든 사람의 육신이 부활한다는 교리를 믿지 않는 사두가이들이 예수님께 시비를 걸었습니다. "스승님, 모세는 '어떤 사람이 자식 없이 죽으면, 그의 형제가 죽은 이의 아내와 혼인하여 그의 후사를 일으켜 주어야 한다.'고 하였습니다."(마태 22,24) 이러한 제도는 가계家系의 단절과 재산의 분산을 예방하기 위한 규정이었습니다. 그런데 사두가이들은 이 규정을 악용하여 상식적으로 불가능한 억지 논리를 펴서 예수님께 대들었습니다. "저희 가운데 일곱 형제가 있었습니다. 맏이가 혼인하여 살다가 죽었는데, 후사가 없어서 아내를 동생에게 남겨 놓았습니다. 둘째도 셋째도 그러하였고 일곱째까지 그러하였습니다. 맨 나중에는 그 부인도 죽었습니다. 그러면 부활 때에 그 여자는 그 일곱 가운데 누구의 아내가 되겠습니까? 그들이 다 그 여자를 아내로 맞아들였으니 말입니다."(마태 22,25-28)

예수님이 그들에게 "너희가 성경도 모르고 하느님의 능력도 모르니까 그렇게 잘못 생각하는 것이다."(마태 22,29) 하고 말씀하셨습니다. 이어서 하느님 나라의 진정한 모습을 자상하게 설명하셨습니다. "이 세상 사람들은 장가도 들고 시집도 간다. 그러나 저세상에 참여하고 또 죽은 이들의 부활에 참여할 자격이 있다고 판단받는 이들은 더 이상 장가드는 일도 시집가는 일도 없을 것이다. 천사들과 같아져서 더 이상 죽는 일도 없다. 그들은 또한 부활에 동참하여 하느님의 자녀가 된다."(루카 20,34-36)

그러고는 그들의 생각에 이렇게 반박하셨습니다. "죽은 이들이 되살아난다는 사실에 관해서는, 모세의 책에 있는 떨기나무 대목에서 하느님께서 모세에게 어떻게 말씀하셨는지 읽어 보지 않았느냐? '나는 아브라함의 하느님, 이사악의 하느님, 야곱의 하느님이다.' 하고 말씀하셨다. 그분께서는 죽은 이들의 하느님이 아니라 산 이들의 하느님이시다. 너희는 크게 잘못 생각하는 것이다."(마르 12,26)

그러자 부활을 믿는 율법 학자 몇 사람이 "스승님, 잘 말씀하셨습니다."(루카 20,39) 하고 찬동하였습니다. 그리고 사두가이들을 포함한 모든 군중이 감히 예수님께 더 이상 묻지 못하였습니다. 군중이 예수님의 가르침에 감탄하였기 때문입니다.

(2) 바리사이파

바리사이들은 유다교의 철저한 신자들로서 율법을 철저히 지키는 율법 학자들이었습니다. 율법 학자들은 유다인들에게 실천해야 할 율법 248개의 명령과 금지하는 율법 365개의 금령을 철저하게 지키도록 가르쳤습니다. 예수님 시대에는 명령과 금령이 모두 613개였으나, 세월이 흐르면서 세부 규정들이 많이 추가되었습니다.

가장 큰 계명(마태 22,34-40; 마르 12,28-34)

예수님이 육신의 부활 문제에 관하여 사두가이들의 말문을 막아 버리셨다는 소식을 듣고 바리사이들이 통쾌해하였습니다. 그러나 그들은 예수님을 시기하여 어려운 질문을 던져 예수님께 망신을 주려고 하였습니다. 그들 가운데 율법 학자 한 사람이 예수님을 시험하려고 "스승님, 율법에서 가장 큰 계명은 무엇입니까?"(마태 22,36) 하고 물었습니다.

보통 사람들은 매우 복잡한 율법 규정들이 몇 가지나 되는지조차 헤아리기 어려웠습니다. 그렇기 때문에 그 많은 율법 규정들 중에 가장 중요한 계명 한 가지를 꼽으라는 것은 건방진 질문이고, 매우 무례한 태도입니다. 그러나 예수님은 건방진 질문자에게뿐만 아니라 후세의 모든 이들의 구원을 위하여 복잡한 율법 규정들을 간단명료하게 정리한 진리를 밝혀 주셨습니다.

예수님은 이렇게 대답하셨습니다. "'네 마음을 다하고 네 목숨을 다하고 네 정신을 다하여 주 너의 하느님을 사랑해야 한다.' 이것이 가장 크고 첫째가는 계명이다. 둘째도 이와 같다. '네 이웃을 너 자신처럼 사랑해야 한다.'는 것이다. 온 율법과 예언서의 정신이 이 두 계명에 달려 있다."(마태 22,37-40) 그들은 모두 예수님의 답변에 탄복하였습니다.

예수님은 제자들에게 "너희의 착한 행실을 보고 사람들이 하느님 아버지를 찬미하게 하여라."(마태 5,16 참조)라고 가르치셨습니다. 하느님은 사람들이 서로 자기 자신처럼 사랑하기를 원하십니다. 따라서 사람들이 가족뿐만 아니라 모든 이웃과도 서로 사랑한다면 바로 이것이 하느님의 뜻을 실천하는 것이고, 하느님께 영광과 찬미를 드리는 것입니다.

(3) 최고 의회 의원들

로마 제국의 식민지였던 팔레스티나에서는 유다인들의 최고 의회가 약간의 자치권을 인정받고 있었습니다. 최고 의회는 대사제와 수석 사제들과 율법 학자들 및 귀족 계급의 원로들로 구성되어 있었고, 총인원은 의장인 대사제를 포함하여 일흔한 명이었습니다.

무슨 권리로 가르치느냐?(마태 21,23-27; 마르 11,27-33; 루카 20,1-8)

예수님이 성전에서 사람들에게 복음을 전하고 계시는데, 수석 사제들과 율법 학자들과 원로들이 함께 다가왔습니다. 그들은 예수님께 "당신이 무슨 권한으로 이런 일을 하는지, 또 당신에게 그러한 권한을 준 이가 누구인지 말해 보시오."(루카 20,2) 하고 힐문하였습니다. 예수님은 그들에게 "너희에게 한 가지 물을 터이니 대답해 보아라. 그러면 내가 무슨 권한으로 이런 일을 하는지 너희에게 말해 주겠다. 요한의 세례가 하늘에서 온 것이냐, 아니면 사람에게서 온 것이냐? 대답해 보아라."(마르 11,29-30) 하고 반문하셨습니다.

예상하지 못한 반문을 받은 예수님의 적들은 저희끼리 의논하였습니다. "'하늘에서 왔다.' 하면, '어찌하여 그를 믿지 않았느냐?' 하고 우리에게 말할 것이오. 그렇다고 '사람에게서 왔다.' 하자니 군중이 두렵소. 그들이 모두 요한을 예언자로 여기니 말이오."(마태 21,25-26) 그래서 예수님의 적들이 모르겠다고 대답하자, 예수님이 그들에게 이렇게 말씀하셨습니다. "나도 무슨 권한으로 이런 일을 하는지 너희에게 말하지 않겠다."(마태 21,27)

예수님이 이렇게 말씀하신 이유는 그들이 예수님이 가르치신 진리의 말씀도 듣고, 행하신 기적들을 충분히 보았음에도 불구하고 믿으려 하지 않았던 불신의 자세를 고집할 것이기 때문입니다. 그들은 예수님께 더 이상 힐문할 수가 없었습니다. 예수님이 대답하셨더라도 그들은 요한 세례자의 말을 믿지 않은 것처럼 예수님의 말도 믿지 않았을 것입니다. 그러니 예수님이 대답할 필요가 없으셨던 것입니다.

(4) 예수님을 죽일 음모(마르 11,18-19; 루카 19,47-48)

날마다 성전에서 가르치시는 예수님께 군중이 박수갈채를 보냈습니다. 이 광경을 목격한 수석 사제들과 율법 학자들과 백성의 원로들은, 예수님께 민심이 쏠려 가는 실상에 자기들의 기득권이 허물어질까 봐 두려워하였습니다. 그래서 예수님을 제거할 방법을 찾았습니다. 그러나 많은 백성이 예수님의 말씀을 듣느라고 그 곁을 떠나지 않았기 때문에 감히 예수님께 손을 댈 수가 없었습니다. 자칫하면 폭동이 일어날 수 있었기에 그들은 어찌할 줄을 몰랐습니다.

예수님은 낮에는 성전에서 가르치셨고, 날이 저물면 예루살렘 성 밖으로 나가 베타니아로 내려가시어 주무셨습니다.

3 성주간 화요일

1) 말라 버린 무화과나무(마태 21,18-22; 마르 11,20-25)

화요일 아침에 예수님과 사도들이 다시 예루살렘 성전으로 가는 길에 사도들은 문득 어제 아침에 예수님이 저주하신 무화과나무가 생각나서 살펴보았습니다. 그런데 무화과나무가 뿌리째 말라 있었습니다. 이 사건이 마태오 복음서와 마르코 복음서에는 약간 다르게 기록되어 있습니다.

마태오 복음서를 보면 무화과나무는 저주를 받자 곧 말라 버렸다고 기록되어 있습니다(마태 21,19 참조). 예수님이 말씀하시자마자 무화과나무의 잎사귀가 시들기 시작한 것을 사도들이 즉시 알아챈 것입니다. 그래서 곧바로 사도들이 예수님 말씀의 효과가 나타나는 것을 알았고, 그것을 기록한 것으로 짐작됩니다.

한편 마르코 복음서에는 그다음 날 사도들이 예루살렘으로 가다가 나무가 말라 죽은 것을 알고 예수님께 와서 그 사실을 알려 드렸다고 기록되어 있습니다(마르 11,20-21 참조).

마태오 복음서와 마르코 복음서는 왜 이렇게 차이가 날까요? 이 차이는 세심함에 따른 차이입니다. 마르코 복음서에서 사도들은 예수님의 말씀 직후에 그 무화과나무의 상태를 유심히 살펴보지 않았던 것 같습니다. 그 무화과나무는 예수님의 말씀에 따라 잎사귀부터 서서히 시들어 갔을 것입니다. 저녁 때쯤에는 많이 시들어 있었겠지만, 사도들이 예루살렘에서 베타니아로 돌아오는 시각에는 너무 어두워서 그 무화과나무의 상태를 유심히 살펴볼 수가 없었을 것입니다. 그래서 그다음 날 아침에야 비로소 사도들이 그 무화과나무가 뿌리째 말라 있는 것을 보았던 것입니다.

예수님의 전능

사도들이 예수님께 "무화과나무가 왜 말라 죽었습니까?" 하고 질문하였습니다. 이 기회에 예수님은 신앙과 기도의 힘에 대하여 설명해 주셨습니다. "신앙은 모든 것을 할 수 있고, 기도로써 모든 것을 얻을 수 있다."라는 교훈을 가르쳐 주셨습니다(마태 21,21-22 참조).

말라 죽은 무화과나무는 예수님의 전능을 나타냅니다. 이에 대해 예로니모 성인은 이렇게 설명하였습니다. "사도들의 눈앞에서 십자가의 고난을 받으실 예정인 예수님은 이 무화과나무의 기적을 미리 보여 줌으로써 사도들의 마음을 굳세게 하려고 하셨습니다." 요한 크리소스토모 성인도

"말라 죽은 무화과나무는 예수님의 전능을 나타낸 것이다."라고 설명하였습니다.

이러한 교부들의 설명은 예수님 자신의 해석을 표현한 것입니다. 그래서 이 이야기는 단순히 행동으로 표현된 비유라기보다는 하느님 전능의 표시라고 보는 편이 좋을 것입니다.

무화과나무가 말라 죽은 사건을 통하여 예수님은 사도들에게 당신 능력의 증거를 보여 주셨습니다. 무화과나무가 말라 죽은 사건을 목격한 사도들은 예수님의 위력에 놀랐습니다. 그래서 사도들이 이것을 보고 놀라며 "무화과나무가 어찌하여 그렇게 당장 말라 버렸습니까?" 하고 주님께 물었던 것입니다. 이것은 질문이라기보다는 감격의 외침이었습니다. 그리고 예수님은 이를 통해 주님의 전능을 드러내셨으며 사도들에게 믿음이 얼마나 중요한지를 강조하셨습니다.

(1) 하느님을 믿어라

베타니아에서 오시는 예수님과 사도들은 올리브 산에서 내려가는 참이었습니다. 올리브 산에서는 동남쪽으로 멀리 사해를 전망할 수 있습니다. 그곳에서 예수님은 "올리브 산더러 '번쩍 들려서 저 사해 바다에 빠져라.'라고 말하더라도 진심으로 믿으면 그대로 될 것이다."(마태 21,21 참조)라고 말씀하셨습니다.

유다인들은 감당할 수 없는 어려움을 산에 비유합니다. 그래서 어떤 어려움이라도 극복하는 사람을 빗대어 '산을 뿌리째 옮길 수 있는 사람'이라고 말합니다. 예수님은 이만큼 신비스럽고 강력한 표현으로, 하느님에 대한 믿음이 있다면 아무리 큰 역경이라도 이길 수 있다는 것을 제자들에게 가르치려고 하셨습니다.

예수님은 하느님의 지혜와 힘과 자비에 대한 전폭적인 믿음을 요구하셨습니다. 마음속으로 추호도 의심하지 말고 확고하게 믿으라고 강조하셨습니다. 그리고 예수님은 영광스러운 모습으로 변모하신 직후에도 하느님을 믿으라고 강조하셨습니다(마태 17,1-9; 마르 9,2-10; 루카 9,28-36 참조).

마태오 복음서에는 믿는 이의 힘에 대하여 부각되어 있습니다(마태 17,20; 21,21 참조). 한편 마르코 복음서에는 믿음에 응답하시는 하느님의 힘이 강조되어 있습니다. "믿는 이에게는 모든 것이 가능하다."(마르 9,23)라는 말은 믿는 이의 힘은 하느님에게서 온다는 뜻입니다.

바오로 사도는 더 나아가 만일 믿음에 사랑이 따르지 않는다면 울리는 징과 요란한 꽹과리에 지나지 않는다고 가르쳤습니다(1코린 13,1 참조).

청원 기도

예수님은 사도들에게 "너희가 기도하며 청하는 것이 무엇이든 그것을 이미 받은 줄로 믿어라. 그러면 너희에게 그대로 이루어질 것이다."(마르 11,24)라고 강조하셨습니다.

예수님은 무화과나무가 말라 죽은 것을 보고 놀라워하는 사도들에게 믿음의 절대적인 힘을 강조하셨습니다. "만일 너희가 믿음을 가지고 있다면 이런 기적을 행하는 것쯤은 쉽게 할 것이다. 필요하다면 산조차도 움직일 수 있다."(마태 21,21 참조), "기도할 때에 믿고 구하는 것은 무엇이든지 다 받을 것이다."(마태 21,22 참조)라고 가르쳐 주셨습니다. 이러한 말씀은 비유

기도 중인 다윗 임금
피터르 프란츠 데 그레버(Pieter de Grebber, 1600?~1653?년), 1635~1640년,
캔버스에 유채, 위트레흐트 종교 미술관, 위트레흐트, 네덜란드.

를 말씀하신 후에 늘 결론으로 주시는 말씀입니다. 믿음은 기도의 근원입니다. 믿음이 있는 기도의 위력은 그 무엇보다도 강력합니다.

기도의 자세

예수님 시대에 살던 유다인들은 하느님께 기도할 때 일반적으로 선 채로 머리를 숙이고 눈을 내리고 기도하였습니다. 성전에서는 지성소를 향하여 기도하고, 성전이 아닌 곳에서 기도할 때는 예루살렘을 향하여 서서 기도하였습니다. 그러나 특별한 경우에는 무릎을 꿇고 기도하였습니다(1열왕 8,54; 다니 6,11; 사도 7,60 참조).

또 간절히 기도할 때는 예수님이 겟세마니에서 하신 것처럼 땅에 엎드리기도 하였습니다(마태 26,39 참조). 물론 예수님이 이러한 기도 자세를 제자들에게 규칙으로 정해 주신 것은 아니었습니다. 개인적으로 기도할 때에는 하느님의 위엄에 가장 합당하고, 그분에 대한 흠숭의 마음을 가장 잘 표현할 수 있는 자세로 기도하면 됩니다.

(2) 기도와 용서

완전한 신뢰와 모든 것을 용서하는 마음으로 기도한다면 하느님의 한없는 응답을 받습니다. 이 기도에는 아무런 제한이 붙어 있지 않습니다. "이미 받았다고 믿기만 하면 그대로 다 될 것이다."(마르 11,24 참조) 믿음의 힘에 관한 말씀이 여기에서는 기도의 힘에 적용되고 있습니다.

모든 기도의 전제 조건으로 요구되는 이웃에 대한 용서는 예수님이 제자들에게 가르쳐 주신 "하늘에 계신 우리 아버지…… 우리에게 잘못한 이를 용서하듯이 우리의 잘못을 용서하시고"(마태 6,9-12 참조)라는 기도를 생각하게 합니다.

마르코 복음서의 일부 수사본들에는 "너희가 서서 기도할 때에 누군가에게 반감을 품고 있거든 용서하여라. 그래야 하늘에 계신 너희 아버지께서도 너희의 잘못을 용서해 주신다. 너희가 용서하지 않으면, 하늘에 계신 너희 아버지께서도 너희의 허물을 용서하지 않으실 것이다."(마르 11,25-26)라는 말씀이 있습니다.

주님이 가르쳐 주신 기도문은 마태오 복음서와 루카 복음서에만 뚜렷하게 쓰여 있습니다(마태 6,9-13; 루카 11,2-4 참조).

2) 율법 학자들과 바리사이들에 대한 경고

성주간 화요일에 예수님은 성전에서 바리사이들의 불신과 위선에 대해 신랄하게 경고하셨습니다.

(1) 다윗과 그리스도(마태 22,41-46; 마르 12,35-37; 루카 20,41-44)

예수님이 성전에서 가르치시는 권한에 대하여 바리사이들이 시비를 걸며 모여들었습니다. 예수님이 그들에게 "너희는 메시아를 어떻게 생각하느냐? 그는 누구의 자손이냐?"(마태 22,41) 하고 물으셨습니다. 그러자 그들이 "다윗의 자손입니다."(마태 22,41) 하고 대답하였습니다. 그러자 예수님이 "'주님께서 내 주님께 말씀하셨다. '내 오른쪽에 앉아라, 내가 너의 원수들을 네 발아래 잡아 놓을 때까지" 이렇게 다윗이 메시아를 주님이라고 부르는데, 메시아가 어떻게 다윗의 자손이 되느냐?"(마태 22,44-45) 하고 반문하셨습니다. 그들은 한마디도 대답하지 못하였습니다. 그리고 그날부터 예수님께 감히 시비를 거는 사람이 더 이상 없었습니다(마태 22,46 참조). 우리를 구원하러 인간이 되어 오신 예수님은 다윗의 후손이지만 하느님의 아들 그리스도로서 주님이십니다(로마 1,3-4 참조).

(2) 불행한 위선자들(마태 23,1-38; 마르 12,38-40; 루카 20,45-47)

예수님은 율법 학자들의 위선에 대해서 이렇게 견책하셨습니다. "율법 학자들을 조심하여라. 그들은 긴 겉옷을 입고 나다니며 장터에서 인사받기를 즐기고, 회당에서는 높은 자리를, 잔치 때에는 윗자리를 즐긴다. 그들은 과부들의 가산을 등쳐 먹으면서 남에게 보이려고 기도는 길게 한다. 이러한 자들은 더 엄중히 단죄를 받을 것이다."(마르 12,38-40)

예수님은 율법 학자들과 바리사이들을 민족의 지도자인 모세의 자리에 앉아 있는 위선자들이라고 매섭게 지적하셨습니다. "그들은 백성들에게 힘겨운 율법 규정을 강요하면서 자기들은 실천하지 않는다. 불행하여라, 위선자들아! 너희가 사람들 앞에서 하늘나라의 문을 잠가 버리기 때문이다. 그러고는 자기들도 들어가지 않을 뿐만 아니라, 들어가려는 이들마저 들어가지 못하게 한다."(마태 23,3-4.13 참조)

또한 율법 학자들과 바리사이들의 위선을 신랄하게 비판하시며 이렇게 경고하셨습니다. "너희가 향료에 대해서는 십일조를 내면서, 의로움과 자비와 신의처럼 율법에서 더 중요한 것들은 무시하기 때문에 불행하다. 그

러한 십일조도 무시해서는 안 되지만, 의로움과 자비와 신의를 실행해야만 한다."(마태 23,23 참조)

그리고 예수님은 당신의 자녀들을 위해 마치 암탉이 제 병아리들을 날개 밑으로 모아 보호하듯이 이스라엘 민족의 구원을 위하여 극진히 노력하셨습니다. 그러나 그들이 예수님을 거부하였습니다. 그렇기에 예수님이 예루살렘이 황폐해질 것이라며 한탄하신 것입니다(마태 23,37-38 참조).

(3) 유다인들의 불신과 심판

요한 복음사가의 서글픈 심정(요한 12,37-43)

유다인들은 예수님이 행하시는 표징을 수없이 많이 목격하였음에도 불구하고 예수님이 비천한 나자렛 사람이라는 선입관 때문에 예수님을 믿지 않았습니다. 이에 대하여 이사야 예언자는 이렇게 말하였습니다. "주님이 그들의 눈을 멀게 하고 그들의 마음을 무디게 하였기 때문에 그들이 믿을 수 없었던 것이다. 이는 그들이 눈으로 보고 마음으로 깨닫고서는 돌아와 내가 그들을 고쳐 주는 일이 없게 하려는 것이다."(이사 6,10 참조)

이는 "우리가 들은 것을 누가 믿었던가? 주님의 권능이 누구에게 드러났던가?"(이사 53,1)라는 이사야 예언자의 예언이 이루어지려고 그리된 것입니다. 유다인들이 예수님을 믿지 않은 것은 하느님의 섭리 때문이 아니라 그들의 불신 때문이라는 말씀입니다.

요한 복음사가는 유다인들의 완고한 불신을 꾸짖으면서 회개의 결단을 다음과 같이 촉구하였습니다. "이사야가 이렇게 말한 것은, 그가 예수님의 영광을 보았기 때문이다. 그는 그분에 관하여 이야기한 것이다. 사실

지도자들 가운데에서도 많은 사람이 예수님을 믿었지만, 바리사이들 때문에 회당에서 내쫓길까 두려워 그것을 고백하지 못하였다. 그들이 하느님에게서 받는 영광보다 사람에게서 받는 영광을 더 사랑하였기 때문이다."(요한 12,41-43)

예수님의 말씀과 심판(요한 12,44-50)

예수님은 유다인 지도자들에게 구원을 받을 수 있는 마지막 기회를 주시려고 다음과 같이 말씀하셨습니다. "나를 믿는 사람은 나를 믿는 것이 아니라 나를 보내신 분을 믿는 것이다. 그리고 나를 보는 사람은 나를 보내신 분을 보는 것이다. 나는 빛으로서 이 세상에 왔다. 나를 믿는 사람은 누구나 어둠 속에 머무르지 않게 하려는 것이다. 누가 내 말을 듣고 그것을 지키지 않는다 하여도, 나는 그를 심판하지 않는다. 나는 세상을 심판하러 온 것이 아니라 세상을 구원하러 왔기 때문이다."(요한 12,44-46)

그리고 심판에 대해 이렇게 경고하셨습니다. "나를 물리치고 내 말을 받아들이지 않는 자를 심판하는 것이 따로 있다. 내가 한 바로 그 말이 마지막 날에 그를 심판할 것이다. 내가 스스로 말하지 않고, 나를 보내신 아버지께서 무엇을 말하고 무엇을 이야기할 것인지 친히 나에게 명령하셨기 때문이다. 나는 그분의 명령이 영원한 생명임을 안다. 그래서 내가 하는 말은 아버지께서 나에게 말씀하신 그대로 하는 말이다."(요한 12,48-50)

(4) 가난한 과부의 헌금(마르 12,41-44; 루카 21,1-4)

예수님은 사람들이 헌금함에 돈을 넣는 것을 보고 계셨습니다. 헌금함

과부의 헌금
가브리엘 메취(Gabriël Metsu, 1629~1667년), 1650~1652년,
캔버스에 유채, 슈베린 국립 중앙 박물관, 슈베린, 독일.

에 많은 돈을 넣는 부자들도 있었고, 적지만 자기가 가진 돈 전부를 바친 가난한 과부도 있었습니다. 예수님은 자기가 가진 돈 전부를 바친 그 과부의 신앙심을 칭찬하셨습니다. 그 과부는 주님이 가르쳐 주신 기도대로 일용할 양식을 주시는 하느님께 전폭적으로 의지하는 신앙심이 있었기에 자기의 모든 돈을 성전에 봉헌할 수 있었을 것입니다. 그 과부는 그렇게 깊은 신앙심을 바탕으로 이웃을 자기 자신처럼 사랑하여 많은 사람에게 기쁨을 주는 나날을 살았을 것입니다.

3) 예루살렘 멸망과 세상 종말 예언(마태 24,1-31; 마르 13,1-27; 루카 21,5-28)

(1) 성전의 파괴 예고(마태 24,1-2; 마르 13,1-2; 루카 21,5-6)

율법 학자들에게 경고하시면서 마음이 심란해지신 예수님은 성전에서 나와 올리브 산을 향해 걸어가셨습니다. 그때 사도들이 성전 건물들을 가리키면서 "스승님, 보십시오. 얼마나 대단한 돌들이고 얼마나 장엄한 건물들입니까?"(마르 13,1) 하고 감탄하였습니다. 그러자 예수님은 "내가 진실로 너희에게 말한다. 여기 돌 하나도 다른 돌 위에 남아 있지 않고 다 허물어지고 말 것이다."(마태 24,2) 하고 대답하셨습니다.

율법 학자들의 위선에 대한 경고에 연이은 성전 파괴와 세상 종말의 예고가 예수님의 마지막 설교가 되었습니다.

(2) 재난의 시작(마태 24,3-14; 마르 13,3-13; 루카 21,7-19)

예수님이 성전이 마주 보이는 올리브 산에 앉아 계실 때, 베드로와 안드레아 형제, 야고보와 요한 형제가 예수님께 "언제 성전이 파괴되는 일이 일어나겠습니까? 또 스승님의 재림과 세상 종말 때에는 어떤 표징이 나타나겠습니까?"(마태 24,3 참조) 하고 여쭈었습니다. 가장 먼저 주님의 사도로 소명을 받은 네 사람이 주님께 예루살렘의 멸망과 세상의 종말에 관한 어려운 질문을 한 것입니다.

예수님은 많은 사람들이 당신을 메시아로 믿지 않는다는 것과, 모든 사람이 메시아를 학수고대하고 있다는 사실도 알고 계셨습니다. 그래서 자칭 메시아라고 속이는 자들이 많이 나타날 것이지만 그들에게 속지 말라고 말씀하셨습니다(루카 21,8 참조). "너희는 세계 도처에서 전쟁과 반란이 일어났다는 소문을 듣더라도 동요하지 마라. 그러한 일이 반드시 먼저 벌어지겠지만 그것이 바로 끝은 아니다."(루카 21,9 참조)

예수님은 지진과 기근 등 천재天災뿐만 아니라 박해와 전쟁 등 인재人災까지도 예고하셨습니다. 그리고 산고의 진통을 비유로 드시면서 이러한 재난은 불가피하다고 설명하셨습니다.

신앙의 박해 예고

예수님은 세상 종말 이전에 신앙에 대한 박해가 있을 것이라고 예고하셨습니다. 박해가 일어나면 친지뿐만 아니라 부모와 자녀 그리고 형제끼리도 서로 갈라지기 쉽다고 말씀하셨습니다(루카 21,16 참조). 그러나 어떠한 어려움이 있더라도 주님이 사도들을 철저하게 보호하시어 머리카락 하나도 잃지 않게 하실 것입니다(루카 21,18 참조). 그렇기에 예수님은 끝끝내 인내로써 생명을 얻으라고 격려하셨습니다(루카 21,19 참조).

그리고 사도들이 박해를 받는 것을 기회로 삼아 오히려 예수님을 증언하여 모든 민족에게 복음을 선포해야 한다고 말씀하셨습니다(루카 21,12-13 참조). 예수님이 영광에 들어가시기 전에 먼저 고난을 겪으셔야 하는 것처럼, 사도들도 박해의 시련을 극복해야 한다는 교훈입니다.

그리고 다시 한 번 사도들을 격려하셨습니다. "사람들이 너희를 법정에 넘길 때 변론할 말을 미리부터 걱정하지 마라. 어떠한 적대자도 맞서거나 반박할 수 없는 언변과 지혜를 내가 너희에게 주겠다. 성령께서 일러 주

시는 대로 말하여라."(마르 13,11; 루카 21,14-15 참조)

(3) 예루살렘 멸망의 징조(마태 24,15-28; 마르 13,14-23; 루카 21,20-24)

BC 950년경에 솔로몬 임금이 예루살렘 성전을 건립하고 그 안에 계약의 궤를 모셨습니다. 그로부터 예루살렘은 다윗 왕국의 수도이자 예루살렘 성전 때문에 주님이 계시는 도성이 되었습니다. 성전은 주님이 당신의 이름을 주겠다고 선택한 장소이기 때문입니다(2열왕 21,4 참조).

예루살렘은 온 세상이 주님께 충성을 바치는 메시아 왕국의 중심입니다(이사 2,2; 4,5 참조). 예루살렘은 하느님과 인간이 만나는 상징의 장소이고, 구원의 빛이 발산하는 시발점입니다(요엘 4,20 참조).

불행히도 다윗이 세운 왕국은 BC 587년에 멸망하고 예루살렘 성전도 파괴되었습니다. 예수님은 예루살렘 도성이 파괴된 처참한 역사적 사건이 반복될 것임을 예고하셨습니다. "예루살렘이 적군에게 포위된 것을 보거든, 그곳이 황폐해질 때가 가까이 왔음을 알아라. 그 내에 생명과 자유를 유지하려거든 예루살렘 도성을 벗어나 도망쳐라. 방위 병력에 의지해 보았자 헛수고가 될 것이다. 그때가 바로 성경에 기록된 모든 말씀이 이루어지는 징벌의 날이기 때문이다. 사람들은 칼날에 쓰러지고 포로가 되어 모든 민족들에게 끌려갈 것이다. 그리고 예루살렘은 다른 민족들의 시대가 다 찰 때까지 그들에게 짓밟힐 것이다."(루카 21,20-22,24 참조)

그리고 예수님이 제자들에게 다시 한 번 단단히 경고하셨습니다. "세상 시초부터 지금까지 없었고 앞으로도 결코 없을 만큼 엄청나게 큰 환난이 닥칠 것이다. 주님께서 환난의 날수를 줄여 주지 않으시면 어떠한 사람도 살아남지 못할 것이다. 그러나 주님께서 선택된 이들을 위하여 그 날 수를 줄여 주실 것이다. 그때에 거짓 그리스도들과 거짓 예언자들이 나타나, 선택된 이들까지 속이려고 큰 표징과 이적들을 일으킬 것이다."(마태 24,21-24 참조)

AD 70년에 일어난 유다인들의 반란 때문에 로마 장군 티투스가 예루살렘을 공격하여 완전히 파괴하였습니다. 그때부터 유다교의 중심지로서의 예루살렘은 끝이 났습니다. AD 132에서 135년 사이에 유다인들이 제2차 반란을 일으켰지만 실패하여 완전한 로마의 식민지가 되었습니다. 예루살렘은 완전히 함락되어 유다인들은 더 이상 그 곳에 살 수 없게 되었습니다. 그 이후 이스라엘 민족은 독립 국가를 유지하지 못하고 뿔뿔이 흩어져 AD 1948년까지 여러 외국 세력의 지배를 받았습니다.

(4) 주님의 재림(마태 24,29-31; 마르 13,24-27; 루카 21,25-28)

예수님은 다니엘서 7장 13-14절을 인용하여 이렇게 말씀하셨습니다. "환난이 지난 뒤 곧바로 해는 어두워지고 달은 빛을 내지 않으며 별들은 하늘에서 떨어지는 표징들이 나타날 것이다. 땅에서는 바다와 거센 파도 소리에 자지러진 민족들이 공포에 휩싸일 것이다. 사람들은 세상에 닥쳐오는 것들에 대한 두려운 예감으로 까무러칠 것이다. 하늘의 세력들이 흔들릴 것이기 때문이다. 그때 하늘에 사람의 아들의 표징이 나타날 것이다. 그러면 세상 모든 민족들이 가슴을 치면서, '사람의 아들이' 큰 권능과 영광을 떨치며 '하늘의 구름을 타고 오는 것을' 볼 것이다."(마태 24,29-31 참조) 예수님은 이 말씀을 최고 의회에서 대사제에게 심문을 받으실 때에도 다시 말씀하셨습니다(마태 26,64 참조).

그리고 주님이 재림하실 때 큰 나팔 소리와 함께 당신의 천사들을 보내어 주님이 선택한 이들을 하늘 이 끝에서 저 끝까지 사방에서 모을 것이라고 예고하셨습니다(마태 24,31 참조).

4 성주간 수요일

1) 심판에 관한 예수님의 가르침

성주간 수요일에 예수님은 당신의 수난이 임박한 것을 아시고 각 사람이 하느님 앞에 항상 성실한 삶을 살아야 한다고 훈계하셨습니다.

사람이 죽으면 곧바로 하느님 앞에 나아가 개별적으로 심판을 받고 불멸의 영혼이 상이나 벌을 받게 됩니다. 이것을 가톨릭교회에서는 '개별 심판' 또는 '사심판私審判'이라고 말합니다. 대부분의 각 사람은 자살의 경우를 제외하고 예상하지 못한 때에 죽음을 맞는 경우가 많습니다. 하느님께 불충한 상태에서 죽으면 하느님의 은총을 회복할 수 없게 됩니다. 아무도 자기 죽음의 시간을 예측하지 못하기 때문에 예수님은 사람들에게 늘 충실하게 살라고 강조하셨습니다.

(1) 개별 심판에 관한 세 가지 비유(마태 24,45-51; 25,1-30)

행복하게 살도록 창조된 모든 사람은 응당 하느님께 충실하게 살아야 합니다. 예수님은 충실한 삶에 대하여 여러 가지 비유를 통해 가르쳐 주셨습니다.

충실한 종과 불충실한 종의 비유

주인이 돌아올 때에 자기 책임을 다하고 있다가 주인을 맞이하는 종을 보면 주인이 얼마나 기뻐하겠습니까? 주인은 매사에 충실한 종에게 자기의 모든 재산을 맡길 것입니다. 그 반면에 주인이 더디 오려니 생각하고 주인이 맡긴 소임을 소홀히 하거나 권세를 남용하는 불충실한 종도 있습니다. 예기치 않은 때 주인이 돌아와서 그 꼴을 보게 되면 얼마나 실망하겠습니까? 주인은 불충실한 종에게 합당한 처벌을 할 것입니다. 그때 그 종이 가슴을 치며 통곡하여도 이미 때가 늦습니다.

열 처녀의 비유

혼인 예식에 들러리를 서는 열 처녀가 저마다 등불을 가지고 신랑을 맞으러 나가는 비유입니다. 어리석은 처녀 다섯 명은 미련하여 등잔은 가지고 있었으나 기름은 넉넉히 준비하지 않았습니다. 그 반면에 슬기로운 처녀 다섯 명은 등잔과 함께 기름도 넉넉히 준비하였습니다.

이스라엘 사람들은 혼인 예식을 밤중에 거행하였습니다. 어리석은 처

현명한 처녀와 어리석은 처녀의 비유
히에로니무스 프랑켄 2세(Hieronimus Franck II, 1578~1623), 1616년,
캔버스에 유채, 에르미타주 미술관, 상트페테르부르크, 러시아.

녀들은 등불에 기름이 모자라서 한밤중에 기름을 사러 떠났습니다. 그 사이에 신랑이 도착하였습니다. 등불을 켜고 신랑을 맞이한 슬기로운 처녀들만 혼인 예식에 참석하였습니다. 기름을 사러 갔다가 뒤늦게 도착한 어리석은 처녀들도 혼인 예식에 참석할 수 있도록 문을 열어 달라고 하지만 이미 닫힌 문은 열리지 않았습니다.

탈렌트의 비유

주인이 먼 길을 떠나면서 종들에게 각각의 능력에 따라 잘 활용하라고 돈을 맡겼습니다. 첫 번째 종에게는 다섯 탈렌트를 맡기고, 두 번째 종에게는 두 탈렌트를 맡기고, 세 번째 종에게는 한 탈렌트를 맡겼습니다. 한 탈렌트는 6,000드라크마에 해당됩니다.

오랜 세월이 지난 다음, 주인이 돌아왔을 때 결산을 하게 되었습니다. 다섯 탈렌트를 받은 종이 다섯 탈렌트를 더 벌었다고 주인에게 보고하였습니다. 그러자 주인이 "과연 착하고 충성스러운 종이다. 너에게 많은 일을 맡기겠다."(마태 25,21 참조) 하고 칭찬하였습니다. 두 탈렌트를 받은 종이 "저는 두 탈렌트를 가지고 두 탈렌트를 더 벌었습니다." 하고 주인에게 보고하였습니다. 주인은 그에게도 "착하고 충성스러운 종이다. 너에게 많은 일을 맡기겠다."(마태 25,23 참조) 하고 칭찬하였습니다.

한 탈렌트를 받은 종은 게을러서 그 돈을 활용하지 않았습니다. 그는 주인에게 "주인님께서 심지 않은 데에서 거두시는 무서운 분인 줄로 알고 돈을 땅에 묻어 두었습니다. 여기 그 돈이 있습니다."(마태 25,24-25 참조) 하고 말하였습니다. 그러자 주인이 "이 악하고 게으른 종아! 그 돈을 쓸 사람에게 빌려주어 이자라도 받아야 하지 않았겠느냐!"(마태 25,27 참조) 하고 나무라면서 그 돈을 빼앗아 열 탈렌트를 가진 종에게 주었습니다.

주님은 각 사람이 살아 있는 동안 그에게 준 은총에 따라 많이 준 사람에게는 그 열매를 많이 요구하시고, 많이 맡긴 사람에게는 그만큼 더 청구하시는 분이십니다.

또한 하느님은 각자에게 저마다 다른 천부적 재능을 주십니다. 그리고 건강과 지적 능력과 자유 의지와 시간과 후천적인 여러 가지 지식까지 주십니다. 하느님이 주신 재능과 시간과 건강을 잘 활용하고 선용하여 자기 자신뿐만 아니라 주변의 많은 사람들에게 선익이 되는 좋은 선업을 이룩하는 사람이 있습니다. 반면에 하느님이 주신 재능과 시간과 건강을 남용하고 악용하여 자기 자신뿐만 아니라 많은 사람에게 해악을 끼치며 일생을 낭비하는 사람도 있습니다.

(2) 예수님의 재림과 최후의 심판(마태 25,31-46)

세상을 마칠 때 재림하시는 주님 앞에서 부활한 인류 전체가 함께 심판을 받을 것입니다. 이것을 '최후 심판' 또는 '공심판公審判'이라고 말합니다. 최후 심판은 각 사람의 개별 심판의 판결을 모든 사람 앞에 공표하는 것입니다. 최후 심판은 예언적으로 하신 말씀이지 비유가 아닙니다.

예수님의 재림

부활하신 예수님이 승천하신 다음, 이 세상 마칠 때에 천사들을 거느리고 임금님처럼 영광에 싸여 재림하시어 옥좌에 앉으실 것입니다. 그때 모든 민족이 주님 앞에 모일 터인데 선인들은 오른편에, 악인들은 왼편에 서게 될 것입니다(마태 25,31-33 참조).

팔레스티나에서는 양과 염소를 함께 방목합니다. 양은 추위를 잘 견디지만, 염소는 추위를 견디지 못합니다. 추운 밤이 되면 목자들은 양과 염소를 갈라서 보살핍니다. 예수님은 팔레스티나 목동들의 이러한 풍습을 비유로 들어 최후 심판 때 선인들과 악인들을 구별한다고 말씀하신 것입니다.

심판의 기준

"네 이웃을 너 자신처럼 사랑해야 한다."(마태 19,19)라고 늘 강조하신 예수님은 심판의 여섯 가지 기준을 명시하셨습니다.

1. 굶주린 이에게 먹을 것을 주는 것
2. 목마른 이에게 마실 것을 주는 것
3. 나그네를 따뜻이 맞아들이는 것
4. 헐벗은 이에게 의복을 주는 것
5. 병든 이를 돌보아 주는 것
6. 감옥에 있는 이를 보살펴 주는 것

즉 예수님이 심판의 기준으로 예시하신 행위들은 신약 성경에서 줄곧 권장하는 선행입니다. 그런데 이는 실상 착한 마음을 가지고 사는 사람이면 누구나 본성적으로 실천하는 선행들입니다.

최후 심판 때에는 각자의 행동과 마음속의 비밀이 만천하에 공개됩니다. 하느님이 주신 은총을 무시한 사람이라면 그의 고의적 불신이 만인 앞에서 단죄 받을 것입니다. 이웃에 대한 태도를 보면 하느님의 은총과 사랑을 누가 받아들였는지, 아니면 누가 거부했는지 알 수 있습니다. 예수님은 마지막 날에 "너희가 여기 있는 내 형제 중에 가장 보잘것없는 사람 하나에게 해 준 것이 바로 나에게 해 준 것이다."(마태 25,40 참조)라고 선고하실 것입니다.

선인에 대한 보상

심판하시는 주님이 오른편에 있는 의인들을 이렇게 칭찬하실 것입니다. "너희는 내가 굶주렸을 때에 먹을 것을 주었고, 내가 목말랐을 때에 마실 것을 주었으며, 내가 나그네였을 때에 따뜻이 맞아들였다. 또 내가 헐벗었을 때에 입을 것을 주었고, 내가 병들었을 때에 돌보아 주었으며, 내가 감옥에 있을 때에 찾아 주었다."(마태 25,35-36) 그때에 의인들이 "저희가 언제 그렇게 했습니까?" 하고 물을 것입니다. 그러면 주님이 "내가 진실로 너희에게 말한다. 너희가 내 형제들인 이 가장 작은 이들 가운데 한 사람에게 해 준 것이 바로 나에게 해 준 것이다."(마태 25,40) 하고 대답하실 것입니다. 주님은 도움이 필요한 사람들을 당신의 형제로 여기시고, 가련한 사람들을 당신 자신과 동일시하시는 것입니다.

선한 사람은 누구나 도움이 필요한 사람을 보면 인도적 박애 정신에 따라 보살펴 주는 선행을 합니다. 그러니까 하느님이 각 사람을 창조하신 뜻을 받들어 평생 바르게 산 사람들은 하느님으로부터 칭찬을 받는 것이 당연합니다. 그래서 예수님이 "내 아버지께 복을 받은 이들아, 와서, 세상 창조 때부터 너희를 위하여 준비된 나라를 차지하여라."(마태 25,34) 하고 말씀하신 것입니다.

각 사람은 하늘나라에 들어가기 위해서 창조되었습니다. 따라서 창조주가 사람을 창조하시면서 지향하신 뜻을 받들고 따르며, 이웃을 자기 자신처럼 사랑하며 사는 사람은 하느님 나라에 들어가는 것이 순리입니다.

악인에 대한 처벌

심판하시는 주님이 왼쪽에 있는 악인들에게는 이렇게 책망하실 것입니다. "너희는 내가 굶주렸을 때에 먹을 것을 주지 않았고, 내가 목말랐을 때에 마실 것을 주지 않았으며, 내가 나그네였을 때에 따뜻이 맞아들이지 않았다. 또 내가 헐벗었을 때에 입을 것을 주지 않았고, 내가 병들었을 때와 감옥에 있을 때에 돌보아 주지 않았다."(마태 25,42-43) 그러면 악인들이 "저희가 언제 그랬습니까?" 하고 항의할 것입니다. 그때에 주님이 "내가 진실로 너희에게 말한다. 너희가 이 가장 작은 이들 가운데 한 사람에게 해 주지 않은 것이 바로 나에게 해 주지 않은 것이다."(마태 25,45)라고 대답하실 것입니다.

주님은 악인들에게 "저주받은 자들아, 나에게서 떠나 악마와 그 부하들을 위하여 준비된 영원한 불 속으로 들어가라."(마태 25,41) 하고 처벌하실 것입니다. 지옥은 악마와 그 심부름꾼들을 위해 마련된 곳이기 때문입니다.

도움이 필요한 사람들을 보살펴 주는 행위는 누구나 인도적 박애 정신에 따른 선행으로 인정합니다. 주님은 그 선행이 바로 당신을 기쁘게 하는 행위임을 분명하게 말씀하신 것입니다. 그리고 의도적인 악행뿐만 아니라 소극적인 선행의 불이행까지도 주님이 처벌하신다는 의미이기도 합니다.

2) 예수님의 수난 예고(마태 26,2)

예수님은 제자들에게 여러 가지 비유와 최후의 심판 교훈을 말씀하신 다음에 당신의 수난에 관하여 이렇게 예고하셨습니다. "너희도 알다시피 이틀이 지나면 파스카인데, 사람의 아들은 백성의 지도자들에게 넘겨져

라자로의 부활
작자 미상, 1420?년,
목판에 유채, 클뤼니 미술관, 파리, 프랑스.

십자가에 못 박힐 것이다."(마태 26,2 참조)

이제까지는 성부께서 정하신 때가 아직 오지 않았기에 예수님은 당신이 잡히실 기회를 피하고자 하셨을 것입니다. 그런데 성부께서 정하신 때가 되자 예수님은 닥쳐오는 수난을 더 이상 피하지 않으셨습니다. 이 운명을 직설적으로 예고하실 뿐만 아니라 파스카 축제와 결부시켜 수난의 의미를 설명하셨습니다. 파스카 축제를 기회로 삼아 이스라엘 민족을 종살이에서 해방시키신 하느님이 이제 인류를 죄에서 해방시키시는 구원 사업을 파스카 축제 때에 수행하고자 하셨습니다.

라자로의 부활 사건(요한 11,1-46)

베타니아 마을에 사는 마르타와 마리아의 오빠 라자로가 죽어서 무덤에 묻힌 뒤 나흘이나 지난 뒤였습니다. 베타니아에 도착하신 예수님이 라자로의 무덤 입구를 막은 돌을 치우게 하셨습니다. 그리고 예수님이 "라자로야, 이리 나와라."(요한11,43) 하고 큰 소리로 외치시자, 죽었던 라자로가 걸어 나왔습니다. 이 기적을 목격한 많은 유다인들이 예수님을 믿게 되었습니다. 라자로의 부활을 보고 예수님을 믿게 된 사람들 중에는 가까운 미래에 일어날 예수님의 비참한 수난을 보고 나서도 예수님을 믿을 만큼 굳건한 신앙까지는 이르지 못한 사람들도 많았습니다. 예수님이 일으키신 표징은 목격자들에게 굳건한 믿음에서부터 격렬한 반대까지 다양한 반응을 불러일으켰습니다. 예수님을 믿지 않았던 사람들은 악의적이었거나 호의적이었거나를 막론하고 바리사이들에게 가서 예수님의 기적을 알렸습니다(요한 11,46 참조).

바리사이들은 율법을 엄격히 지키는 보수적인 사람들이었습니다. 바리사이들은 율법을 경시하는 것처럼 행동하는 예수님에게 적대감을 가졌습니다. 그들은 예수님이 라자로를 다시 살려 주었다는 이야기를 듣자마자 이 사건이 내포하는 지극히 중대한 의미를 깨달았습니다. 그래서 즉시 유다교의 정식 최고 권위자이자 최고 의회 의장인 대사제에게 그 사실을 알렸습니다.

(1) 최고 의회의 음모(마태 26,3-5; 마르 14,1-2; 루카 22,1-2; 요한 11,47-48)

예수님이 베타니아에서 라자로를 부활시켜 많은 군중이 예수님을 믿게 되었다는 이야기가 대사제 카야파의 귀에도 들어갔습니다. 그때가 마침 파스카와 무교절 이틀 전인 수요일이었습니다. 예루살렘 도성 안 서쪽 언덕 꼭대기에 위치한 카야파의 저택에서 의회가 긴급히 소집되었습니다. 갑자기 대사제의 저택에서 소집된 것이어서 이 모임이 정식 최고 의회였는지 임시 의회였는지 분명치 않습니다. 이 모임에 수석 사제들과 율법 학자들과 백성의 원로들이 참석하였습니다. 바리사이들과 사두가이들은 이구동성으로 예수님에 대한 경멸의 말투로 이렇게 말하였습니다.

"예수라는 사람이 저렇게 엄청난 표징을 일으키기 때문에 그의 인망이 커져 가고 있소. 만일 저 사람이 계속 자유롭게 활동한다면 백성들은 그를 메시아라고 생각하고, 독립을 위하여 폭동을 일으키고 궐기하게 될 것이오. 그러한 폭동을 진압하기 위하여 로마인들은 틀림없이 이스라엘에 허용하고 있던 자주권自主權을 빼앗고 말 것이오. 그렇게 되면 우리의 권위는 떨어지고, 로마인들이 와서 예루살렘과 예루살렘의 거룩한 성전을 짓밟아 멸망시킬 것이오. 그런데 우리들 편에서는 그런 사태에 대비하여 아직 아무런 적극적인 대책을 세우지 못하였소."

그러고는 서로 한탄하며 난국을 타개할 묘책을 세우자고 떠들어 댔습니다. 그들은 오랫동안 벼르고 있던 대로, 결국 예수님을 죽일 수밖에 없다는 뜻을 모으기에 이르렀습니다.

백성의 여론

유다인 지도자들은 예수님의 기적과 논리 정연한 가르침에 감동하여 예수님을 큰 예언자나 메시아로 존경하고 있는 백성들의 동향이 염려되었습니다. 예수님께 호감을 가지고 있는 백성들이 예수님의 체포 사실을 알면, 이에 대항하여 소동을 일으킬 가능성이 다분하였기 때문에 예수님의 적대자들은 섣불리 거사를 실행할 수가 없었습니다. 그들은 백성이 눈치채지 못하는 상황에서 예수님을 체포할 묘수를 궁리하였으나 그 방도가 쉽게 떠오르지 않아서 고심하고 있었습니다(마태 26,3-4 참조). 많은 군중이 아침부터 저녁까지 예수님의 가르침을 듣고자 그분 주변에 모여 있었기 때문입니다. 그래서 순례자들이 많이 모이는 축제 기간에는 예수님을 잡아서는 안 된다고 신중론을 펴는 사람들도 있었고, 백성들의 여론에 구애받지 말고 예수님을 체포하자는 강경론을 주장하는 사람도 있었습니다(마태 26,5; 마르 14,2; 루카 22,2 참조).

최고 의회 의원들은 예수님이 활동할수록 커지는 위험에 대비하여 무슨 대책이든지 세워야 한다는 의견에 공감하는 분위기였습니다. 그러나 구체적인 대책에 대해서는 머뭇거리거나 혹은 머뭇거리는 것처럼 가장하고 있었습니다. 바리사이들 편에서는 내심 구체적인 계획을 벌써 세워 두고 있었는데, 그 실행을 사두가이들의 손에 떠넘겨 책임을 면하고자 술책을 쓰고 있었던 것입니다.

(2) 최고 의회의 결의(요한 11,45-53)
사두가이들의 생각

유다교의 철저한 신앙생활을 추구하는 바리사이들과는 달리 사두가이들은 유다교의 교리를 믿는 문제에 대하여 별 관심이 없는 회의론자들이었습니다. 사두가이들은 예수님의 기적을 의심하는 것도 아니고 문제로 삼지도 않았습니다. 그들은 예수님의 사건에 대하여 정치적 관점에서만 관심이 있었던 것입니다.

유다인 지도자들은 예수님이 순전히 종교적인 메시아라고 자칭하면서 한편으로는 세속적 국가 건설을 도외시하고 있음을 잘 알고 있었습니다. 만일 예수님이 참으로 로마인에게 대항하는 폭동을 일으킬 작정임을 알았다면 대사제도 바리사이들도 틀림없이 예수님을 따라나섰을 것입니다. 그들이 예수님을 인정하지 않은 것은 예수님이 이스라엘의 독립과 패권을 생각하지 않으셨기 때문입니다. 그런데 이와는 반대로 예수님의 적들은 예수님이 황제를 반역한다는 죄목으로 예수님을 고소하였던 것입니다. 이것이 예수님을 처벌할 소송의 근거로 사두가이파가 내세운 명제였습니다. 그러니까 이런 논법은 사두가이들의 몹시 교활한 위선을 보여 줍니다.

유다교의 철저한 신자들인 바리사이들도 신념을 저버리고 예수님을 제거하려는 자신들의 목표를 이루기 위하여 유다교를 건성으로 믿는 사두가이들의 방침을 따라갔습니다. 바리사이들은 그들의 신앙적인 논리에 맞지 않는 사두가이들의 세속적인 논리를 따라가면서도 이를 수치로 여기지 않았습니다. 결국 마태오 복음서의 수난 기록을 보면 수요일의 최고 의회 이후 상황은 사두가이들의 독무대가 되고 바리사이들은 더 이상 언급되지 않습니다.

온 세상 사람들의 일치를 위한 죽음

카야파는 예수님이 참으로 기적을 행했는지 행하지 않았는지 혹은 마귀 들린 자인지 그렇지 않으면 하느님으로부터 파견된 자인지에 대해서는 관심이 없었습니다. 그는 현실주의자였기 때문에 실속 없는 헛된 소리를 듣지 않았습니다. 그는 최고 의회 의원들에게 단도직입적으로 사태의 해심을 말하였습니다. "당신들은 왜 그렇게 아둔합니까? 왜 당신들은 온 민족이 멸망하는 것보다 한 사람이 백성을 대신해서 죽는 편이 더 낫다는 것도 모릅니까?"(요한 11,49-50 참조) 카야파는 예수님 때문에 사회가 불안해지면 로마 군대가 진압을 핑계로 예루살렘을 파괴할 것이기에 이러한 불행을 예방하기 위하여 예수님을 제거해야 한다고 주장한 것입니다. 예수님이 무죄냐 유죄냐 하는 것은 부차적인 문제이고, 그보다 더 중요한 점은 예수님을 국가 이익을 위하여 제물로 바쳐야 한다는 것이었습니다. 최고 의회의 의장인 카야파의 진심이 그대로 드러난 것입니다.

사두가이인 카야파는 자기 종파의 편의와 국민의 정치적 이해를 위해 예수님을 희생 제물로 삼아야 한다고 생각하였습니다. 이 말은 더 깊은 뜻을 내포하고 있었지만, 그는 그것을 의식하지 못하였습니다. 하느님 섭리의 계획에서 예수님은 이스라엘 백성뿐만 아니라 전 인류를 위해서 돌아가셔야만 했던 것입니다. 온 세상에 살고 있는 이방인들도 한 우리 안에서 일치를 이루도록 부르심을 받고 있는 하느님의 자녀들입니다(요한 10,16 참조).

카야파는 예수님에 관한 논쟁을 정치적 차원으로 바꿉니다. 이 일의 종교적 배경과 동기가 어떠하든 간에 예수님이 사회적 혼란을 불러일으키시는 것은 사실이라고 보았습니다. 그래서 공공질서의 안녕을 유지하기 위하여 예수님 한 사람을 제거하는 것이 낫다고 말했습니다. 그러나 예루살렘은 예수님이나 예수님 제자들 때문이 아니라, 유다인들이 반란을 일으켰기 때문에 로마 군대에 의하여 파멸된 것입니다. 이것이 역사적 사실입니다.

대사제 카야파의 속셈

AD 18년부터 36년까지 대사제를 지냈고, 유다교를 대표하는 최고 권위자였던 카야파는 자기 의도나 생각과는 상관없는 숭고한 예언을 한 것입니다. 카야파는 자신도 의식하지 못하는 사이에 도덕적으로 부패해 있던 자기 혀를 사용하여 보편적 구원의 소식을 선포하는 말을 한 것입니다. 이 점을 요한 복음사가가 명시하였습니다(요한 11,51-52 참조).

카야파는 정치적이고 이기적인 뜻으로 이 말을 하였습니다. 그런데 역사적으로 일어난 예수님의 수난과 죽음 그리고 부활을 체험하고 이를 신앙의 빛으로 되새겨 보는 제자들에게는 그 말이 전혀 다른 의미를 띠게 됩니다. 카야파는 자기도 모르는 사이에 예수님을 믿는 이들에게 예수님의 죽음이 가지는 의미를 선포한 것입니다.

예수님은 당신의 죽음으로 이스라엘의 구원을 확고히 하시고, 성부의 인도하심에 따라 온 세상에서 모여드는 이들을 한 백성으로 합쳐지게 하셨습니다(요한 17,21-23 참조).

예수님을 그대로 살려 둘 수 없다고 주장한 대사제 카야파가 수행한 역할이 성경에서 부각되고 있습니다(요한 11,49-50; 18,14 참조).

예수님을 죽이기로 결의

이렇게 하여 최고 의회 의원들은 예수님을 죽이기로 결의하였습니다(요한 11,53 참조). 그날부터 예수님을 살해하려는 음모가 구체적으로 진행되었던 것입니다. 이것은 그리스도에 대한 법률적인 의미의 정식 사형 선고는 아니었지만, 실제로는 그것과 같은 효과를 내었습니다. 그들은 예수님을 죽이기 위한 가장 좋은 기회를 기다릴 뿐이있습니다. 이는 지금까지 해 온 것처럼 미온적인 바람이 아니라 뚜렷한 결의였습니다(요한 5,18; 7,30; 9,22 참조). 이제 이를 실천할 수단과 방법의 선택만이 남아 있을 뿐입니다.

3) 유다스의 배반 예약

(1) 열두 사도 중 한 명인 유다스

사도들을 선발하기 전날 밤에, 예수님은 산에 가시어 밤새도록 기도하셨습니다. 날이 새자 제자들을 부르시어 그들 가운데에서 열두 제자를 사도로 뽑으셨습니다(루카 6,12-13 참조). 예수님은 열두 사도를 당신과 함께 지내게 하시고, 그들을 파견하시어 복음을 선포하게 하시며 마귀들을 쫓아내는 권한을 주셨습니다(마르 3,14-15 참조).

열두 사도는 베드로라고 하는 시몬을 비롯하여 그의 동생 안드레아, 제베대오의 아들 야고보와 그의 동생 요한, 필립보와 바르톨로메오, 토마스와 세리 마태오, 알패오의 아들 야고보와 타대오, 열혈당원 시몬, 그리고 예수님을 팔아넘긴 유다 이스카리옷입니다(마태 10,2-4 참조).

유다스가 열두 사도 중 한 사람으로 부르심을 받은 것은 예수님께 특별한 사랑을 받았고 또 풍성한 은혜를 받았기 때문이었습니다. 유다스는 틀림없이 사도로서 합당한 자격을 갖추고 있었을 것입니다. 또 다른 사도들과 함께 파견되어 선교하였고, 기적도 행하였을 것입니다(마르 6,7.13 참조).

공관 복음서에는 열두 사도의 명단에 유다 이스카리옷이 언급될 때마다 "예수님을 팔아넘긴 배반자"라는 수식어가 붙어 있습니다(마태 10,4; 마르 3,19; 루카 6,16 참조). 유다라는 이름은 평범한 유다인 남성의 흔한 이름입니다. 이스카리옷이라는 말의 의미가 분명하지 않아서 학자들 사이에 여러 가지 해석이 있습니다. 그중에서 팔레스티나 남쪽의 촌락 '크리옷 출신'의 뜻이라는 해석이 가장 유력합니다.

루카 복음서에 쓰여 있는 사도들의 명단에, 야고보의 아들 유다(루카 6,16)와 구별하기 위하여 교회에서는 유다 이스카리옷을 '유다스Judas Iscariot'라고 불렀던 때도 있었습니다. 이 책에서는 그를 유다스라고 부르겠습니다.

위선자 시몬과 그리스도
페테르 파울 루벤스(Peter Paul Rubens, 1577~1640년), 1618~1620년,
캔버스에 유채, 에르미타주 미술관, 상트페테르부르크, 러시아.

(2) 예수님께 향유를 부은 여자(마태 26,6-13; 마르 14,3-9; 요한 12,1-8)

예수님은 예루살렘에 가시는 도중에 파스카 축제 엿새 전 금요일 저녁에 베타니아에 가셔서 마르타와 마리아와 라자로가 사는 집에 묵으셨습니다. 그때에 예수님을 영접하는 만찬이 나병 환자 시몬의 집에서 열렸습니다.

그때 마리아는 자기 오빠 라자로를 소생시켜 주신 예수님께 감사하는 마음이 복받쳤습니다. 마리아는 자기가 소중하게 아껴 오던 비싼 순 나르드 향유 한 리트라를 신뜻 가져와서 예수님의 발에 붓고 자기 머리카락으로 그 발을 닦아 드렸습니다. 향유 향기가 온 집 안에 가득 찼습니다(마태 26,7; 마르 14,3; 요한 12,3 참조). 보통 향유는 한두 방울을 머리에 뿌리는 것이 상식이었습니다. 그러나 마리아는 예수님을 위해서 그 이상의 것도 몽땅 드릴 마음이었습니다.

제자들의 반응과 주님의 변호

그러한 마리아의 행동을 보고 제자들이 "어찌하여 그 아까운 향유를 저렇게 허투루 낭비하는가? 그것을 팔면 삼백 데나리온을 받을 수 있을 텐데, 그 돈을 가난한 사람들에게 나누어 주는 것이 훨씬 좋지 않겠는가?"(마태 26,8-9; 마르 14,4-5; 요한 12,4-5 참조) 하고 투덜거렸습니다.

예수님께 비싼 향유를 부은 사건을 두고 마태오 복음서에는 제자들이 불쾌하게 여겼다고 기록되어 있고, 마르코 복음서에는 제자들 중 몇 사람이 저희끼리 불평하였다고 기록되어 있습니다. 그리고 요한 복음서에는 유다 이스카리옷이 불평하였다고 쓰여 있습니다.

제자들이 투덜거리는 말을 들은 예수님은 마리아의 행위를 변호하는 말씀을 하셨습니다. 엿새 후에 수난하실 것을 아시는 예수님은 "이 여자를 그냥 놔두어라. 그리하여 내 장례 날을 위하여 이 기름을 간직하게 하여라. 사실 가난한 이들은 늘 너희 곁에 있지만, 나는 늘 너희 곁에 있지는 않을 것이다."(요한 12,7-8) 하고 말씀하셨습니다. 예수님은 파스카 축제일에 십자가에서 돌아가실 것을 은연중에 알리신 것입니다.

유다스의 실용주의

제자들이 마리아의 행위에 대하여 불평하는 가운데, 예수님 일행의 살림을 담당한 유다스는 유달리 깊은 사색에 잠겼습니다.

마리아의 낭비 행위를 두둔하는 예수님의 말씀을 유다스가 어떻게 받아들였을까요? 평소에 예수님은 식사나 의복에 관해서 철저하게 검소하셨습니다. 때때로 기도에 몰두하시느라 식사를 거르는 경우도 있었습니다. 그런데 비싼 나르드 향유를 머리도 아니고 그것도 발에 붓는 마리아의 행위를 보시고 그 낭비를 책망하시긴커녕 내버려 두라고 하시는 말씀을 이해할 수 있었을까요? 아마도 유다스는 마리아뿐만 아니라 예수님도 비싼 나르드 향유를 무의미하게 낭비한다고 여기지 않았을까요?

평소에 유다스는 예수님이 가난한 사람들에게 깊은 관심을 가지고 계시는 것을 잘 알고 있었습니다. 그는 예수님의 가르침을 들으려고 모인 군중이 굶주렸을 때 빵 다섯 개와 물고기 두 마리로 오천 명도 먹이시는 기적을 목격했습니다. 그는 향유를 팔아서 삼백 데나리온 어치의 빵을 가난한 사람들에게 나누어 주는 광경을 상상하였을 수도 있습니다. 그러나 요한 복음사가는 유다스가 가난한 사람들을 생각해서가 아니라 탐욕이 심하였기 때문이었다고 기록하였습니다. 유다스가 가난한 사람들에 대한 사랑을 언급한 위선의 이면에는 그의 이기적이고 인색한 마음이 숨겨져 있습니다. 예수님 일행의 돈주머니에서 돈을 빼돌리기를 서슴지 않았던 유다스는 큰 돈을 벌 기회를 놓친 것이 못내 아쉬웠을 것입니다(요한 12,6 참조).

그 당시 일꾼의 하루 품삯이 한 데나리온이었습니다. 이 돈이면 열두 명의 식구가 하루 동안 먹을 수 있는 분량의 빵을 살 수 있다고 합니다. 1년 365일 중 안식일이 52일입니다. 그러니까 삼백 데나리온은 약 1년 품값이고, 열두 식구가 1년 동안 먹을 양식 값에 해당되는 큰돈입니다.

유다스가 예수님의 행위에 대해서 낭비라고 오해하고 불만을 품은 바로 그때에 마귀가 그 틈새를 파고들어 예수님을 배반하도록 유혹한 것은 아니었을까요?(루카 22,3 참조)

(3) 유다스가 배신한 심리

예수님께 사도로 선택된 유다스가 어떻게 스승을 죽이려는 모의에 가담하게 되었을까요? 거기에는 아무도 알 수 없는 숨은 섭리가 있을지도 모릅니다. 물론 배신자의 심리를 살펴본다는 것은 쉬운 일이 아닙니다.

사도로 뽑힌 유다스는 3년 동안 예수님이 행하시는 놀라운 기적들을 모두 목격하면서, 자신의 스승이 천상적 능력을 가지신 메시아이심을 의심하지 않았을 것입니다. 그런데 베드로가 예수님께 수위권을 받고, 요한이 예수님의 특별한 사랑을 받는 것을 보고 유다스의 마음에 시샘이 싹텄을까요? 유다스는 다른 사도들보다 자신이 아래 자리에 놓여 있다고 느꼈을까요? 매우 야심이 크고 시샘이 많은 사람이라면 참기 어려운 일이었을 것입니다. 그러나 만일 유다스가 베드로나 요한에게 원한이 있었다면, 예수님이 잡히신 겟세마니에서 이 두 사람도 함께 잡혀 최고 의회의 감옥에 갇히도록 일을 꾸몄을 수도 있었을 것입니다.

예수님은 어떤 병자든지 치유해 주시고 허허벌판에서 오천 명을 배불리 먹이시며 마귀를 제압하시고 죽은 이를 소생시키시며 풍랑까지도 다스리셨습니다. 이처럼 무슨 기적이든지 거뜬히 행하시는 예수님을 따라다니면서 유다스는 허황된 공상을 하였을 수도 있습니다. 유다스는 예수님이 세우실 왕국에서 권력과 재물을 엄청나게 많이 소유하는 부귀영화를 꿈꾸었을지도 모릅니다. 복음서를 읽어 보면 유다스의 마음에 점차 세속적 권력에 대한 욕망과 금전에 대한 집착이 깃든 것을 알 수 있습니다.

요한 복음사가가 예수님 일행의 돈을 맡고 있었던 이가 유다스라고 기술한 것을 보면, 유다스는 재정 책임을 맡을 만큼 주님의 신임을 받고 있었을 것입니다(요한 13,29 참조). 그는 특별한 수입이 없이 가난하게 사는 주님 일행의 생활비를 책임지는 입장에서 물질적인 근심을 늘 달고 살았을 것입니다. 그런데 주님은 살림을 맡기시기만 하고 그 부족한 것을 메꾸어 주시는 일에는 관심이 없어 보였을 것입니다. 그래서 유다스는 주님의 무심한 모습이 야속하게 느껴질 때도 있었을 것입니다. 그런데 아니나 다를까 그의 희망과는 정반대로, 예수님은 현세를 초월하는 영적인 하느님 나라를 강조하셨습니다. 제물과는 반대로 청빈을 강조하셨고, 지배하는 대신에 봉사를 강조하셨습니다. 그래서 유다스는 예수님의 가르침을 들을 때마다 자기의 희망이 멀어지는 것 같아 괴로워하였을 것입니다.

다른 사도들도 전부터 유다스의 금전욕에 대해 어느 정도 의혹의 눈으로 보고 있었고, 곧 그가 맡은 직책을 이용하여 도둑질을 하고 있다는 것을 눈치채고 있었을 것입니다.

열혈당원인 유다스

열두 사도의 명단을 보면 시몬은 과격한 민족주의자들인 열혈당원이었습니다(마태 10,4; 마르 3,18; 루카 6,15; 사도 1,13 참조). 유다스 역시 로마 식민 통치를 격퇴하고 유대아의 자주 독립을 회복하고자 하는 열혈당의 핵심 멤버였다는 학설도 있습니다. 유다스는 예수님을 로마의 식민 통치를 해방시켜 줄 메시아로 믿고 독립될 날을 꿈꾸고 있었습니다. 그런데 스승은 로마에 적극적으로 대항하는 자세를 피하면서 소극적으로 남에게 선행을 하며 올바르게 살도록 설교하실 뿐이었습니다. 그리고 제자들의 기대와는 달리 예수님이 당신의 수난을 세 번씩이나 예고하셨습니다. 주님의 수난 예고를 들은 베드로가 예수님께 결코 그럴 수 없다고 반항하였습니다. 그때 유다스도 베드로와 같은 생각이었을 것입니다.

'정말 예수님이 그런 고난의 길을 가실까? 만일 예수님께 죽음이 임박하면 메시아로서 하늘의 능력을 발휘하여 로마를 칠 것이다. 이렇게 해서 로마 제국에 예수님의 엄청난 위력을 보여 주고 마침내 이스라엘의 독립을 쟁취하실 것이다.' 유다스는 예수님이 지상 왕국을 세우실 메시아라고 확신하고 스승을 최고 의회에 넘겼을 것이라는 견해도 있습니다.

유다스의 오만과 질투심은 4복음서에 기록되어 있지 않으나 더러운 금전욕은 잘 드러나 있습니다. 그것은 어제오늘의 일이 아니었습니다. 마침 1년 전쯤 예수님이 오천 명을 먹이신 빵의 기적을 행하시고 나서 "나는 하늘에서 내려온 빵이다."(요한 6,51 참조) 하고 말씀하셨을 때 "너희 가운데 하나는 악마다."(요한 6,70)라고 말씀하셨습니다. 그는 그때 벌써 돈을 소중히 여기며 멸망의 길을 걸어가고 있었습니다. 이즈음에는 비열한 그 욕망의 노예가 되고 마침내 양심의 소리에 귀를 막고 있었을 것입니다. 그리고 스승을 팔면서 사랑의 입맞춤을 배반의 신호로 삼을 만큼 파렴치한 인간으로 전락하였을 것입니다.

　사도의 근본적 사명은 예수 그리스도와 그분이 부활하신 진실을 증거하는 것입니다(사도 2,32 참조). 그런데 유다스는 그 사명을 저버린 채 스승을 배신하려 하고 있습니다.

　공관 복음서에는 예수님을 배신한 유다 이스카리옷을 "열두 사도 가운데 하나"로 언급되어 있습니다(마태 26,14; 마르 14,10; 루카 22,3 참조). 주님을 최고 의회에 팔아넘긴 자가 열두 사도 중 하나라는 지적은 유다스의 배반이 지극히 중대한 범죄임을 나타냅니다.

　수석 사제들과 율법 학자들이 예수님에 대한 적대 감정을 점점 더 노골적으로 나타내고 있는 점도 유다스에게는 매우 불안한 요인이었습니다. 스승의 파멸을 예감한 유다스는 늦기 전에 자기 안전을 궁리하였을 것입니다. 약삭빠른 그는 위험한 자리에서 도피할 생각을 하였을 것입니다. 할 수 있다면 스승을 적에게 팔아넘겨 돈을 챙기고 도망가려는 마음이 들었을지도 모릅니다.

　유다스는 자기가 스승이신 예수님을 수석 사제들에게 팔아넘기더라도 '예수님은 어떤 기적이라도 하시는 전능하신 분이니까 수석 사제들의 손아귀에서 빠져나오실 것이다.' 하고 확신하였을지도 모릅니다. 그래서 자신은 수석 사제들로부터 은돈 서른 세켈을 받고 도망치고 예수님도 적에게서 빠져나오실 줄로 믿어, 수석 사제들을 조롱하면서 사기치는 마음으로 팔아넘겼을지도 모릅니다. 또 어쩌면 유다스는 열혈당의 활동비로 쓸 돈이 필요했던 것은 아닐까요?

　결국 예수님을 팔아넘긴 직접적인 동기는 현세적 욕구 때문이었던 것 같습니다. 만일 예수님께 어떤 원한을 가지고 있었다면 배신을 할지라도 돈으로 팔아넘기지는 않았을 것입니다. 복음서를 찬찬히 읽으면서 유다스의 배신을 생각하면 글로 표현할 수 없는 어떤 비밀이 있는 것 같이 느껴집니다.

(4) 유다스와 수석 사제들의 계약(마태 26,14-16; 마르 14,10-11; 루카 22,3-6)

수요일 밤 최고 의회에 모인 유다인 지도자들이 백성들 모르게 예수님을 체포할 모의를 하였습니다. 그러나 이를 구체적으로 실행할 묘수가 떠오르지 않아 고심하고 있던 무렵이었습니다.

늘 많은 제자들과 함께 다니는 예수님을 체포하려면 수행하는 제자들의 강력한 저항을 제압하여야 합니다. 제자들과 민중이 강력히 저항하는 소란스러운 사태를 피하려면 속임수를 써서 예수님과 제자들을 분리시켜야 합니다. 그러나 그러한 묘수를 찾기는 참으로 어려웠습니다. 예수님의 적대자들은 예수님을 조용히 체포할 묘수를 찾느라고 고민하고 있었습니다.

그때 마침 예수님의 열두 제자 가운데 한 명인 유다 이스카리옷이 사탄의 유혹에 넘어갔습니다(루카 22,3 참조). 최고 의회 의원들이 예수님을 죽일 모의를 하고 있는 동안에 유다스가 수석 사제들을 찾아갔습니다(마태 26,14 참조).

뜻밖에도 예수님의 제자인 유다스가 찾아와 스승을 배반하겠다고 하니 적대자들은 얼마나 반가웠겠습니까? 어려운 흉계를 꾸미는 수석 사제들의 음모에 맞서 예수님을 보호해 드려야 할 열두 사도 중 한 명인 유다스가 역설적으로 적에게 합세하게 된 것입니다.

그들은 예수님을 체포할 때 일어날 만한 여러 위험을 예방하고 악마가 속삭여 준 그 계획을 실현할 방법을 협의하였습니다. 예수님의 거처와 평소 행적, 습관을 잘 알고 있는 유다스는 수석 사제들에게 예수님을 잡도록 도와주겠노라고 제안하였습니다. 수석 사제들과 성전 경비대장들은 유다스의 제안을 듣고 그의 계책이 성공할 가능성이 크다고 공감하여 매우 흡족해하였습니다. 마침내 유다스는 속임수를 써서 예수님을 체포할 방법을 그들과 합의하였습니다.

적대자들이 기뻐하는 표정을 유심히 살펴본 유다스가 자기 본심인 금전욕이 발동하였습니다. 배신자는 태연히 자기 스승을 팔아넘길 의사를 밝히면서 군중이 떠받드는 큰 분을 팔아넘기는데 그 보상으로 얼마를 주겠느냐고 물었습니다. "내가 당신들에게 예수님을 넘겨주면 그 값으로 얼마를 주겠소?"(마태 26,15 참조) 상품을 사고팔 때 하는 흥정의 말투입니다. 적당한 값을 받을 수 있다면 예수님을 팔아넘길 수도 있다는 뜻입니다. 요한 복음서에 유다스를 도둑이라고 기록된 말이 사실로 드러나는 장면입니다(요한 12,6 참조). 이 거래에 중개인이 있었는지 아니면 수석 사제들과 유다스의 직접적인 거래였는지는 알 수 없습니다.

은돈 서른 세켈

성전에서는 로마 황제의 얼굴이 새겨져 있는 로마 화폐나 그리스 화폐는 사용할 수 없고 유다 화폐만 통용되었습니다. 그래서 수석 사제들과 성전 경비대장들은 선뜻 유다스에게 유다 화폐인 은돈 서른 세켈을 주었습니다(마태 26,15 참조). 한 세켈은 네 데나리온에 해당되는 가치입니다.

은돈 서른 세켈은 하인이나 하녀가 사고로 죽었을 경우 애도의 표시로 그 주인에게 주도록 율법으로 정해진 금액이었습니다(탈출 21,32 참조). 요컨대 수석 사제들과 유다스는 노예 한 사람의 몸값으로 예수님을 사고판 것입니다.

마태오 복음서에는 유다스가 그 돈을 계약과 동시에 받은 것처럼 쓰여 있지만, 마르코 복음서와 루카 복음서에는 주기로 약속하였다고 쓰여 있습니다(마르 14,11; 루카 22,5 참조). 교활한 수석 사제들이 약속을 이행할지 믿을 수 없는 유다스에게 즉시 돈을 주었을 리가 없습니다. 그러니까 약간의 돈을 주고 나머지는 성공한 다음에 주기로 약속하였을 것입니다.

이제 배신자에게는 자기 계획을 실행하는 일만이 남았습니다. 배신자 유다스는 군중이 없을 때 예수님을 적에게 넘겨줄 적당한 기회를 노리게 되었습니다(루카 22,6 참조).

5 성주간 목요일

1) 최후의 만찬 준비 (마태 26,17-19; 마르 14,12-16; 루카 22,7-13)

대사제가 긴급 소집한 최고 의회에서 예수님을 체포할 모의를 하고, 유다스가 수석 사제들을 찾아가 예수님을 배반하겠다는 약속을 한 성주간 수요일이 저물었습니다. 그날 밤에 예수님과 사도들은 예루살렘 도성을 나와 올리브 산에서 야영을 하였습니다. 성주간 목요일은 마침 무교절 첫날이고 파스카 양을 잡는 날이었습니다.

파스카 축제와 무교절

파스카와 무교절은 본래 그 기원이 서로 다른 축제였습니다. 파스카는

본디 유목민의 축제였습니다. 목초지가 교체되는 봄이 오면 가축이 번성하도록 하느님의 보호와 자비를 기원하는 뜻으로 가축의 맏배를 제물로 바치는 감사 제사였습니다. 이와는 달리 무교절은 농경민이 보리 수확의 시작을 축하하는 봄 축제였습니다. 묵은 곡식으로 만든 누룩을 쓰지 않기 위해 7일 동안 누룩 없는 빵을 먹는 축제였습니다.

모세는 BC 1280년경에 이스라엘 백성을 이집트의 종살이에서 구출하기 위하여 첫째 달 보름달 밝은 밤에 지내는 파스카 축제를 탈출의 신호로 삼았습니다. 이스라엘 백성은 급하게 이집트를 탈출했기 때문에 경황이 없어서 상당한 기간 동안 누룩 없는 빵만 먹으며 광야로 나갔습니다.

이집트를 탈출한 이스라엘 민족은 광야에서 40년 동안 헤맨 다음 가나안 땅에 들어서게 되었습니다. 이스라엘 민족은 예리코 근처에서 곧바로 파스카와 무교절 축제를 함께 지냈습니다. 그다음 날부터 만나가 내리지 않았습니다(여호 5,10-12 참조). 그 후 이스라엘 민족은 이집트 탈출을 기념하는 축제로 파스카와 무교절을 동시에 경축하게 되었습니다(신명 16,1-8 참조).

이스라엘인들은 파스카 축제를 통해 메시아가 가져올 구원에 대한 희망 속에 하느님의 구원 업적을 회상하고 재현하였습니다. 그 전통에 따라 예루살렘 성전에서는 매년 첫째 달 14일 오후에 파스카 어린양을 잡습니다.

각 가정에서는 묵은 누룩이 든 빵을 첫째 달 14일 낮까지 다 먹고 그날 오후부터 어느 집에서나 이레 동안 누룩 없는 빵을 먹었습니다(탈출 12,15-20 참조).

최후의 만찬 장소

이스라엘 민족에게 파스카는 한 해의 가장 큰 축제였기에 이스라엘 성인 남성은 반드시 예루살렘 성전을 순례하여야 할 의무가 있었습니다. 지방에서 파스카 축제를 경축하러 예루살렘에 올라온 순례자들은 예루살렘 성 안에서 파스카 만찬을 할 방을 구해야 했습니다.

갈릴래아에서 온 예수님과 사도들도 같은 형편이었습니다. 예수님과 열두 사도는 예수님을 가장으로 모시는 공동체이므로 파스카 만찬을 하려면 스무 명이 함께 식사할 수 있을 만큼 큰 방 하나가 필요하였습니다. 사도들은 예수님께 "파스카 만찬을 어디에 준비하면 되겠습니까?"(마르 14,12 참조) 하고 여쭈었습니다. 과연 예수님께 반가운 마음으로 집을 빌려줄 친지들이 예루살렘에 있었을까요? 예수님께 방을 빌려줄 명예를 얻을 사람은 누구일까요?

마지막 예루살렘 순례를 미리부터 계획하신 예수님은 파스카 만찬을 할 집을 이미 생각해 두셨습니다. 예수님은 서슴없이 베드로와 요한에게 예루살렘 성 안으로 가서 이러저러한 사람을 만나면 된다고 구체적으로 말씀하셨습니다(루카 22,10-12 참조).

사도들의 살림을 담당하고 있던 유다스는 이 심부름에서 제외되었습니다. 주님이 그에게는 만찬 장소를 미리 알리고 싶지 않았던 것으로 생각됩니다. 만일 배반자 유다스가 미리 알면, 식사하실 때 예수님이 체포될 위험을 예방하기 위한 조치였을 것입니다.

마르코의 집

예수님은 이미 선정해 놓은 집주인의 이름을 말씀하지 않으시고 사도들이 그 집을 찾아낼 방법을 가르쳐 주셨습니다. 예수님은 두 사도에게 "성안에 들어가면 물동이를 메고 가는 사람을 만날 것이다. 그를 따라가거라."(마르 14,13 참조) 하고 가르쳐 주셨습니다. 예수님이 집주인에게 어떻게 말할 것인지를 두 사도에게 가르쳐 주시는 것을 보면 이 사람은 틀림없이 예수님의 제자 중 한 사람이었을 것입니다.

두 사도는 예루살렘 여러 성문 중에 '샘의 문'을 통해서 예루살렘 도성 안으로 들어갔을 것입니다. 그곳에서 '실로암 샘'에서 물을 길어 가지고 돌아가는 남자와 만났습니다. 예수님은 남자가 물을 길어 간다고 말씀하셨습니다. 그 당시에 물을 긷는 일은 부녀자가 할 일이었습니다. 그러니까 물을 길어 가는 남자는 남의 눈에 잘 띄었을 것입니다. 두 사도는 물동이를 메고 가는 남자를 뒤따라갔습니다.

두 사도는 예수님이 분부하신 대로 그 집주인에게 파스카 만찬을 할 방을 청하였습니다(루카 22,11 참조). 그러자 집주인이 이미 자리가 다 마련된 큰 이층 방을 보여 주었습니다(마르 14,15 참조). 이층에 있는 이 방은 그 집의 전체 면적에 해당하는 넓은 방이었습니다. 이 방에는 깔개가 깔려 있어서 식사를 할 수도 있고 잠을 잘 수도 있었습니다. 예수님이 미리 사도들에게 말씀하신 그대로였습니다. 집주인은 예수님과 열두 사도를 위해 이 방을 흔쾌히 빌려주었습니다(마르 14,16; 루카 22,13 참조).

전승에 따르면 이 집주인은 마르코의 아버지이고, 물을 길어 가는 남자는 마르코였다고 합니다. 마르코 복음서에는 예수님 일행이 파스카 만찬을 할 장소를 찾는 과정에 대해 마태오 복음서보다 훨씬 더 자세히 기록되어 있습니다. 또 예수님이 체포되던 날 밤, 발가벗은 채 도망친 젊은이의 사건도 마르코 복음사가만 기록하였는데 그 사건은 앞뒤 문맥과 관계없이 기록된 것입니다(마르 14,51-52 참조). 그래서 전승에 따르면 이 젊은이는 마르코 복음사가라고 합니다.

또 사도행전에 보면 베드로가 감옥에서 기적적으로 구출되어 마르코의 어머니인 마리아의 집으로 피신하였다고 기록되어 있습니다. 거기에는 많은 사람들이 기도하기 위해 모여 있었습니다(사도 12,12 참조). 마르코 집안 사람들이 예수님과 그 제자들과 밀접한 관계였음을 나타냅니다. 따라서 젊은 마르코가 특히 예수님이 수난하시는 밤에 무관심할 수는 없었으리라고 충분히 짐작할 수 있습니다. 마르코는 열두 사도에 속하지는 않았지만 사도들과 개인적으로 잘 알고 있었을 것입니다.

최후의 파스카 만찬(마태 26,26-29; 마르 14,22-25; 루카 22,14-20)

율법 규정에 따라 파스카 만찬 시간이 되자, 예수님과 제자들은 파스카 만찬 식탁에 앉았습니다(루카 22,14 참조). 예수님 시대의 유다인들은 해가 지는 저녁을 새날의 시작으로 여겼습니다. 그들은 새날이 시작하는 저녁에 느긋한 마음으로 파스카 만찬을 즐겼습니다.

예수님은 수난의 고통을 겪기 전에 사랑하는 사도들과 함께 마지막 파스카 음식을 먹기를 간절히 바라셨습니다. 예수님이 사도들과 함께 먹는 마지막 식사이기 때문만이 아니라 바로 이 파스카 만찬 후에 성체성사를 제정하실 예정이기 때문이었습니다(루카 22,19-20 참조).

유다인들의 전례에 따르면 파스카 만찬 중에 포도주 잔을 네 번 돌려 마십니다. 그리고 그것을 마시기에 앞서서 가장이 가족들을 위하여 이집트에서 해방된 일을 기억하고 감사하기 위해 여러 가지 축복의 말과 기도를 올립니다.

예수님은 사도들과 파스카 어린양을 먹고 나서 잔을 사도들에게 돌리셨습니다. 예수님이 잔을 받아 감사를 드리고 나서 "이것을 받아 나누어 마셔라."(루카 22,17) 하고 말씀하셨습니다.

예수님이 감사 기도를 드리고 사도들에게 넘겨주신 잔은 네 번 건네는 잔 중에 하나였습니다. 그 식사에 참석한 사람은 그것을 돌려 가며 마셨습니다. 파스카 양고기를 먹는 것과 포도주 잔을 돌리는 두 가지 행위가 파스카 축제 만찬의 핵심 행위입니다.

최후의 파스카 만찬과 성체성사 제정이 끝나면 예수님은 하느님 나라에서 신비로운 잔치가 실현되기까지 파스카 어린양과 포도주를 다시는 먹고 마시지 않겠다고 말씀하셨습니다(루카 22,16.18 참조). 예수님은 당신의 생애가 십자가 상 죽음으로 인해 실패로 끝나는 것이 아니라, 하느님 나라의 승리로 완결될 것임을 사도들 앞에서 선언하신 것입니다. 이 하느님 나라는 예수님이 세우시고 수난하심으로써 완성하시게 될 나라입니다. 하느님이 통치하시는 그 나라에서는 주님이 사도들에게 새로운 양식과 새로운 음료를 주실 것입니다. '하느님 나라'라는 말은 하느님이 인류에게 베푸시는 구원을, 하느님의 현존 안에서 누리는 행복과 평화를 뜻하는 고전적인 표현입니다.

구약이 끝나는 파스카 만찬

BC 1280년경에 모세가 파스카 잔치를 신호로 하여 이스라엘 백성을 이집트의 종살이에서 탈출시킨 역사적 사건을 기념하는 파스카 축제가 이제 완료되는 것입니다. 예수님께서는 AD 30년의 파스카 만찬이 "하느님 나라에서 다 성취되기까지" 마지막 만찬이 될 것입니다(루카 22,16 참조). 그리고 이 파스카 만찬이 예표豫表하는 신비로운 성체의 잔치가 새로 제정될 것입니다. 이제부터 성체의 신비로운 새 잔치에는 예수님이 세우신 새로운 나라, 곧 교회에 들어가는 사람들이 그 식탁에 앉게 될 것입니다.

이 말씀은 현세에서의 성체성사의 잔치뿐만 아니라 하늘나라에서 구원받은 사람들이 참여하게 될 잔치도 의미한다고 생각합니다. 교회 안에서 언제까지나 계속될 이 신비로운 잔치에 대하여 복음사가들이 기록한 것보다 예수님은 더 자세히 말씀하셨으리라 생각됩니다.

최후의 만찬을 기록한 루카 복음서 22장 14절에서 16절은 성체성사 제정의 서론입니다. 유다인들의 파스카 만찬은 성체성사의 예표였습니다. 잠시 후 예수님은 성체성사를 제정하실 것입니다.

2) 사도들의 발을 씻으심(요한 13,1-20)

(1) 수난 직전 예수님의 심정(요한 13,1-5)

아버지께로 건너가실 때

AD 30년의 파스카 축제가 시작되자 예수님은 하느님 아버지께로 가실 때가 다가왔음을 아셨습니다.

'파스카'라는 히브리어는 '건너가다'라는 의미도 있습니다. 예수님이 죽음을 통하여 현세적 조건을 떠나 성부의 영광에 참여하게 되는 사건이, 예수님뿐만 아니라 예수님을 통하여 성부를 믿는 이들에게도 진정한 파스카가 된다는 사실을 요한 복음사가가 암시하고 있습니다(요한 17,5 참조). 이제 이러한 주님의 파스카가 유다인들의 파스카와 대립하게 됩니다.

요한 복음사가는 예수님이 유다인들의 파스카 축제 때 의미심장한 여러 가지 행동을 하셨다고 강조하였습니다. 성전을 정화하신 사건(요한 2,13-22 참조), 오천 명을 배불리 먹이신 사건(요한 6,1-15 참조), 죽은 라자로를 부활시키신 사건(요한 11,1-44 참조), 예수님이 최후의 만찬 중에 사도들의 발을 씻으신 사건(요한 13,1-20 참조) 그리고 예수님이 잡히시어 돌아가신 사건(요한 19,1-30 참조)까지 모두 파스카 축제 때에 일어난 일입니다.

예수님은 이제 막 시작되려는 수난의 의미와 당신이 영광을 받으실 때가 온다는 사실을 완전히 의식하고 계셨습니다. 그리고 그 수난을 온전한 자유 의지로 맞으시려고 하셨습니다.

사도들을 끝까지 사랑하시다

예수님은 머지않아 고난을 당하실 것이므로, 사도들의 마음이 흔들리지 않도록 당신이 '아버지께로 가실 때'에 대해 그들에게 이미 여러 차례 언급하셨습니다. 예수님은 수난의 때가 임박해 오자, 사랑하는 사도들을 이 세상에 남기고 떠나야 하는 마음에 누구보다도 착잡해지셨을 것입니다.

한편 사도들은 예수님이 머지않아 자기들 곁을 떠나시리라고 전혀 예상하지 못하였습니다. 이러한 배경을 앞에 두고 예수님은 남아 있게 될 사도들에게 지극히 극진한 사랑의 증거를 주려고 하셨습니다. 이에 관해 성경에는 "끝까지 그들을 사랑하셨다."(요한 13,1 참조)라고 쓰여 있습니다.

이 표현은 두 가지 의미가 내포되어 있습니다. 시간적으로 끝까지 사랑하셨다는 뜻도 있고, 십자가 위에서 돌아가실 때까지, 완전히 극진한 사랑을 하셨다는 뜻도 있습니다. 예수님은 시간적으로도, 내용적으로도 극진한 사랑을 보여 주신 것입니다.

요한 복음사가는 예수님이 생애 마지막에 이르러 행하신 활동 특히 당신의 수난에 큰 의미를 부여한 것이 바로 이 '사랑'이라고 강조하였습니다. 그래서 예수님의 수난 사건은 인류에게 구원을 가져다주는 사랑의 마지막 행위이고 최고 표현입니다.

예수님은 아버지가 모든 것을 당신 손에 맡겨 주신 것과, 당신이 하느님께로부터 왔다가 다시 하느님께 돌아가게 되었다는 것을 알고 계셨습니다. 예수님은 사도들 곁을 떠나실 때가 왔기 때문에 그들에게 파격적인 사랑을 담은 겸손의 모범을 보여 주고자 하셨습니다. 곧 예수님은 하느님에게서 받은 권능과 사명을 완전히 의식하면서 사도들의 발을 씻어 줄 준비를 하셨습니다.

겸손한 사랑의 모범

팔레스티나에서는 식사에 초대한 손님을 맞이할 때, 식탁에 앉기 전에 발을 씻어 주는 관습이 있었습니다. 그런데 주님과 사도들은 파스카 만찬을 이미 시작하였습니다. 그래서 예수님은 식사 도중이지만 식탁에서 일

제자의 발을 씻어 주시는 그리스도
디르크 반 바뷔렌(Drick van Baburen, 1995~1624년), 1616?년,
캔버스에 유채, 베를린 국립 미술관, 베를린, 독일.

어나셨습니다. 예수님은 겉옷을 벗으시고, 긴 속옷 중간 허리에 수건을 두르셨습니다. 이것은 종의 복장이었습니다. 그리고 구리로 만든 대야에 물을 담아 사도들의 발아래 허리를 굽혀, 그들의 발을 씻은 다음 수건으로 닦아 주셨습니다(요한 13,4-5 참조).

남의 발을 씻어 주는 것은 아들이 아버지에 대한 가장 지극한 효심을 나타내거나, 하인이 주인에 대한 지극한 존경심을 드러내는 행동이었습니다. 그 당시의 풍속으로는 남의 발을 씻는 것은 노예일지라도 그가 유다인이면 시킬 수 없을 정도로 몹시 굴욕적인 일로 여겼습니다. 그러니까 사도들의 발을 씻어 주시는 예수님의 행동은 예언자들의 상징적인 행동과 비슷합니다. 예수님은 이로써 당신의 사랑을 보여 주시고 또 당신의 죽음을 예고하시는 것입니다.

요한 복음서에는 예수님이 하신 일에 대해 극히 정확하고 상세하게 기록되어 있습니다. 그러므로 진정한 파스카 축제는 유다인들의 과월절이 아니고, 하느님의 어린양이신 성자께서 영광스럽게 되신 일이라는 점을 유념하면서 요한 복음서를 이해해야 합니다.

(2) 예수님과 베드로의 대화 (요한 13,6-11)

성급하고 솔직한 베드로의 반응

주님은 우선 베드로에게 다가가셨습니다. 황송한 베드로가, "주님, 주님께서 제 발을 씻으시렵니까?"(요한 13,6) 하고 여쭈었습니다. 예수님이 다른 사도의 발부터 씻어 주셨다면 베드로는 자기의 차례를 기다릴 것도 없이 아예 처음부터 반대하고 나섰을 것입니다. 예의가 바른 베드로는 자기가 가장 존경하는 메시아가 노예도 하지 않는 굴욕적인 행동을 하시는 모습을 도저히 받아들일 수 없었던 것입니다.

"주님께서 제 발을 씻으시렵니까?"라는 말은 거부라기보다는 그의 본능적인 황송한 감정의 표현입니다. 예수님의 존엄을 뜻하는 표현인 "주님께서"와 비천함을 뜻하는 "제 발" 사이의 극단적인 대조가 충격적입니다. 그리고 "발을 씻으시렵니까?"라는 표현이 천한 그 일을 돋보이게 합니다. 요컨대 인간적인 상식의 기준으로 판단하는 베드로는 주님의 행위를 납득할 수 없었던 것입니다.

주님을 이해하지 못하는 베드로

예수님의 행동에 대한 베드로의 느낌은 수난 예고를 들었을 때 베드로가 보여 준 항의와 거의 비슷하였습니다. 예수님이 고난을 받고 죽임을 당하셨다가 사흘날에 부활하신다고 말씀하셨을 때에도, 인간적인 상식의 기준으로 판단하는 베드로는 자기가 마음속으로 그리고 있는 메시아의 모습과 상반되는 사실을 도저히 받아들일 수가 없었습니다. 베드로는 예수님의 수난 예고를 듣고 펄쩍 뛰면서 "안 됩니다. 그런 일은 주님께 결코 일어나지 않을 것입니다." 하고 항의하였습니다. 그러나 예수님은 베드로에게 "사탄아, 내게서 물러가라. 너는 나에게 걸림돌이다. 너는 하느님의 일은 생각하지 않고 사람의 일만 생각하는구나!" 하며 엄하게 꾸짖으셨습니다(마태 16,22-23; 마르 8,32-33 참조).

베드로의 반발은 스승에 대한 자연스러운 존경심의 발로發露였으나, 베드로는 자기도 모르게 인류 구원 사업의 계획을 거부한 것입니다. 만일 예수님의 제자가 되고자 한다면 예수님이 하고자 하시는 대로 따라가야 합니다. 사도들은 주님의 눈빛만 보더라도 주님의 뜻을 알 수 있었을 것입니다.

베드로는 자신이 지금 당장 이해되지 않더라도 그 일에 대한 설명을 기다리면서 순순히 순명하면 될 일이었습니다. 그러나 성급한 베드로는 주님의 설명을 기다리지 못하고 자기 감정을 먼저 드러낸 것입니다. 예수님은 "내가 하는 일을 네가 지금은 알지 못하지만 나중에는 깨닫게 될 것이다."(요한 13,7) 하고 설명하셨습니다. 예수님은 언제나 그러하셨듯이 베드로의 거부 반응을 보시고 그가 당신을 이해하도록 설득하셨습니다.

예수님의 설명을 듣고서도 베드로는 공감할 수 없었습니다. 자신이 이해하지 못하는 것을 도저히 용납하지 못하는 성격 때문에 다시 말대꾸를 하였습니다. 베드로가 "제 발은 절대로 씻지 못하십니다."(요한 13,8) 하고 고집을 부렸습니다. 어떠한 일이 있어도 주님이 자기 앞에 무릎을 꿇어 앉아 발을 씻어 주시는 것을 받아들일 수 없었습니다. 하지만 예수님은 베드로의 성격을 잘 알고 계셨습니다.

이처럼 인간의 능력을 초월하는 지혜와 놀라운 표징을 수없이 보여 주시는 스승과 순진하고 성급한 어부인 사도 사이의 대조를 섣불리 설명하려 하기보다는 침묵 중에 묵상하는 편이 낫습니다. 마음에 느끼는 감격을 말로써는 나타낼 수 없기 때문입니다.

주님이 주시는 몫

베드로가 항의한 것은 예수님에 대한 열렬한 존경과 사랑 때문이었습니다. 그래서 그를 따르게 하기 위하여 예수님은 그의 열정을 자극하는 사랑을 언급하셨습니다. "내가 너를 씻어 주지 않으면 너는 나와 함께 아무런 몫도 나누어 받지 못한다."(요한 13,8)

"몫"은 어떤 사람의 배분에 참여하는 일입니다. 이 말은 어떤 사람과 일치하여 한 몸이 된다는 뜻입니다(2코린 6,15 참조). 이는 발을 씻어 주시는 예수님의 사랑을 받아들이지 않으면 예수님이 나누어 주시는 몫을 받지 못한다는 말씀이었습니다.

또한 예수님의 사랑과 죽음이 가져오는 혜택을 받지 못하면 결국 예수님과 상관없는 사람이 된다는 뜻이기도 합니다. 겸허하게 봉사하시다가 결국에는 당신의 목숨까지 내놓으시는 예수님의 사랑과 겸손의 행동을 인정하고 받아들이는 것이 베드로가 새로운 생명을 깨닫고 그 일에 동참할 수 있는 조건이 됩니다. 만일 베드로가 끝내 발 씻김을 거부한다면 스승과의 일치를 깨뜨리는 일이 됩니다.

베드로는 예수님의 깊은 생각을 완전히 이해하지는 못하였지만, 주님의 뜻을 순명할 만큼은 이해하였습니다. 주님의 설명을 들은 베드로는 '사랑과 공포에 떠밀려' 왼편 극단에서 오른편 극단으로 옮겨 갑니다. 주님께서 제 발을 절대로 씻으실 수 없다고 우기던 그가 이제는 정반대로 발뿐만 아니라 손과 머리까지도 씻어 달라고 도에 지나치는 응석을 부립니다(요한 13,9 참조).

겸손에 대한 가르침

성급하고 솔직한 베드로의 반응에 대하여 예수님이 나무라셨습니다. 이 예수님의 말씀에 대하여 학자들의 설명이 구구區區합니다. 예수님의 엄하신 말씀을 책벌責罰의 뜻으로 해석하면서 베드로의 행동이 불순명의 죄라고 설명한 학자들도 있습니다. 그러나 위대한 사랑과 존경에서 용솟음친 그의 말을 어떻게 죄라고 할 수 있겠습니까?

한편 구원을 받기 위하여 예수님으로 말미암아 깨끗해져야 한다는 필요성을 보여 주는 신비적인 의미로 해석한 학자들도 있습니다. 그러나 예수님은 이러한 행동을 설명하실 때에도 정결하게 한다는 말씀은 없으셨습니다. 요컨대 예수님이 사도들의 발을 씻어 주신 것은 사도들에게 겸손을 가르치기 위한 것으로 해석됩니다.

예수님의 행동은 겸손에 대한 가르침인 동시에 '강생하신 말씀'의 자기 낮춤에 대한 감응적感應的 표현이기도 합니다. "그리스도 예수님은 하느님과 본질이 같은 분이셨지만 굳이 하느님과 동등한 존재가 되려 하지 않으시고 오히려 당신의 것을 다 내어놓고 종의 신분을 취하셔서 우리와 똑같은 인간이 되셨습니다."(필리 2,6-7 참조)

발 씻음의 참뜻

베드로는 예수님이 사도들의 발을 씻으시려는 일을 순순히 따라가야 한다는 것은 알게 되었지만, 예수님의 깊은 참뜻을 깨달은 것은 아니었습니다. 베드로는 예수님의 행위를 일종의 정결례의 뜻으로 이해했던 것 같습니다. 그러나 예수님의 말씀으로 미루어 볼 때에 반드시 그런 뜻은 아닙니다. 예수님의 이 행동은 몸을 깨끗이 하는 데에 목적이 있는 것이 아닙니다. 따라서 이 행동이 드러내려는 뜻을 신앙으로 받아들이는 일이 중요합니다. 여기에는 세례성사에 대한 암시도 들어 있을 수 있습니다.

예수님은 사도들에게 "목욕을 한 사람은 온몸이 깨끗하니 발만 씻으면 그만이다."(요한 13,10 참조)라고 말씀하시어 새로운 정결례가 필요 없음을 명백하게 가르쳐 주셨습니다. 즉 그들의 온몸이 깨끗하므로 머리나 손을 씻을 필요가 없다고 하신 것입니다.

예수님이 베푸시는 정화淨化는 자동적으로 이루어지는 것이 아닙니다. 예수님을 진정으로 믿고 목숨까지도 바치는 한이 있더라도 그분을 끝까지 따르는 결심이 서 있어야 합니다(1코린 11,26 참조). 그래서 유다스가 예수님을 추종함으로써 씻겨지기는 하였지만 영적으로는 정화되지 않았던 것입니다. 그러나 사도들은 예수님을 오랫동안 추종함으로써 온몸이 깨끗해졌던 것입니다. 갓 목욕을 한 사람은 새삼스럽게 씻을 필요가 없습니다. 그런데 예수님은 "다 그렇지는 않다."(요한 13,11 참조)라고 말씀하셨습니다. 즉 유다 이스카리옷 한 사람만은 제외된 것이었습니다.

여기서 예수님은 배신자와 그의 배신을 알고 계시다는 것을 암시하셨습니다. 이 마지막 행복한 만찬 모임에서 예수님은 유다스의 계획이 벌써 탄로 났다는 것을 암시하셨지만, 그의 이름을 밝히지는 않으셨습니다. 이것은 배반자에 대한 예수님의 극진한 배려였으나 유다스는 이 점을 깨닫지 못한 듯합니다.

(3) 너희도 서로 발을 씻어 주어라 (요한 13,12-20)

열두 사도의 발을 씻으신 뒤 예수님은 다시 겉옷을 입으시고 식탁에 앉으셨습니다. 방금 예수님이 하신 행동은 신비에 가득 찬 교훈이었습니다. 그리고 그 뜻을 설명하셨습니다.

사도들은 예수님을 "스승님" 또는 "주님"이라고 불렀습니다. 우리말 성경에서 "라삐", "스승님" 또는 "주님"으로 번역되어 있는 그리스어의 이 두 명사 앞에는 관사가 붙어 있습니다. 명사 앞에 붙어 있는 관사는 그 말의 존엄성을 나타냅니다. 곧 '스승들 중의 스승' 또는 '주님들 중의 주님'이라는 뜻입니다. 예수님도 당신에게 우월적 존칭인 "스승이라고 부르는 것이 옳다."라고 명백하게 승인하셨습니다(요한 13,13 참조).

이어서 "스승이며 주님인 내가 너희 발을 씻어 주었으니 너희도 서로 발을 씻어 주어야 한다."(요한 13,14 참조)라고 강조하셨습니다. 예수님은 사도들이 본받아야 할 하나의 모범을 보여 주신 것입니다. 사도들은 장차 스스로 즐거운 마음으로 자기를 낮추고 이기심을 극복하며 이웃에 대한 사랑을 실천하여 주님의 모범을 닮아야 하는 것입니다(요한 13,14-15 참조).

진정한 겸손의 행복

사도들의 발을 씻어 주신 것은 예수님의 생애와 수난의 본질을 상징적으로 드러냅니다. 사람들을 구원하시고자 가장 겸손한 봉사까지 떠맡으시는 사랑의 표시입니다. 이것이 제자들에게는 주님을 본받는 원동력이 되고, 또 그렇게 해야 하는 당위성의 바탕이 됩니다(요한 13,34; 15,12 참조).

예수님의 모범과 규칙을 따른다는 것은 예수 그리스도의 일꾼이라는 신분을 자각하고 실천하는 것입니다. 주님도 "종이 주인보다 더 나을 수 없고 파견된 사람이 파견한 사람보다 더 나을 수는 없다."(요한 13,16 참조)라고 명백히 가르쳐 주셨습니다. 예수님의 제자들과 그분에게서 파견된 이들의 이러한 여건은 필연적으로 예수님의 상황에 맞추어진 것입니다. 이로써 그들이 예수님처럼 형제들을 위하여 봉사하는 데에 생명을 바치게 됩니다.

주님이신 예수님이 이와 같이 스스로를 낮추신 일을 생각한다면, 그분의 제자가 되기를 바라는 사람은 형제들에게 봉사할 때에 언제나 겸손해야 하지 않겠습니까? 자유 의지로 행하는 진정한 겸손은 강생하신 '말씀'과 내적인 깊은 일치를 이루는 것입니다. 이 세상에서 이보다 더 큰 행복은 없습니다. 예수님은 여기서 이 행복을 가르쳐 주셨던 것입니다. "이제 너희는 이것을 알았으니 그대로 실천하면 너희는 행복하다."(요한 13,17 참조)라는 예수님의 말씀은 진리입니다. 요한 복음사가는 늘 지식과 실천을 밀접히 연관 지었습니다. 즉 말과 행동의 일치를 강조한 것입니다(요한 3,21; 7,17 참조).

가톨릭교회는 성목요일 전례 중에 사제가 신자들의 발을 씻어 주는 이 관습을 깊은 신심으로 준행하고 있습니다. 교회는 그리스도교 생활의 토대가 겸손과 사랑에 있음을 보여 주며 예수님의 모범이 주는 깊은 뜻을 파악하고 또한 언제까지나 외치고 실천할 것입니다. 우리 그리스도인 역시 그 뜻을 깊이 새기며 실천해야 합니다.

〈내 발을 씻기신 예수〉 (작사, 작곡 신상옥)

그리스도 나의 구세주 참된 삶을 보여 주셨네

가시밭길 걸어갔던 생애 그분은 나를 위해 십자가를 지셨네

죽음 앞둔 그분은 나의 발을 씻기셨다네

내 영원히 잊지 못할 사랑 그 모습 바로 내가 해야 할 소명

주여 나를 보내 주소서 당신이 아파하는 곳으로

주여 나를 보내 주소서 당신 손길 필요한 곳에

먼 훗날 당신 앞에 나설 때 나를 안아 주소서

(4) 유다스의 발을 씻으신 주님

사도들 가운데 한 사람은 발을 씻어 주는 행위의 가르침조차도 이해하지 못하였습니다. 예수님은 배반할 자가 누구인지를 처음부터 알고 계셨습니다. 지금까지 배반자를 모르는 척 침묵으로 묵인하고 계신 것은 성경

의 말씀을 성취하시기 위해서였습니다.

예수님이 배반자 유다스의 발을 씻어 주려고 몸을 굽히셨을 때 그 심정이 어떠하셨을까요? 이는 원수도 용서하고 사랑하라고 가르치신 예수님이 모범을 보여 주신 것이 아닐까요?

배반자인 유다스의 발을 씻어 주시는 스승의 비통한 심정과 그 사도에 대한 예수님의 애처로운 관용이 돋보이는 장면입니다. 예수님은 유다스의 마음에 마귀가 들어간 것을 알고 계셨습니다. 예수님이 아마도 그의 발을 씻어 주시면서 유다스가 마귀의 유혹에 넘어가지 않도록 간곡히 기도하셨을 것입니다. 예수님이 직접 열두 사도 중에 한 사람으로 뽑으셨고, 예수님 일행의 살림을 책임지도록 신임하셨는데, 할 수만 있다면 하느님 품 안에 머물도록 간절히 기도하지 않으셨겠습니까?

유다스의 심정

한편 예수님이 발을 씻어 주시는 동안 유다스는 어떤 심정이었을까요? 공관 복음서를 따르면 유다스는 성주간 수요일 밤에 수석 사제들을 찾아가 은돈 서른 세켈에 예수님을 팔아넘기기로 약속한 다음이었습니다. 예수님이 유다스의 발을 씻어 주실 때 유다스는 모든 것을 아시는 주님의 눈빛에 눈이 부셔 공포를 느끼지 않았을까요? 혹은 이미 엎질러진 물을 다시 담을 수 없어서 마음속으로 통곡하고 있지는 않았을까요?

요한 사도는 주님의 생애 중에 목격한 충격적인 사건과 대조적인 상황에 항상 깊은 감동을 받고 복음서에 낱낱이 기록해 두었습니다. 여기에서도 스승의 지극한 사랑과 제자의 잔혹한 배반을 대조시키고 있습니다. 예수님이 제자들의 발을 씻어 주는 극진한 사랑을 보여 주고 계셨을 때에, 유다스는 악마에게 조종되어 배반할 흉계를 품게 되었다는 사실은 참으로 충격적이며 안타까운 모습입니다.

요한 복음사가는 만찬의 자리에 참석하고 있던 배신자의 이름을 "시몬 이스카리옷의 아들 유다"(요한 13,2)라고 명백하게 기록하였습니다. 예수님은 유다스가 배반할 것을 알고 계시면서도 그의 발까지 씻어 주셨습니다. 그러고나서 식사를 계속하시면서 제자 중 한 명이 배신할 것이라고 예고하셨습니다(요한 13,21 참조).

(5) 주님의 산란한 심정

예수님은 "내가 뽑은 이들을 나는 안다."(요한 13,18)라고 새삼스럽게 강조하셨습니다. 이 말씀은 예수님이 유다스까지 포함하여 당신이 선택하신 제자들의 마음을 아시고, 그들과 관련하여 앞으로 일어날 일들까지 다 아신다는 뜻으로 이해됩니다. 왜냐하면 예수님은 제자들에게 결속할 것을 강조하시면서 "내가 너희 열둘을 뽑지 않았느냐? 그러나 너희 가운데 하나는 악마다."(요한 6,70) 하고 말씀하신 적이 있기 때문입니다.

이어서 예수님은 시편 41편 10절을 인용하여 말씀하셨습니다. "'제 빵을 먹던 그가 저를 거슬러 자기 발꿈치를 치켜들었습니다.'라는 성경 말씀이 이루어져야 한다."(요한 13,18 참조) 고대 근동 지방에서는 윗사람과 함께 식사를 하는 것은 그 사람에게 충성하겠다고 약속하는 행위였습니다(2사무 9,7.13; 2열왕 25,29 참조). 그리고 발꿈치를 치켜드는 것은 상대방에게 적대적인 입장으로 돌아서서 그를 공격하려는 자세입니다.

이 시편의 내용은 다윗의 아들 압살롬이 반역을 일으켰을 때에 다윗 임금이 당했던 쓰라린 체험을 기록한 것입니다. 일찍이 다윗 임금의 친구였던 아히토펠이 압살롬 편에 가담하였습니다. 다윗 임금의 식탁에 함께 앉는 명예를 얻었던 그가 다윗 임금을 배반하고 그에게 치명적인 타격을 주었습니다. 그러나 아히토펠은 결국 반역에 실패하여 자살하였습니다(2사무 17,1-23 참조).

여기서 다윗 임금은 메시아를 예표하고 아히토펠은 유다스를 예표합니다. 예수님은 이전부터 유다스의 배신을 알고 계셨습니다. 그러나 온갖 수단을 다하여 유다스가 회개하도록 애쓰셨습니다. 그러한 일에 대해서 지금까지 내색을 하지 않으셨지만, 결국 그날이 오고야 말았습니다. 주님은 그의 배신이 실현되려고 하는 순간, 다른 사도들이 느끼게 될 좌절을 예방하기 위하여 부득이 이 일을 미리 알려 주신 것입니다. "일이 일어나기 전에 내가 미리 너희에게 말해 둔다. 일이 일어날 때에 내가 나임을 너희가 믿게 하려는 것이다."(요한 13,19)

배신이 실현될 때에 비로소 사도들은 예수님이 미리 이 일에 대하여 예고해 주셨던 것을 상기할 것입니다. 예수님의 말씀은 제자들에게 주님을 보다 깊이 믿게 하는 데 도움이 될 것입니다.

사도들을 격려하며 파견하심

사도들 가운데 한 사람이 스승님을 배신하는 것은 당혹스러운 일입니다. 하지만 제자들은 예수님이 이를 미리 말씀하셨다는 사실에서 용기를 얻어야 합니다. 그 예고가 예수님이 모든 일을 다 아신다는 것, 그리고 그분의 삶이 성경에서 예고된 하느님의 뜻에 부합한다는 사실을 드러내기 때문입니다.

　죄와 죽음에서의 해방은 전적으로 예수님을 알고 믿는 것에 달려 있습니다. 그리고 예수님은 여기에서 "내가 나임을 믿게 하려는 것이다."(요한 13,19 참조)라는 수수께끼 같은 말씀으로 당신 자신을 표현하셨습니다. 이로써 "나는 생명의 빵이다."(요한 6,48) 또는 "나는 세상의 빛이다."(요한 8,12)라는 말씀처럼 온 인류의 구원자로 수행하는 당신의 역할을 나타내신 것입니다. 이 표현은 하느님이 모세에게 "나는 있는 나다."(탈출 3,14)라고 말씀하신 것을 연상시킵니다. 이는 시나이 산에서 이루어진 큰 계시啓示, 곧 "나는 있는 나다."를 시사할 수도 있습니다(탈출 3,14-15 참조). 이사야 예언서 43장 11절에서는 당신이 늘 같은 존재임을 밝히셨습니다. 이 말씀은 예수님이 성부와 같은 차원의 신적 존재이고, 따라서 절대적으로 믿을 수 있는 성실한 분임을 표현합니다.

　유다스에 관한 말씀을 하신 후에 예수님은 앞서 말씀하신 사도직에 대한 교훈을 부연하셨습니다. "내가 진실로 진실로 너희에게 말한다. 내가 보내는 이를 맞아들이는 사람은 나를 맞아들이는 것이고, 나를 맞아들이는 사람은 나를 보내신 분을 맞아들이는 것이다."(요한 13,20) 사도들의 파견과 사명 수행은 예수님의 파견과 사명 수행에 밀접히 참여하는 것입니다. 예수님은 사도들을 위하여 "제가 세상에 속하지 않은 것처럼 이들도 세상에 속하지 않습니다."(요한 17,16) 하고 기도하셨습니다. 그리고 부활하신 예수님이 사도들에게 나타나시어 "아버지께서 나를 보내신 것처럼 나도 너희를 보낸다."(요한 20,21) 하고 격려하시면서 파견하셨습니다.

결정의 때가 왔다(루카 22,35-38)

예수님이 사도들에게 하느님 나라를 선포하도록 파견하셨을 때를 언급하면서 물으셨습니다. "내가 너희를 돈주머니도 여행 보따리도 신발도 없이 보냈을 때, 너희에게 부족한 것이 있었느냐?"(루카 22,35) 이에 사도들은 "아무것도 없었습니다."(루카 22,35) 하고 대답하였습니다. 그러나 이제 결정의 때가 왔음을 아시는 예수님이 사도들에게 마음의 준비를 하도록 수난의 때가 왔다고 분명하게 말씀하셨습니다.

이어서 이렇게 말씀하셨습니다. "이제는 돈주머니가 있는 사람은 그것을 챙기고 여행 보따리도 그렇게 하여라. 그리고 칼이 없는 이는 겉옷을 팔아서 칼을 사라. 내가 너희에게 말한다. 나에 관하여 성경에 기록된 대로 '그는 무법자들 가운데 하나로 헤아려졌다.'라는 성경 말씀이 이제 실현될 때가 왔다."(루카 22,36-37 참조) 사도들이 "주님, 보십시오. 여기에 칼 두 자루가 있습니다."(루카 22,38)라고 대답하자, 예수님이 그들에게 "그것이면 넉넉하다."(루카 22,38) 하고 말씀하셨습니다.

(6) 예수님이 배반자를 암시하심(요한 13,21-30; 마태 26,20-25; 마르 14,17-21; 루카 22,21-23)

배반자를 아시는 주님

예수님의 최후의 파스카 만찬 자리에는 배신자 유다스도 참석하고 있었습니다(요한 13,2 참조). 예수님은 유다스가 배반할 것을 알고 계시면서도 그의 발까지 씻어 주셨습니다. 그러나 사도들은 유다스의 역심逆心을 전혀 눈치채지 못하고 있었습니다. 주님은 당신이 체포되시는 사태를 전혀 예상하지 못하고 있는 사도들에게 미리 마음의 준비를 시켜 둘 필요가 있다고 느끼셨습니다. 주님은 차마 유다스의 배반을 말하기가 어려워 마음이 극도로 산란해지셨습니다.

겟세마니 동산에서 벌어질 장면이 눈앞에 떠오른 예수님은 너무나 침통하여 온몸에 소름이 끼쳤습니다. 더 이상 참으실 수가 없는 듯 그 장면을 사도들에게 말씀하셨습니다. 예수님은 식사를 계속하시면서 느닷없이 "나와 함께 음식을 먹고 있는 너희 가운데 한 사람이 나를 팔아넘길 것이다."(마르 14,18 참조) 하고 비통하게 말씀하셨습니다.

사도들의 반응

전혀 예상치 못한 예수님의 말씀에 놀란 사도들은 주님이 누구를 지칭하시는 말씀인지 몰라서 어리둥절하여 서로 쳐다보았습니다(요한 13,22 참조). 각자 자기의 결백을 확신하면서도 다른 사람의 속마음은 모르기 때문에 불안하였습니다. 따라서 각기 "주님, 저는 아니겠지요?"(마태 26,22 참조) 하고 물으며 남을 의심하고 저마다 마음을 졸이고 있었습니다.

예수님의 말씀은 사도들의 마음에 큰 충격을 주었습니다. 배신자 유다스가 자신의 음모를 마음속 깊이 숨기고 있었기 때문에 사도들은 아무도 그것을 눈치채지 못하였기 때문입니다. 그런데 주님이 뜻밖에 폭탄선언을 하신 것입니다. 큰 충격을 받은 사도들은 아무도 "그런 일이 어떻게 있을 수 있습니까?" 하고 주님께 반문하지도 않았고, 그런 자가 누구인지 캐묻지도 못하였습니다. 충격이 너무 커서 넋이 나갔던 것일까요? 도저히 믿을 수 없는 말씀을 하시는데도 사도들은 아무 말도 할 수 없었습니다.

최후의 만찬
헤르브란트 반 덴 데크하우트(Gerbrand Van den Eeckhout, 1621~1674년), 1664년,
캔버스에 유채, 암스테르담 국립 미술관, 암스테르담, 네덜란드.

이 사실이 내포하고 있는 뜻이 무엇이겠습니까?

사도들은 예수님과 함께 지낸 오랜 경험으로 예수님이 사람의 마음속도 꿰뚫어 보시고 함부로 허튼소리를 하지 않는 분이심을 잘 알고 있었습니다. 또한 사람은 속마음으로 죄를 지을 수 있는 나약한 존재이고, 예수님은 하느님의 눈으로 보시는 분이심을 알고 있었습니다. 그래서 사도들은 저마다 겸손하게 "주님 저는 아니겠지요?" 하고 독백하는 것처럼 중얼거린 것입니다.

배신자에 대한 암시

예수님은 "지금 나와 함께 대접에 손을 넣어 빵을 적셔 먹는 자가 나를 배반할 것이다."(마태 26,23; 마르 14,20 참조) 하고 말씀하셨습니다. 그 당시 식사는 대접에 담긴 과일 소스에 빵을 찍어 먹었습니다. 이러한 공동 식사는 그 참석자들이 친밀한 공동체를 이루고 있음을 나타냅니다. 그렇기에 측근자인 유다스의 배신은 더욱 충격적입니다. 마태오와 마르코 복음사가가 직접 인용하지는 않았지만, 시편 41편 10절의 말씀을 염두에 두고 이 부분을 기록하였음을 짐작할 수 있습니다.

예수님의 이 말씀이 배신자를 명백히 가리킨 말씀이라고 해석하는 성서학자들이 많습니다. 그러나 이 해석에는 납득되지 않는 부분이 있습니다. 사도들이 배신자의 이름을 알았다면 그자를 바로 추방하려는 행동을 하였을 것입니다. 그러나 아무 일도 일어나지 않았습니다. 또 요한 복음서를 보면 유다스가 혼자 밖으로 나갔을 때 다른 사도들은 그가 왜 나갔는지 몰랐던 것 같습니다(요한 13,29 참조).

어느 성서학자는 예수님이 앞서 하신 말씀은 "함께 식사를 하고 있는 자 가운데서 배신자가 나온다."라는 뜻이라고 주장하였습니다. 이 주장은 마르코 복음서에 기록되어 있는 "나와 함께 같은 대접에 빵을 적셔 먹는 사람이다."(마르 14,20 참조)라는 말에 근거를 두고 있는 것 같습니다.

예수님이 침묵을 깨고 말씀을 이어 가셨습니다. "사람의 아들은 성경에 기록된 대로 죽음의 길로 가겠지만(이사 53,1-12 참조) 사람의 아들을 배반한 그 사람은 화를 입을 것이다. 그는 차라리 세상에 태어나지 않았더라면 더 좋을 뻔했다."(마태 26,24; 마르 14,21 참조) 예수님은 이렇게 말씀하시며 안타까워하셨습니다. 그는 소중한 인생을 불행으로 가는 일에 사용하였기 때문입니다. 예수님은 유다스를 저주하지도 단죄하지도 않으시고, 오직 그가 처한 불행한 상황을 확인하실 따름입니다.

유다스의 반응

유다스가 능청스럽게 "스승님, 저는 아니겠지요?"(마태 26,25) 하고 물었습니다. 예로니모 성인은 이러한 유다스의 반응을 이렇게 해석하였습니다. "유다스는 자기가 입을 다물고 있다가 다른 사도들에게 자신의 역심이 발각될까 봐 두려워 다른 사도들처럼 말하였다." 예수님은 유다스의 물음에 "네가 그렇게 말하였다."(마태 26,25) 하고 응답하셨습니다. "네가 그렇게 말하였다."라는 표현이 부정인지 긍정인지는 문맥에 따라 다르게 해석됩니다. 대부분의 학자들은 이 부분을 긍정의 표현으로 보고, '맞다. 네가 배신자임을 스스로 밝혔다.'라는 뜻이라고 말합니다. 이 구절은 마태오 복음서에만 기록되어 있습니다.

예수님의 응답은 그 어느 때보다 무거운 말투이면서도 절묘한 대답이었습니다. 이 대답은 가까이 있는 유다스만이 들었던 것 같습니다. 다른 사도들은 누가 배신자인지 알 수가 없었기 때문에 그 말씀에 귀를 기울이지 않았던 것 같습니다(요한 13,23-29 참조).

만찬 장면을 상상해 보면 예수님과 베드로, 요한, 유다스가 앉았던 자리를 짐작할 수 있습니다. 보통 유다스가 앉은 자리는 집주인의 자리였습니다. 유다스는 예수님 일행의 생활비 담당자이었기 때문에 그 자리에 앉았을 가능성이 있습니다. 유다스는 예수님 옆에 가까이 앉아 있었기 때문에 예수님의 나지막한 음성을 유다스만이 들었다는 해석이 그럴싸합니다.

베드로와 요한의 궁금증

즐거운 분위기로 진행되던 파스카 만찬 중에 섬짓하게도 주님이 배반자를 암시하자 분위기가 어색해졌습니다. 제자들은 불안한 심정을 그냥 지나칠 수 없었습니다. 언제나 그러하듯이 열정적인 베드로는 배반자가 누군지 궁금해서 견딜 수가 없었습니다. 배반자를 알아내어 어떻게든 이 불안에서 벗어나고 싶었던 것 같습니다.

예수님의 사랑받는 제자 요한은 예수님의 품에 비스듬히 기대어 식사를 하고 있었습니다. 이것은 그리스·로마식 식탁에 자리 잡은 모습을 말합니다. 그래서 예수님 오른편에 자리 잡은 제자는 머리가 예수님의 품에 바싹 다가가 있어서 마치 그분의 품에 기대어 있는 것처럼 보입니다. 이러한 위치 때문에 이 제자는 예수님께 쉽게 또 조용히 말을 할 수 있었습니다. 또한 두 사람 사이의 친근하고 꾸밈없는 정다운 관계를 의미하기도 합니다. 품에 기대어 있다는 표현은 어떠한 관계보다도 더 밀접한 관계를 맺고 있음을 나타냅니다.

베드로가 속삭이듯 눈짓으로 요한에게 이야기한 것을 보면 그도 요한의 오른쪽에 있었던 것 같습니다. 베드로가 요한의 주의를 끌기 위하여 눈짓을 하며 작은 소리로 "그게 누구지?" 하고 속삭입니다. '아마 요한은 알고 있을지도 몰라. 요한이 모른다고 하더라도 예수님이 곁에 있으니까 예수님께 쉽게 물어볼 수 있지 않을까?' 하는 생각이었을 것입니다.

예수님이 사랑하시는 제자

"예수님이 사랑하시는 제자"는 복음서에서 한 번도 직접적으로 그 이름이 밝혀지지 않습니다. 그러나 예수님의 특별한 사랑을 받았던 제자인 것은 틀림없습니다. 그래서 그는 예수님의 뜻을 쉽게 간파할 수 있었을 것입니다. 이 이름이 밝혀지지 않은 제자는 요한 복음서에 여러 번, 그것도 중요한 일화에 등장합니다.

예를 들면 예수님이 한나스 대사제의 저택에서 심문을 받을 때 그 저택에 들어간 제자(요한 18,15 참조), 예수님이 십자가 아래 서 있는 마리아와 모자 관계로 맺어 주시는 제자(요한 19,26-27 참조), 예수님이 부활하신 아침에 베드로와 함께 빈 무덤으로 뛰어간 제자(요한 20,2-10 참조)가 이 사람일 가능성이 있습니다. 교회는 전통적으로 대개의 경우 이 제자를 공관 복음서에 나오는 요한 사도와 동일시합니다.

하여간 이 제자는 수수께끼 같은 인물입니다. 그 어느 제자보다도 좋은 신앙의 본보기로 나오는가 하면, 예수님이 돌아가실 때에는 제자들 가운데에 이 사람만 십자가 밑에 있었습니다. 예수님이 부활하신 아침 빈 무덤에 달려가는 이 사람이 베드로와 함께 등장하는데, 그 장면에서는 이 제자와 베드로가 마치 경쟁자처럼 보이기도 합니다(요한 20,2-10 참조).

빵을 적셔서 주는 자

예수님이 사랑하시는 제자가 베드로의 눈짓을 알아들었습니다. 그는 베드로의 질문을 전하기 위하여 자기 머리를 예수님 쪽으로 조금 가까이 돌렸습니다. 그리고 주님 귀에 가까이 입을 대고 가만가만히 "주님, 그가 누구입니까?"(요한 13,25) 하고 속삭였습니다. 예수님은 배신자의 이름을 말씀하지 않으시고 "내가 빵을 적셔서 주는 자가 바로 나를 팔아넘길 자다."(요한 13,26 참조) 하고 암시하셨습니다. 그리고 빵을 적신 다음 유다스에게 주셨습니다. 유다스가 그 빵을 받자 사탄이 그에게 들어갔습니다.

사탄에게 잡힌 유다스

사탄은 유다스에게 예수님을 배반하도록 이끌고 그 계획을 실천하도록 굳힘으로써 그를 완전히 사로잡았습니다. 유다스에게 치명적인 때가 왔습니다. 지금부터 유다스가 사도들의 무리에서 떠날 것이므로 사탄은 배신자의 영혼에서 아무런 저항도 받지 않게 되었습니다. 유다스의 가슴속에 남아 있던 마지막 한 가닥 양심의 끈도 끊어졌습니다. 이 모든 것을 아시는 주님은 비통하게 "네가 하려는 일을 어서 하여라."(요한 13,27) 하고 말씀하셨습니다.

유다스를 제외하고 그 자리에 있던 사도들은 예수님의 말씀이 무슨 뜻인지 이해하지 못하였습니다(요한 13,28 참조). 베드로와 요한조차도 예수님의 말씀에 대한 참뜻을 알 수가 없었습니다.

함께 식사하던 사도들은 유다스가 주님 일행의 생활비를 담당하고 있었으므로, 예수님이 그에게 축제에 필요한 것을 사라고 하셨거나 또는 가난한 이들에게 무엇을 주라고 말씀하신 것이려니 생각하였습니다(요한 13,29 참조). 배신자는 예수님이 주신 빵 조각을 받아먹고 곧 자리를 떠났습니다(요한 13,30 참조).

요한 복음사가는 "때는 밤이었다."(요한 13,30)라고 기록하였습니다. 이 얼마나 의미심장한 표현입니까? 참으로 암흑이 광명을 가리고 허위가 진리를 압도하는 깜깜한 악의 세계를 떠오르게 합니다. 또한 어두움과 거짓이 판치는 깊은 밤을 나타내는 말입니다. 밝은 짙은 어두움이 깔려 있었습니다. 유다스는 그 어두움 속으로 사라져 갔습니다. 그러나 예수님과 사도들이 최후의 만찬을 하고 있는 다락방에서는 예수님의 마지막 말씀의 빛이 찬란하게 빛나고 있었습니다.

3) 예수님의 격려와 작별 인사(요한 13,31-17,26)

사랑의 계명(요한 13,31-35)

유다스가 배반하러 나가자, 예수님은 끝까지 충실할 나머지 사도들에게 애틋한 사랑을 보여 주시며 간곡히 당부하셨습니다. "내가 너희에게 새 계명을 준다. 서로 사랑하여라. 내가 너희를 사랑한 것처럼 너희도 서로 사랑하여라."(요한 13,34)

스승이신 예수님의 정신적 감화를 받아 형제적 사랑을 실천하고 서로 감화하는 사람들의 삶 속에 하느님의 사랑이 현존합니다.

아버지께 가는 길

예수님이 "내가 너희를 위하여 자리를 마련하러 간다."(요한 14,2 참조) 하고 말씀하시자, 서글퍼진 토마스가 예수님께 어디로 가시는지 물었습니다. 예수님이 그에게 이렇게 대답하셨습니다. "나는 아버지께로 간다. 나는 길이요 진리요 생명이다. 나를 통하지 않고서는 아무도 아버지께 갈 수 없다. 너희가 나를 알게 되었으니 내 아버지도 알게 될 것이다."(요한 14,6-7 참조)

예수님은 제자들을 영원한 생명으로 이끄시는 길이시고, 하느님 아버지를 계시하시는 진리이십니다. 예수님이 가르쳐 주시는 진리를 믿고 실천하는 사람은 하느님의 자녀로서 영원한 생명에 참여하게 됩니다.

필립보가 예수님께 "주님, 저희가 아버지를 뵙게 해 주십시오."(요한 14,8) 하고 청하였습니다. 예수님은 필립보에게 "나를 본 사람은 곧 아버지를 뵌 것이다."(요한 14,9) 하고 대답하셨습니다.

성령을 약속하심

예수님은 당신이 떠나고 적대적인 이 세상에서 불안해할 제자들을 위해 "하느님 아버지께서 보호자 성령을 보내시어 영원히 너희들과 함께 있도록 하실 것이다."(요한 14,16 참조)라고 약속하셨습니다. 진리 자체이신 그리스도가 보내시는 성령은 진리를 더욱 잘 깨우쳐 나아가고, 용감하게 그리스도를 증언할 수 있도록 도와주십니다. 이러한 진리의 성령은 이 세상을 지배하는 오류와 거짓과는 반대되는 분이십니다.

그리고 이어서 "나는 너희를 고아로 버려두지 않고 너희에게 다시 오겠다."(요한 14,18)라고 말씀하셨습니다. 제자들은 부활하신 주님의 현존을 체험하고 그분의 생명에 동참하게 됩니다. 또 제자들의 증언을 통하여 믿는 신자들도 주님의 생명에 동참하게 됩니다.

예수님은 이렇게 말씀하셨습니다. "누구든지 나를 사랑하면 내 말을 지킬 것이다. 그러면 내 아버지께서 그를 사랑하시고, 우리가 그에게 가서 그와 함께 살 것이다."(요한 14,23) 또한 예수님은 "성령께서 너희에게 모든 것을 가르치시고 내가 너희에게 말한 모든 것을 기억하게 해 주실 것이다."(요한 14,26) 하고 약속하셨습니다. 그리고 "나는 너희에게 평화를 남기고 간다. 내 평화를 너희에게 준다."(요한 14,27) 하시면서 두려워하지 말라고 격려하셨습니다.

부활하신 예수님은 사도들에게 첫 인사로 "평화가 너희와 함께!"(요한 20,19) 하고 말씀하셨습니다. 예수님이 부활하시어 우리와 함께 현존하실 것임을 확실하게 보여 주는 말씀입니다. 평화는 예수님의 현존에 따르는 행복입니다.

포도나무의 비유

그리고 나서 예수님은 이스라엘 백성이 하느님께 받은 사랑과 선택을 표상하는 포도나무의 비유를 제자들에게 풀이해 주셨습니다. "너희기 내 안에 머무르고 내 말이 너희 안에 머무르면, 너희가 원하는 것은 무엇이든지 청하는 대로 이루어질 것이다. 그리하여 너희가 많은 이들에게 복음을 전하여 많은 열매를 맺으면 하느님 아버지께서 영광을 받으실 것이다."(요한 15,7-8 참조)

가지가 줄기에 붙어 있지 않으면 말라 죽습니다. 그 반면에 줄기에 붙어 있는 가지는 계속 활발하게 생명 활동을 합니다. 포도나무의 비유는 예수님과 제자들 그리고 제자들 상호 간의 일치를 강조하신 말씀입니다.

예수님이 십자가 위에서 수난하시는 것은 성부에 대한 지극히 높은 사랑의 표현인 동시에 당신의 친구로 삼으신 이들에 대한 사랑의 절정이기도 합니다. 이 사랑이 바로 제자들이 실천해야 할 형제적 사랑의 규범입니다. 예수님은 제자들이 이 사랑을 실천하도록 초대하시면서 "친구들을 위하여 목숨을 내놓는 것보다 더 큰 사랑은 없다."(요한 15,13) 하고 진정한 사랑의 본질을 강조하셨습니다.

세상의 박해

예수님은 "사람들이 나를 박해하였으면 너희도 박해할 것이고, 내 말을 지켰으면 너희 말도 지킬 것이다."(요한 15,20) 하며 당신을 따라 박해를 받을 것임을 예고하셨습니다. 줄기에 끝까지 붙어 있는 가지는 박해를 견디어 낼 수 있으나, 줄기에서 떨어진 가지는 박해를 견디어 내지 못합니다.

예수님은 세상에서 고난을 겪을 제자들에게 "용기를 내어라. 내가 세상을 이겼다."(요한 16,33) 하고 격려하셨습니다.

제자들은 예수님께 받은 사명을 수행하기 때문에 늘 예수님의 이름으로 말하고 행동합니다. 따라서 적대자들이 제자들을 박해하는 목표는 바로 예수님입니다.

성령이 하시는 일

진리의 성령이 오시면 죄와 의로움과 심판에 관한 세상의 그릇된 생각을 밝히실 것이라고 예수님이 말씀하셨습니다(요한 16,8 참조). 인간의 눈에는 예수님이 죄인으로 십자가에서 죽은 것으로 보이지만, 오히려 그 십자가로 인해 성부께서 영광스럽게 되셨다는 사실을 성령께서 가르쳐 주십니다. 그리하여 예수님이 올바른 길을 가셨음을 드러내십니다.

또한 예수님은 "성령께서 너희를 모든 진리 안으로 이끌어 주실 것이다. 또 앞으로 올 일들을 너희에게 알려 주실 것이다."(요한 16,13 참조) 하고 말씀하셨습니다. 성령께서는 예수님의 현시를 깨닫도록 제자들을 인도하십니다. 그리고 예수님이 하느님 아버지를 이 세상에 계시하시고 영광을 드리는 사업을 성령께서 완수하시어 예수 그리스도를 영광스럽게 하십니다. 이로써 성부와 성자와 성령에 의한 계시의 통일성이 드러납니다.

일치를 위한 기도

예수님은 성부께 영광을 드리고 하느님께 돌아가도록 기도하셨습니다. "아버지께서 저에게 하라고 맡기신 일을 완수하여, 저는 땅에서 아버지를 영광스럽게 하였습니다. 아버지, 세상이 생기기 전에 제가 아버지 앞에서 누리던 그 영광으로, 이제 다시 아버지 앞에서 저를 영광스럽게 해 주십시오."(요한 17,4-5)

이어서 예수님은 험악한 세상에 남겨질 제자들을 위해서도 하느님 아버지께 간곡하게 기도하셨습니다.

"저는 더 이상 세상에 있지 않지만 이들은 세상에 있습니다. 저는 아버지께 갑니다. 거룩하신 아버지, 아버지께서 저에게 주신 이름으로 이들을 지키시어, 이들도 우리처럼 하나가 되게 해 주십시오. 제가 세상에 속하지 않은 것처럼 이들도 세상에 속하지 않습니다. 이들을 진리로 거룩하게 해 주십시오. 아버지의 말씀이 진리입니다. 아버지께서 저를 세상에 보내신 것처럼 저도 이들을 세상에 보냈습니다. 그리고 저는 이들을 위하여 저 자신을 거룩하게 합니다. 이들도 진리로 거룩해지게 하려는 것입니다."(요한 17,11.16-19 참조)

이어서 예수님은 제자들만이 아니라, 제자들의 말을 듣고 예수님을 믿는 모든 신자들을 위해서도 기도하셨습니다. "그들이 모두 하나가 되게 해 주십시오. 아버지, 아버지께서 제 안에 계시고 제가 아버지 안에 있듯이, 그들도 우리 안에 있게 해 주십시오. 그리하여 아버지께서 저를 보내셨다는 것을 세상이 믿게 하십시오."(요한 17,21)

4) 성체성사를 제정하심(마태 26,26-30; 마르 14,22-26; 루카 22,14-20; 1코린 11,23-25)

공관 복음서는 주님이 최후의 파스카 만찬 후 성찬례를 제정하셨음을 명확하게 기록하였습니다. 그 반면에 생명의 빵(요한 6,22-59 참조)과 영원한 생명(요한 6,60-71 참조) 그리고 사도들의 발을 씻어 주신 사건(요한 13,1-20 참조)에 관하여서는 요한 복음서에만 기록되어 있습니다.

주님의 몸이 되는 빵

예수님은 빵을 드시고 감사 기도를 올리셨습니다. 그리스어로 '감사하다'라는 단어에는 '특별한 축복'이란 뜻도 있습니다. 그래서 성체성사를 그리스어로 '에우카리스티아εύχαριστία' 즉, '감사'라고 부르게 되었습니다.

예수님은 당신의 축복으로써 주님의 몸으로 변한 빵을 사도들에게 나

최후의 만찬
호안 데 호아네스(Joan de Joanes, 1523~1579년), 1560?년,
목판에 유채, 프라도 미술관, 마드리드, 스페인.

누어 주시면서 "받아 먹어라. 이는 내 몸이다."라고 말씀하셨습니다(마태 26,26; 마르 14,22 참조).

파스카 만찬 때 가장은 가족들에게 빵을 나누어 주는 행위를 통해 가족의 일치를 도모합니다. 예수님은 주님의 몸이 된 빵을 여러 조각으로 쪼개어 사도들에게 나누어 주심으로써 주님과 사도들 사이에 그리고 사도들 상호 간에 일치를 이루셨습니다.

예수님이 빵을 들고 "이는 내 몸이다."라고 선언하신 것은 당신의 몸을 빵으로 비유하기 위한 것만은 아닙니다. 사람이 빵을 들고 "이는 내 몸이다."라고 말하더라도 빵과 몸의 동일성을 주장하기에는 부족한 부분이 있습니다. 빵을 "내 몸"이라고, 포도주를 "내 피"라고 하시고 그리고 그것을 "받아먹어라."라고 하신 주님의 말씀을 정확히 이해하기 위해서는 이 말씀을 하신 분이 전능하신 주님이시라는 것을 명심해야 합니다. 그리고 이 말씀의 의미를 십자가의 희생 제사와 결부시켜서 이해하여야 합니다. 그리고 구원의 희생 제사로서 많은 사람을 위하여 바쳐지는 계약의 피라는 점까지 주목해야 하는 것입니다.

파스카 축제 때에는 누룩 없는 빵만 먹었으므로 성체성사를 제정하실 때 사용된 빵도 누룩 없는 빵이었을 것입니다. 예수님은 사도들에게 나누어 주시는 빵이 인류 구원을 위해 희생할 당신의 몸이라고 부연하셨습니다(루카 22,19; 1코린 11,24 참조). 이는 예수님이 사도들에게 빵의 형상으로 현존하는 당신을 주신다는 뜻입니다.

새 계약의 희생 제사 (루카 22,19; 1코린 11,24-25)

주님이 성체성사를 제정하실 때 현장에 있던 사도들은 새 계약의 백성을 대표합니다. 예수님은 사도들뿐 아니라 사도들이 대표하는 후세의 모든 신자들을 위해 당신의 몸과 피를 새 계약의 제물로 주십니다. 이 제물은 구약의 이스라엘 백성을 구원한 어린양을 전적으로 능가하는 하느님의 어린양이신 예수님을 의미합니다.

이집트로부터의 해방을 기념하는 파스카 만찬은 예수님이 사도들에게 베푸신 새로운 만찬에 의하여 이제 옛 계약이 되었습니다. 옛 계약은 예수님이 결정적인 새 계약을 체결하는 계기가 되었을 뿐입니다. 이러한 이유에서 예수님은 당신의 죽음으로 새로운 의미를 갖는 파스카 만찬을 사도들과 함께 먹기를 간절히 바라셨고 그 자리에서 성체성사를 제정하신 것입니다.

너희를 위하여 내어 주는 내 몸이다

성체성사는 머지않아 십자가에서 이루어질 피의 희생 제사와 같은 속죄적 희생 제사입니다. 이후 사도들은 이 속죄의 희생 제사를 끊임없이 봉헌하게 될 것입니다. 사도들은 그리스도가 행하셨던 것처럼 그 기념으로 미사성제를 거행할 것입니다. 예수님의 몸은 하느님 나라가 완전히 임할 때까지 빵의 형상으로 예수님을 대신합니다. 교회는 부활하신 주님이 성체 안의 현존이라는 새로운 양식으로 살아 계심을 믿습니다.

나를 기억하여 이를 행하여라

예수님은 성체성사의 제정을 당신의 희생 제사를 기념하는 일로 설정하셨습니다. 사제들은 미사 집전 중에 예수님의 말씀과 동작을 반복합니다. 그로써 사제들이 행하는 이 행위는 단순한 반복이 아니고, 예수님이 행하신 것과 같은 희생 제사입니다. 이 제사가 존속되려면 하느님 나라를 펴 나갈 단체와 사제직이 있어야 합니다. 사도들은 예수님의 말씀을 이렇게 이해하고 초창기 교회 때부터 성찬을 집전하며 전했던 것입니다. 교부들의 한결같은 가르침과 가톨릭교회의 전통 및 전례가 주님의 말씀을 문자 그대로 알아듣고 실천함을 보여 줍니다.

주님의 피가 되는 포도주 잔

예수님은 잔을 들고 감사를 드리시며 주님의 피로 된 포도주 잔을 사도들에게 건네주시고 "모두 이 잔을 마셔라."(마태 26,27) 하고 말씀하셨습니다. 예수님이 사도들에게 건네주신 잔은 당신의 처참한 죽음을 통하여 흘리실 피가 담긴 잔입니다. 예수님은 "이 잔은 너희를 위하여 흘리는 내 피로 맺는 새 계약이다."(루카 22,20)라고 말씀하셨습니다. 예수님이 사도들을 위해 당신의 몸을 내어 주신 것과 같이 그들을 위해 피까지 흘리셨습니다. 그리고 성체의 거룩한 변화와 함께 성혈의 속죄적인 제물의 뜻도 말씀하셨습니다.

예수님의 피는 많은 사람을 위하여 죄를 용서해 주려고 흘리는 피입니다(마태 26,28 참조). 히브리어와 아람어를 포함한 셈족어에서 '많은 사람을 위하여'라는 표현은 '인류 전체를 위하여'라는 뜻입니다. 예수님은 "죄를 용서해 주려고"라는 표현을 덧붙임으로써 인류 구원을 위하여 당신이 피를 흘리시고 희생하신다는 의미를 더욱 명확히 나타내셨습니다.

새 계약의 제사

모세는 이스라엘 백성에게 제물의 피를 뿌림으로써 하느님과 계약을 맺었습니다(탈출 24,5-8 참조). 그러나 이스라엘 민족은 시나이 산에서 하느님과 맺은 계약을 불순명하여 깨뜨렸습니다. 그래서 예수님은 십자가에서 피를 흘리심으로써 구약 시대에 체결된 '계약'을 대체하는 '새 계약'을 맺으셨습니다. 이는 예레미야 예언자가 하느님이 새로운 당신의 백성과 새로운 계약을 맺고 그 법을 새 백성의 마음에 새겨 주실 것이라고 예고한 말씀이 이루어진 것입니다(예레 31,31-34 참조).

수난 전날 저녁에, 예수님은 당신의 피로 변화된 포도주 잔으로 하느님의 새 백성과 새로운 계약을 맺는 성체성사를 세우셨습니다. 예수님이 세우신 새 계약은 옛 계약의 확인이 아니라 인류를 구원하는 결정적인 새 계약입니다(히브 9,15-22 참조). 이 계약은 온 인류에게 그 효과를 미칩니다. 수난의 실제적인 희생을 알리는 이 신비의 제물로써 하느님의 나라가 시작되는 것입니다.

예수님이 당신의 몸과 피로 변한 빵과 포도주를 사도들에게 나누어 주신 것은 사도들을 하느님 나라로 부르심을 뜻합니다. 예수님은 사도들에게 "너희는 이 잔을 마실 때마다 나를 기억하여 이를 행하여라."(1코린 11,25) 하고 명하셨습니다. 사도들은 예수님이 주신 잔을 받아 마심으로써 천상 잔치를 미리 맛보고 주님과 함께 영생을 누리는 보증을 받은 것입니다. 주님과 사도들은 파스카 만찬과 성체성사의 제정 후 찬미가를 부르고 올리브 산으로 갔습니다(마태 26,30; 마르 14,26 참조).

성체성사의 제정을 기록한 공관 복음서와 바오로 서간을 보면 거의 같은 말로 기록되어 있습니다. 이것은 초세기에 여러 지역에 설립된 교회들의 신앙의 일치를 증명하는 것입니다.

주님의 만찬에 참여하는 전례 공동체는 하느님과의 계약을 실현한 그리스도의 죽음을 기억하고 이 계약에 참여함으로써 새 계약의 백성이 됩니다. 새로운 계약은 전례 공동체의 기억을 통해 그리스도와의 인격적 일치와 구원을 지속적으로 이어 갑니다.

유다스는 성체를 모셨나?

요한 복음서를 보면 예수님이 사도들의 발을 씻어 주신 다음에 빵을 적셔서 유다스에게 주셨고, 그 빵을 받은 유다스는 바로 밖으로 나갔다고 쓰여 있습니다(요한 13,1-30 참조). 그때는 아직 예수님이 성체성사를 제정하시기 전이었습니다. 마태오와 마르코 복음서도 예수님이 성체성사를 제정하기 이전에 유다스가 배신할 것임을 예고하셨다고 기록되어 있습니다(마태 26,20-29; 마르 14,17-25 참조).

마태오, 마르코, 요한 복음서를 보면 배신자가 자기의 범행 계획이 발각된 줄 알고 성체와 사제직을 받지 않은 상태에서 다락방을 떠난 것으로 보입니다. 대다수의 성서학자들은 이 세 복음서의 기록에 주목합니다.

그러나 루카 복음서를 보면 예수님이 성체성사를 제정하신 다음에 유다스가 배반할 것을 예고하셨다고 기록되어 있습니다(루카 22,14-23 참조). 성서학자들은 이를 루카 복음서가 시간적 순서를 따르지 않고 사상적 경과에 따라서 쓰였기 때문이라고 봅니다.

5) 베드로의 장담(마태 26,31-35; 마르 14,27-31; 루카 22,31-34; 요한 13,36-38)

예수님의 비통한 예고

예수님은 마지막 파스카 만찬 후 겟세마니로 가셨습니다. 예수님은 비극이 일어날 때가 다가오고 있음을 아셨습니다. 사방이 고요하고 적막한 밤과 산은 예수님이 당신의 수난을 예언하시기에 적당한 분위기와 때였습니다. 비통한 심정의 예수님은 "내가 목자를 치리니 양 떼가 흩어지리라."(마태 26,31)라는 즈카르야의 예언이 생각나셨습니다(즈카 13,7 참조).

예수님은 양 떼를 지킬 수 없는 목자의 비감한 심정으로 "오늘 밤에 너희는 모두 나에게서 떨어져 나갈 것이다."(마태 26,31) 하고 사도들에게 예고하셨습니다. 비극과 혼란이 닥치면 사도들이 겁에 질려 도망갈 것임을 미리 말씀하신 것입니다.

예수님의 부활 예고

예수님은 사도들의 도피와 배신을 예고하신 동시에 사도들을 격려하시면서 "나는 되살아나서 너희보다 먼저 갈릴래아로 갈 것이다."(마태 26,32; 마르 14,28) 하고 희망의 약속을 하셨습니다. 사도들이 흩어졌다가 다시 모이리라는 것을 기대하는 예언입니다.

예수님이 수난하시더라도 제자들은 끝까지 예수님의 약속을 믿어야 합니다. 예수님은 십자가에서 돌아가시지만 그것으로 인류 구원 사업이 끝나는 것이 아니기 때문입니다.

예수님은 투철하고 깊은 확신을 가지고 당신의 죽음과 부활을 말씀하셨습니다. 십자가의 비극이 끝난 후 부활하실 예수님은 사도들에게 갈릴래아에서 다시 만나자고 약속하셨습니다.

예수님의 공생활의 첫 무대는 갈릴래아 지방이었습니다(마르 1,14 참조). 부활하신 뒤에 나타나실 곳도 바로 그곳, 갈릴래아입니다(마태 26,32; 28,16; 마르 16,7; 요한 21,1 참조). 예수님은 다시 그곳에서 사도들과 재회하실 것입니다.

시련을 이겨 내야 하는 사도들

예수님은 사도들에게 충성에 대한 상을 약속하시면서 그 상은 고난의 시련을 이기고 나서야 받게 될 것임을 강조하셨습니다(마태 19,28; 루카 22,28-30 참조).

또한 "사탄이 너희를 밀처럼 체질하겠다고 나섰다."(루카 22,31) 하시며 경고하셨습니다. 체질은 밀의 영근 낟알과 쭉정이를 가려내는 작업입니다. 성경에서 '체질'이라는 말은 괴로운 시련을 뜻합니다(아모 9,9 참조).

하느님은 사탄이 사람들을 시험하게 놔두시기도 합니다(욥 1,6-12 참조). '체질'의 비유는 사도들이 얼마나 심한 시련을 당할 것인지를 나타냅니다(이사 30,28 참조). 하느님 나라의 적인 사탄은 하느님 나라의 선교사가 될 사도들을 없애려고 온갖 수단을 다하여 방해할 것입니다. 만일 사탄이 예수님에 대한 사도들의 믿음을 잃게 하는 데 성공한다면 인류 구원 사업은 실패하겠지만 그것은 불가능한 일입니다. 이 시련은 사도들의 굳건한 믿음으로써 극복될 것이기 때문입니다.

베드로를 사도단의 으뜸으로 삼으심

예수님은 사도들이 당신께 오기 전부터 사도들을 이미 다 알고 계셨습니다. 안드레아가 그의 형 시몬을 예수님께 데려가자 주님이 시몬을 눈여겨보고 "너는 요한의 아들 시몬이구나. 앞으로 너는 케파라고 불릴 것이다."(요한 1,42)라고 말씀하셨습니다. 시몬에게 '케파'라는 새로운 이름을 주신 것은 그에게 새로운 사명을 부여하신다는 뜻입니다. '케파'라는 말은 아람어로 '바위'라는 뜻입니다. 이 말이 우리말 성경에서는 '베드로'라고 번역되어 있습니다. 베드로는 그리스어와 라틴어로 '바위'라는 뜻입니다. 예수님은 베드로를 처음 만났을 때부터 부활하신 다음까지 줄곧 한결같이 베드로를 사도단의 으뜸으로 대우하셨습니다.

예수님이 카이사리아 필리피 지방으로 가시던 도중에 제자들에게 "사람들이 나를 누구라고 하느냐?"(마르 8,27) 하고 물으셨습니다. 제자들이 요한 세례자를 비롯하여 여러 예언자들의 이름을 거론하였습니다. 그러자 예수님이 "그러면 너희는 나를 누구라고 하느냐?"(마르 8,29) 하고 물으셨습니다. 그때 시몬 베드로가 "스승님은 살아 계신 하느님의 아드님 그리스도이십니다."(마태 16,16) 하고 대답하였습니다.

이 말은 그리스도교의 신앙의 핵심입니다. "하느님의 아드님"이라는 표현은 하느님과의 특별한 관계를 나타냅니다. 이 관계는 하느님의 선택과 그분이 당신의 아드님에게 맡기시는 사명을 바탕으로 성립되는 것입니다. 예수님은 하느님과 독특한 부자父子 관계이시고, 인류 구원을 위하여 비길 데 없는 사명을 부여받으신 분입니다. 예수님을 메시아라고 고백한 베드로는 그때부터 예수님의 초자연적인 사명을 믿고 있었습니다.

그래서 예수님은 이렇게 말씀하셨습니다. "시몬 바르요나야, 너는 행복하다! 살과 피가 아니라 하늘에 계신 내 아버지께서 그것을 너에게 알려 주셨기 때문이다. 나 또한 너에게 말한다. 너는 베드로이다. 내가 이 반석 위에 내 교회를 세울 터인즉, 저승의 세력도 그것을 이기지 못할 것이다. 또 나는 너에게 하늘나라의 열쇠를 주겠다. 그러니 네가 무엇이든지 땅에서 매면 하늘에서도 매일 것이고, 네가 무엇이든지 땅에서 풀면 하늘에서도 풀릴 것이다."(마태 16,17)

예수님은 신앙을 고백한 베드로에게 하늘나라의 열쇠를 주면서 이를 매고 푸는 권한을 약속하셨습니다. '하늘나라의 열쇠'는 하느님 나라에 들어

그리스도께서 베드로를 교회의 머리로 삼으시다
디아나 스쿨토리(Diana Scultori, 1547~1612년), 1570?년,
판화, 워싱턴 국립 미술관, 워싱턴, 미국.

가는 길을 열어 주는 열쇠입니다. 이는 교회의 통치권을 뜻합니다. 베드로에게 약속된 이 권한을, 나중에는 다른 사도들에게도 주셨습니다(마태 18,18 참조). 또 함께 모인 사도단에게도 주셨습니다(요한 20,23 참조). 이 권한은 특별히 교회의 사죄권에서 드러납니다. 그래서 하느님 나라는 어떤 면에서 교회와 관련됩니다. 베드로에게 하늘나라의 열쇠를 주신다는 예수님의 말씀으로 미루어 보아 베드로를 기초로 하여 세워진 교회의 윤곽을 짐작할 수 있습니다.

교황의 수위권에 대한 교리가 이 성경 말씀에 근거를 두고 있습니다. 베드로에게 준 이 특권은 사도들의 믿음을 견고하게 해 주는 동시에 그의 후계자들에게도 계승됩니다.

베드로를 위한 예수님의 특별 기도

예수님은 사도들을 뽑으시기 직전 밤새워 기도하셨습니다(루카 6,12 참조). 모든 사도들이 시련을 겪지만 예수님은 특히 베드로를 위해 기도하셨습니다. 예수님은 베드로에게 "나는 너의 믿음이 꺼지지 않도록 너를 위하여 기도하였다."(루카 22,32) 하며 격려하셨습니다. 그리스도가 기도하신 목적은 베드로가 믿음을 잃지 않게 하려는 데 있습니다. 베드로가 믿음을 굳게 지킨다면 그 믿음을 통하여 다른 사도들이 믿음을 지킬 수 있도록 도와줄 것이기 때문입니다.

사도들이 다가올 시련을 이겨 내기 위해서도 베드로가 형제들에게 힘이 되어야 합니다. 지금까지 예수님은 모든 사도들에게 말씀하셨으나 이제부터는 유독 베드로에게 말씀하셨습니다. 예수님이 "시몬아, 시몬아!" 하고 베드로의 이름을 두 번 연거푸 부르셨습니다. 이제부터 하실 말씀이 매우 중요하다는 뜻입니다. 예수님은 시몬에게 베드로라는 이름을 주셨으나 여기서 그를 베드로라고 부르지 않으신 것은 베드로도 다른 제자들처럼 시련에 약한 인간임을 잘 알고 계시기 때문입니다.

예수님의 기도와 배려로 베드로는 믿음을 굳건히 보존하게 됩니다. 주님이 잡히신 날 밤에 베드로가 예수님을 모른다고 한 말은 예수님의 초자연적인 사명을 부인한 것이 아닙니다. 마음 깊이 예수님을 믿고 있었으면서도 공포와 나약함 때문에 그분을 알고 있다는 사실만을 부정하였던 것입니다. 그가 그 후에 즉시 깊이 뉘우쳐 회개한 것도 믿음을 잃지 않았기 때문입니다. 이것이야말로 예수님의 기도 덕분이었을 것입니다.

형제들에게 힘이 되라

예수님이 잡히시기 직전에 베드로에게 "나는 너의 믿음이 꺼지지 않도록 너를 위하여 기도하였다. 그러니 네가 돌아오거든 네 형제들의 힘을 북돋아 주어라."(루카 22,32) 하고 부탁하셨습니다. 예수님이 잡히신 후 베드로가 당신을 모른다고 말할 것을 예고하시기 전부터, 예수님은 베드로가 과오를 범한 다음의 행동을 부탁하신 것입니다. 그리고 이는 베드로에게 사도들의 으뜸으로서의 권위를 부여하신다는 뜻입니다.

"네가 돌아오거든"이라는 말은 여러 가지로 해석됩니다. 곧 '네가 나를 모른다고 부인하였다가 회개하여 나에게 돌아오거든', 또는 '제자들이 흩어진 다음에 네가 예루살렘에 돌아오거든', 또는 '네가 너의 형제들을 데려오거든' 등으로 해석될 수 있습니다. 아무튼 예수님은 부활하신 뒤에 제자들 중 처음으로 베드로에게 나타나셨습니다(루카 24,34; 1코린 15,5 참조). 예수님은 베드로를 통하여 제자들에게 확신과 힘을 주셨습니다. 이러한 베드로의 믿음은 초기 교회 공동체 형성에 결정적인 역할을 할 것입니다.

예수님이 부활하시고 승천하신 후 베드로가 수행해야 할 사명은 형제들의 믿음을 굳세게 하는 일입니다. 베드로의 믿음은 다른 사도들에게 항상 굳건한 의지가 될 것입니다. 그리하여 베드로는 굳건한 신앙으로 교회의 견고한 성벽이 될 것입니다.

죽어도 따르겠다고 다짐하는 베드로

예수님이 사도들에게 "내가 너희와 함께 있는 것도 잠시뿐이다."(요한 13,33) 하고 말씀하셨습니다. 성미가 급한 베드로가 예수님께 "주님, 어디로 가십니까?"(요한 13,36) 하고 물었습니다. 예수님은 당신이 떠나시는 곳에 지금은 따라올 수 없다고 대답하셨습니다. 예수님이 떠나가신다는 말씀은 성부께 돌아가신다는 뜻이었습니다. 이것을 이해하지 못한 열정적인 베드로가 답답한 마음에 주님께 즉시 "주님, 어디로 가십니까?" 하고 따져 물었습니다. 예수님은 앞서 알려 주신 말씀을 되풀이하시지만 이번에는 "그러나 나중에는 따라오게 될 것이다."(요한 13,36) 하고 희망을 담은 말씀을 덧붙이셨습니다.

그러나 이 말씀을 듣고서도 베드로는 마음이 채워지지 않습니다. 그러자 베드로는 "나중이라니요? 왜 지금 당장에는 그렇게 할 수 없다는 것입니까? 저는 어떠한 어려움도 두렵지 않습니다. 감옥도 죽음도 저를 막을 수 없습니다."(루카 22,33 참조) 하고 말하였습니다. 이것은 주님을 향한 사랑과 존경이 넘치는 마음의 표현이었으나, 자신의 힘을 지나치게 믿은 표현이기도 하였습니다. 그에게는 하느님만이 사람을 강하게 해 주신다는 것과 인간의 나약함에 대한 바른 의식이 부족하였습니다. 불쌍한 베드로는 머지않아 자신이 얼마나 나약한 존재인지를 뼈저리게 체험하게 될 것입니다.

"지금은 따라올 수 없다."라는 예수님의 말씀에서 베드로는 장차 자기가 저지를 어떤 잘못을 암시하신다는 것을 알아챘습니다. 왜 예수님은 자기의 충실한 마음을 의심하실까? 언제나 열렬한 피가 끓는 사나이 베드로는 주님의 의혹에 대해 항의하였습니다. 다른 사도들이 예수님을 배반하는 일은 있을지라도 자기만은 변함없이 스승에게 충성을 다할 것이라고 주장하였습니다. 또 예수님을 향한 사랑 때문이라면 감옥도 죽음도 두렵지 않다고 장담하였습니다. 그래서 베드로가 다시 "주님, 어찌하여 지금은 주님을 따라갈 수 없습니까? 주님을 위해서라면 저는 목숨까지 내놓겠습니다."(요한 13,37) 하고 자기 심정을 몰라주는 예수님께 투정하였습니다.

영광스럽게 부활하신 예수님이 다시 사도들을 찾아오실 것입니다. 따라서 베드로는 믿음을 통하여 예수님과 일치하며 살 것입니다. 여기에서 베드로의 죽음이 암시된 것일 수도 있지만(요한 21,18-19 참조), 나중에는 천상의 영복을 누리게 될 것임을 뜻하는 것이기도 합니다(요한 14,1-4 참조). 곧 예수님은 성령을 통하여 당신을 믿는 이들에게 돌아오시는 것입니다.

베드로가 예수님을 모른다고 말할 것을 예고하심

베드로의 자신만만한 장담에 예수님은 "나를 위하여 목숨을 내놓겠다는 말이냐?"(요한 13,38) 하고 차분히 타이르셨습니다. 지금까지는 예수님이 모든 사도들을 대상으로 말씀하셨지만, 이번에는 남들과 비교하여 자기가 우월하다고 주장하는 베드로에게 경고의 뜻으로 하신 말씀이었습니다. 그리고 그가 정확히 무슨 잘못을 저질렀는지를 지적하시며 "오늘 이 밤, 닭이 두 번 울기 전에 너는 세 번이나 나를 모른다고 할 것이다."(마르 14,30)라고 경고하셨습니다.

"닭이 두 번 울기 전에"라는 표현에 관해서 학자들은 세 가지로 설명합니다.

첫째, 날이 새기 전에 닭이 한 번 울고, 다른 닭이 그것에 응하여 또 운다는 것이라고 설명합니다. 둘째, 파수꾼이 교체되는 밤 삼경 끝에 부는 나팔 소리라고 설명합니다. 셋째, 단순히 날이 새기 전을 뜻하는 관용적인 표현이라고 설명합니다. 전체적으로 살펴볼 때 복음서 기록은 첫 번째 뜻으로 짐작됩니다.

예수님이 이렇게 정확하고 엄중하게 경고하셨는데도 불구하고 베드로는 오히려 예수님에 대한 자기의 사랑만 과신하고 한층 더 자신만만하게 자기의 충성을 장담하였습니다. "스승님과 함께 죽는 한이 있더라도, 저는 결코 스승님을 모른다고 하지 않겠습니다."(마르 14,31) 예수님을 배반할 바에는 아예 죽을 것이라는 다짐입니다. 그의 다짐은 적어도 그 자리에서만큼은 확실한 진심이었습니다. 그리고 이렇게 말했다고 해서 스승의 예언을 의심하는 것은 아니었습니다. 다른 사도들도 베드로 못지않게 질세라 모두 베드로와 같은 선언을 하였습니다(마태 26,35; 마르 14,31 참조). 그러나 그 후의 사건은 어떻게 전개되었을까요? 주님이 잡히실 때 도망친 사도들, 특히 예수님을 모른다고 말한 베드로는 예수님 앞에서 감히 얼굴을 들 수 있었을까요?

공관 복음사가들은 부끄러운 그 장면을 적나라하게 전하였습니다. 이 복음서들을 기록할 당시에 사도들은 교회에서 극진한 존경을 받고 있었습니다. 그러나 복음사가들이 당시 창피한 상황을 이토록 명백히 기록했다는 것은 역사적 사실에 대한 복음사가들의 솔직하고 성실함을 확실히 증명하는 것입니다.

6) 겟세마니에서의 기도(마태 26,36-46; 마르 14,32-42; 루카 22,39-46)

키드론 골짜기 건너편 겟세마니 동산

유다스가 최후의 만찬장을 떠난 다음, 예수님과 열한 명의 사도들이 성체성사 제정을 끝내고 다락방을 떠났습니다. 예수님과 사도들 일행은 늘 하던 대로 키드론 골짜기 건너편에 있는 올리브 산으로 갔습니다(루카 22,39; 요한 18,1 참조).

예수님과 사도들이 저녁 때 베타니아까지 돌아갈 수 없는 경우에는 올리브 산에 있는 겟세마니 동산의 동굴에 가서 밤을 지내곤 하였습니다(루카 21,37 참조). 그 동굴은 아마도 예수님을 따르는 한 제자의 소유여서 언제나 예수님이 사용하실 수 있던 것 같습니다. 그 동산의 주인은 예수님이 예루살렘 도성 부근에서 야영하셨을 때에 자주 빌려주었던 것으로 추측됩니다(루카 22,39 참조).

올리브 산은 말 그대로 올리브 나무가 무성합니다. 그리고 그 산에 겟세마니 동산이 있습니다. '겟세마니'는 히브리어로 '올리브기름을 짜는 틀'을 일컫는 말입니다. 이 동산에 있는 올리브 나무 밭에 올리브기름을 짜는 압착기壓搾機가 있었던 것 같습니다.

키드론 골짜기는 예루살렘 동편 성벽과 올리브 산 사이에 있는 골짜기입니다. 이 골짜기는 메마른 골짜기입니다. 겨울에만 큰비가 내리기 때문에 흙탕물이 흐릅니다. 키드론은 '탁류濁流'를 의미합니다.

베드로와 야고보와 요한

예수님은 평소에 혼자 외딴 곳에 가서 기도하기를 좋아하셨습니다(마태 14,23; 마르 1,35 참조). 예수님 일행이 겟세마니 동산의 동굴에 가까이 갔을 때 예수님은 사도들에게 근처에서 기다리도록 이르셨습니다(마태 26,36; 마르 14,32 참조). 그리고 베드로와 야고보와 요한을 데리고 좀 더 떨어진 곳으로 기도하기 위하여 가셨습니다(마태 26,37 참조).

완전한 자유 의지로 죄 많은 인류를 대신하여 속죄할 희생 제물로 스스로를 바치실 예수님은, 사도들 중에 세 사람을 증인으로서 엄선하신 것입니다. 그들은 하느님이시며 사람이신 예수님의 입에서 나오는 완전한 기도의 말씀을 듣게 됩니다. 이 기도가 미래에 괴로워하는 많은 영혼들이 그리스도와 일치하여 바칠 기도의 본보기가 될 것입니다.

예수님은 베드로, 야고보, 요한까지도 남겨 두고 25미터쯤 떨어져 '돌을 던지면 닿을 만한 거리'에서 무릎을 꿇으셨습니다(루카 22,41 참조). 마침 과월절의 보름달이 떴습니다. 따라서 예수님 가까이 있던 세 사도는 예수님의 모습을 잘 볼 수 있었고, 또 밤의 침묵을 가르는 탄식과 기도 소리도 들을 수 있었습니다. 사도들은 잠들기 전에 성경에 기록된 예수님의 기도 소리를 들었을 것입니다. 예수님은 평상시에 서서 기도하셨는데, 잡히기 직전에는 무릎을 꿇고 땅에 엎드려 기도하셨습니다. 그 모습은 열렬한 기도와 극도의 고뇌를 나타냅니다. 또한 이는 온몸과 온 마음을 하느님께 봉헌하는 경배의 자세입니다.

성직자들이 부제품과 사제품과 주교품을 받을 때에도 땅에 엎드려 기도합니다. 수도자들도 종신 서원 때 땅에 엎드려 기도합니다. 이는 온몸과 온 마음을 다 봉헌하고 그리스도를 따르겠다는 표시입니다.

예수님의 번민

예수님은 당신의 수난이 시작되는 때가 다가오자 공포와 번민에 휩싸이기 시작하셨습니다(마르 14,33 참조). 예수님이 수난 직전에 겪으신 번민의 장면은 광야에서 사탄의 시험을 받으셨을 때의 장면과 함께 예수님의 생애에서 인간적인 면이 가장 두드러지게 보이는 신비입니다. 하느님이신 동시에 인간이신 예수님이 직면한 두려움과 근심이 드러나는 시간이었습니다. 바오로 사도는 그 섭리적인 이유를 잘 설명하고 있습니다. "그분께서는 모든 점에서 형제들과 같아지셔야 했습니다. 자비로울 뿐만 아니라 하느님을 섬기는 일에 충실한 대사제가 되시어, 백성의 죄를 속죄하시려는 것이었습니다. 그분께서는 고난을 겪으시면서 유혹을 받으셨기 때문에, 유혹을 받는 이들을 도와주실 수가 있습니다."(히브 2,17-18)

곁에 있던 세 사도가 지켜보는 앞에서 예수님은 깊은 탄식과 침통한 슬픔을 감추려 하지 않으셨습니다. 예수님은 "내 마음이 너무 괴로워 죽을 지경이다. 너희는 여기에 남아서 나와 함께 깨어 있어라."(마태 26,38) 하고 말씀하셨습니다.

'마음'이라는 뜻을 가진 그리스어 단어 '프시케ψυχή'는 흔히 '영혼'으로도 번역됩니다. '내 영혼'은 결국 '나 자신', '나의 전 존재'를 의미합니다. 예수님의 번민을 묵상하면, 엘리야 예언자가 아합 임금이 믿는 바알의 예언자들 사백오십 명과 결사의 대결을 한 후 전신의 힘이 다 빠져서 하느님께 하소연하며 죽기를 간청한 그의 심정이 연상됩니다(1열왕 19,4 참조).

예수님은 당신이 인간으로서 당하시는 현실을 바라보시며 뼛속까지 스며드는 예리한 감수성을 나타내셨습니다. 예수님이 이토록 인간적인 나약한 모습을 보이신 적은 없습니다. 그리스도는 이와 같은 감각적인 동요를 자제력으로 막으실 수도 있었습니다. 그러나 만일 그렇게 자제하셨다면 우리와는 너무나 다른 차원의 분처럼 보여서 보통의 인간들이 공감하며 본받을 수 있는 모범이 되기 어려웠을 것입니다.

악마는 예수님의 공생활 시초에 예수님을 시험하려다가 실패하고 다음 기회를 노리면서 예수님을 떠나갔습니다(루카 4,13 참조). 그 악마가 지금 예수님의 구원 사업을 방해하기 위한 수단으로 그분 마음속에서 일어나고 있는 슬픔과 공포를 이용하려 하고 있습니다. 그러나 악마의 이러한 시도는 예수님이 다락방을 나오시기 전에 사도들에게 말씀하신 것처럼 예수님의 승리로 끝날 것입니다(요한 14,31 참조).

예수님은 예루살렘에 입성하신 일요일에 당신의 수난이 임박하였음을 예감하시고 "아버지, 이때를 벗어나게 해 주십시오."(요한 12,27) 하고 기도하셨습니다. 그때에도 지금과 같은 우려와 공포를 느끼셨을 것입니다. 하여간에 예수님은 지금 사도들도 당신과 함께 경계하며 기도하도록 간절히 청하셨습니다(루카 22,40 참조).

예수님의 기도

마르코 복음사가는 예수님의 기도를 두 번 기록하였습니다. 같은 취지의 기도를 처음에는 간접적인 문체로 썼고, 다음에는 예수님의 말씀을 그대로 적었습니다. "하실 수만 있으면 그 시간이 비켜 가게 해 주십시오.

아빠! 아버지! 아버지께서는 무엇이든 하실 수 있으시니, 이 잔을 저에게서 거두어 주십시오. 그러나 제가 원하는 것을 하지 마시고 아버지께서 원하시는 것을 하십시오."(마르 14,35-36) 예수님은 '수난의 시간'을 면하도록 간청하셨습니다. 이런 말투는 요한 복음사가가 흔히 쓰는 표현입니다. 신체적인 고통과 정신적인 고통이 동반되는 구원의 시간이며 영원으로부터 마련된 때입니다. 예수님이 자주 괴로움에 잠기셨던 때가 온 것입니다. 그때 아버지의 영광과 인류에 대한 사랑이 예수님의 마음에 타올랐습니다.

'아빠αββα'라는 아람어는 아버지에 대한 애정 어린 표현입니다. 유다인들은 기도하면서 하느님을 부를 때에 이 단어를 전혀 사용하지 않았습니다. 그러나 예수님의 모범을 따라 그리스도교 신자들은 하느님을 '아버지'로 부르게 됩니다(루카 11,2; 로마 8,15; 갈라 4,6 참조).

유다인들은 식탁에서 가족이 함께 식사할 때 가족들의 포도주 잔이 비면 가장이 채워 줍니다. 여기에서부터 하느님에게서 받는 벌이나 소명 같은 것을 '잔'으로 표현하는 표상이 생겨났습니다(시편 11,6; 16,5 참조). 구약 성경에서는 가끔 궁극적인 시련을 쓴맛이 나는 잔 또는 고난의 잔으로 비유하였습니다(이사 51,17; 예레 25,15; 애가 4,21; 에제 23,31-32 참조).

예수님이 피하려 하신 이 '잔'은 구약 성경에서 고통을 상징하는 표현입니다. 일반적으로 시련에 처한 사람, 특별한 경우에는 순교를 당하게 되는 사람이 겪어야 하는 고난을 가리킵니다. 예수님이 하느님으로서 미리 알고 계셨던 온갖 신체적인 고통과 정신적인 고문을 동반하는 죽음이 바로 이 '잔'입니다. 예수님이 사용하신 이 표현은 특히 장시간의 극한적인 고통과 시련을 뜻하는 말씀입니다(마태 20,22-23; 요한 18,11 참조).

예수님이 이 세상에 오신 목적은 인류를 하느님 아버지와 화해시키기 위한 것이었습니다. 예수님은 인류의 구원을 위하여 하느님의 본성에 인간의 본성을 덧붙여 이 세상에 오신 분입니다. 예수님은 어떤 경우에라도 인간에게 위로와 힘이 되고 싶어 하셨습니다. 그래서 고통과 죽음에 대하여서도 여느 인간과 같은 고통을 느끼셨습니다.

그러나 겟세마니에서 받으신 예수님의 고통은 개인적인 수난 때문만은 아니었습니다. 예수님의 고통을 절정에 이르게 한 것은 당신이 이제부터 보게 될 유다스의 배반, 사도들의 도망, 베드로의 배신, 인류의 죄, 모든 시대의 배신, 유다인들이 받게 될 벌 때문이었습니다.

예수님의 간절한 기원祈願이 죽음에 대한 싸움의 표시이기는 하지만, 아버지의 뜻에 대한 거역의 표시는 결코 아닙니다. 예수님은 인간으로서의 당신의 의지를 하느님의 의지에 완전히 복종시키셨습니다. 그리하여 죽음에 대한 싸움에서 이기셨습니다.

아버지의 뜻대로 하소서

"제 뜻대로 마시고 아버지의 뜻대로 하소서."(마태 26,39; 마르 14,36 참조)라는 말씀은 '주님의 기도'의 세 번째 청원 "아버지의 뜻이 하늘에서와 같이 땅에서도 이루어지게 하소서."(마태 6,10)를 상기시킵니다.

예수님이 겟세마니에서 바치신 기도는 절망의 순간에서 수동적으로 바친 체념의 기도가 아닙니다. 이는 '주님의 기도'와 마찬가지로 하느님이 직접 당신의 뜻이 실현되도록 행하시기를 기원하는 적극적인 청원 기도

겟세마니의 그리스도
조반니 디 파올로(Giovanni di Paolo, 1403?~1483?년), 1430~1435년,
목판에 템페라, 바티칸 미술관, 바티칸, 바티칸 시국.

입니다.

하느님 아버지의 뜻은 인간과 직접 관련된 것으로써 인간들의 동조가 있어야 실현되고, 세상 종말에는 인간의 뜻과 화합하여 성취됩니다. 사람들이 하느님의 계명을 준수함으로써 하느님의 뜻이 실현되기 시작합니다. 그래서 마태오 복음사가는 사람들이 하느님 아버지의 뜻을 받들어 실천하도록 자주 강조하였습니다(마태 5,17-20; 6,33; 7,24-27; 12,50; 21,30-31 참조). 예수님은 사도들에게 가장 뛰어난 기도로서 "아버지의 뜻이 이루어지기를" 기도하라고 가르치셨습니다. 그리고 하느님 아버지의 뜻을 실행하는 모범을 몸소 보여 주셨습니다(히브 5,7-8 참조).

잠에 빠진 사도들

예수님이 아버지께 드리던 첫 번째 기도를 마치시고 사도들에게 돌아와 보니 세 사도는 세상모르고 자고 있었습니다. 사도들은 스승의 고민을 전혀 모른 채 속 편하게 잠들어 있었던 것입니다. 번민하시던 예수님과 잠자는 사도들의 상반된 태도가 매우 대조적입니다. 이에 대해 루카 복음사가는 사도들이 슬픔에 지쳤기 때문에 잠들었던 것이라고 변호하였습니다(루카 22,45 참조).

그때 예수님은 베드로에게 "시몬아, 자고 있느냐?"(마르 14,37) 하고 깨우셨습니다. 예수님이 베드로를 향하여 사도가 되기 전의 이름인 시몬이라고 부르신 것은 명백한 의도가 담겨 있습니다. 스승이 고통스러워하는 시간에 단 한 시간도 스승과 함께하지 못한다는 것은 사도의 자격에 합당하지 않다는 뜻이었습니다.

이어서 예수님은 "너희는 나와 함께 한 시간도 깨어 있을 수 없더란 말이냐?"(마태 26,40) 하고 꾸중하셨습니다. 예수님이 이러한 꾸지람을 베드로에게 하신 것은 베드로가 사도들의 대표였기 때문일까요, 아니면 누구보다 앞장서 충성을 맹세하였기 때문일까요?

유혹에 빠지지 않도록 깨어 기도하라

예수님은 잠이 덜 깬 사도들에게 "유혹에 빠지지 않도록 깨어 기도하여라."(마르 14,38) 하고 훈계하셨습니다. "유혹"이라는 말은 '시험', '시련' 등으로 번역되기도 합니다. 여기에서 언급된 "유혹"은 구약 성경에 기록된 아브라함과 하느님의 백성이 받은 시험이나 시련을 가리키는 말이 아닙니다. 시련을 겪는 사람을 몰락시키려고 사탄이 애쓰는 특별한 시련을 뜻합니다. 그래서 "유혹"이라고 번역한 것입니다.

신약 성경에는 "하느님께서 직접 유혹에 빠뜨리신다."라는 표현이 전혀 없습니다. 오히려 하느님께서는 아무도 유혹하지 않으신다고 명백히 말하였습니다(야고 1,13 참조). 사탄의 능력과 유혹까지도 포함하여 모든 것이 하느님의 주재 아래에 있습니다. 그래서 하느님의 적극적인 개입을 내포하는 "저희를 유혹에 빠지지 않게 하시고"라는 청원이 이루어집니다.

하느님이 사람을 마치 함정에 빠뜨리듯 유혹에 빠뜨리신다는 것은 있을 수 없습니다. 그러나 예수님이 사탄에게 유혹을 받으시도록 성령께서 예수님을 광야로 인도하신 것처럼, 하느님은 우리를 유혹이 있는 위기 상황으로 이끄실 수가 있습니다. 이렇게 해석할 때 예수님의 제자들은 유혹 자체를 받지 않게 해 주십사 하고 하느님께 청원하는 것이 아니라, 이겨 내기 힘든 큰 시련과 유혹을 극복하게 해 주시기를 청원하는 것입니다.

경계와 기도 곧 하느님이 보살펴 주시는 조력 은총助力恩寵 gratia actualis이 죄에 대한 유혹을 이길 수 있는 유일한 무기입니다.

마음은 간절하나 몸이 따르지 못한다

예수님은 아직도 잠이 덜 깬 사도들에게 "마음은 간절하나 몸이 따르지 못한다."(마태 26,41; 마르 14,38) 하고 훈계하셨습니다. 여기서 예수님이 사도들에게 말씀하시는 뜻을 당시 유다인들의 문헌에 나타나는 의미로 이해해야 합니다. 그 의미는 하느님이 인간에게 선을 향한 영을 넣어 주셨지만, 동시에 인간의 몸은 죄의 힘에 예속된 '살덩어리'라는 것입니다. 이것은 인간이 선한 영혼과 악한 육신이 합성된 존재라는 뜻이 아니고, 선과 악이라는 두 가지 힘 사이에 끼어 있는 존재라는 뜻입니다.

영혼의 기능인 지혜와 의지력 그리고 죄로 기울어지는 육체가 서로 대립합니다. 바오로 사도는 이 점에 대해 자주 언급하였습니다. 하느님과 그리스도를 위하여 죽음조차 달게 받겠다고 장담하기란 어렵지 않습니다. 그러나 막상 위험한 상황에 닥치면 하느님의 도우심 없이는 아무것도 할 수 없다는 것을 뼈저리게 느끼게 됩니다. 정신은 높은 경지에 있을지라도 육체의 나약함을 극복하기는 몹시 어려운 일입니다.

예수님은 다시 사도들 곁을 떠나 홀로 가시어 두 번째로 같은 기도를 바치셨습니다. "아버지, 이 잔이 비켜 갈 수 없는 것이라서 제가 마셔야 한다면, 아버지의 뜻이 이루어지게 하십시오."(마태 26,42)

예수님 마음속의 폭풍은 아직도 가라앉지 않았습니다. 첫 번째 기도와 거의 같은 말씀으로 다시 기도하셨습니다. 아버지의 뜻이 어떠하든지 전적으로 아버지의 뜻에 맡기겠다는 예수님의 심정은 전보다 더 간절하였습니다. 예수님은 인류를 구원하기 위하여 하느님 아버지의 뜻에 따라 죽어야 함을 알고 계셨습니다. 그래서 그 고통의 잔을 마시지 않을 수 없으셨습니다. 예수님이 "아버지의 뜻이 이루어지소서."라고 친히 가르쳐 주신 '주님의 기도'에 대한 고귀한 모범을 보이셨습니다. 그리고 "아버지의 뜻대로 하소서." 하시며 하느님 아버지의 뜻을 가장 숭고하게 따르는 기도가 용솟음쳐 나왔습니다.

예수님이 두 번째 기도를 마치시고 다시 사도들 곁에 와 보시니 사도들은 여전히 눈이 무겁게 감겨 자고 있었습니다(마태 26,43; 마르 14,40 참조).

밤이 깊었습니다. 사도들은 그날 최후의 만찬 중에 성체성사를 제정하시고, 황송하게도 주님이 자신들의 발을 씻어 주신 감격과 흥분을 잊을 수가 없었습니다. 그리고 배반자를 암시하시고, 사도들이 다 떠나갈 것이라고 하신 비통한 말씀을 기억하였습니다. 그 때문에 사도들은 무어라 형언하기 어려운 공포에 휩싸여서 의기소침해 있었습니다. 베드로는 거룩하게 변모하신 예수님의 영광을 보았을 때 자신을 잊을 만큼 황홀감에 싸였으나, 지금 예수님의 고민은 이해하지 못하였습니다. 스승의 속마음을 헤아리지 못한 베드로는 태평하게 잠들었던 것입니다.

예수님은 그들을 그대로 두시고 다시 가시어 세 번째 같은 말씀으로 기도하셨습니다(마태 26,44 참조). 예수님이 몇 시간이나 기도하셨는지 정확히 알 수는 없으나 일부 신비가들은 예수님이 피땀을 흘리시며 바치신 기도가 세 시간이나 지속되었다고 말합니다.

일어나 가자

예수님은 세 번째 기도를 마치신 다음 사도들에게 되돌아오셨습니다. 그러나 여전히 자고 있는 사도들을 보시고 "아직도 자고 있느냐? 아직도 쉬고 있느냐?"(마태 26,45; 마르 14,41) 하고 말씀하셨습니다.

이 말씀은 세 가지로 해석할 수 있습니다. 첫 번째 해석은 "아직도 자고 있느냐?" 하고 묻는 질문입니다. 두 번째 해석은 "아직도 자고 있다니!" 하고 놀라움을 표현하는 탄식입니다. 세 번째 해석은 "이제부터는 계속

자거라." 하는 반어적인 표현입니다. 이 가운데에서 첫 번째 해석의 가능성이 가장 큽니다. 그런데 아우구스티노 성인은 수난이 시작된 지금, 마음이 약한 제자들에게 쉬라고 하신 말씀으로 이해하였습니다.

얼마 동안 침묵의 시간이 흐른 뒤, 예수님이 "이제 때가 가까웠다. 사람의 아들은 죄인들의 손에 넘어간다."(마태 26,45) 하고 말씀하셨습니다. 예수님은 하느님이 정하신 종말론적 시간이 닥친 지금, 하느님 아버지의 뜻을 받아들이신 것입니다.

"일어나 가자."(마태 26,46; 마르 14,42)라는 주님의 말씀에 사도들이 일어섰습니다. 돌격 명령처럼 짧지만 힘찬 말씀입니다. 그때 예수님이 "보라, 나를 팔아넘길 자가 가까이 왔다."(마태 26,46; 마르 14,42)라고 말씀하셨습니다. 이 말씀에서 키드론 골짜기의 저편에서 유다스를 앞세우고 횃불을 들고 다가오는 무리를 냉철하게 주목하고 계시는 예수님의 모습이 느껴집니다.

천사의 발현

하느님 아버지는 예수님의 고뇌를 못 본 채 하지 않으셨습니다. 예수님을 격려하여 수난의 고뇌를 이기도록 도울 한 천사가 하늘에서 내려왔습니다(루카 22,43 참조). 이 장면에서 BC 850년경에 아합 임금이 엘리야를 죽이려 들자 엘리야가 도망치다가 지쳐서 절망하여 하느님께 죽기를 청하였을 때 천사가 나타나 엘리야의 기운을 북돋아 준 일화가 연상됩니다(1열왕 19,4-8 참조).

요한 세례자의 탄생 때나 구세주의 탄생 때에도 천사가 나타나서 알려 주었습니다(루카 1,11-25. 2,9-14 참조). 사막에서 마귀의 유혹을 물리치신 예수님께 천사가 다가와서 시중든 일도 있습니다(마태 4,11 참조).

예수님은 하느님의 뜻에 완전히 순명하셨고, 천사의 위로도 받으셨으나 예수님의 고뇌가 경감되지는 않았습니다. 자신에게 닥칠 고통과 치욕을 예견하는 예수님은 임종을 괴로워하는 사람처럼 고뇌하시며 더욱 절실하게 기도하셨습니다. 예수님의 기도는 더욱 간절해졌습니다. 마지막까지 모든 고뇌를 이기기 위해 아버지의 도우심을 청하였습니다. 그 고뇌가 얼마나 극진하였던지 핏방울 같은 땀이 뚝뚝 떨어졌습니다(루카 22,44 참조). 고뇌에 가득찬 예수님의 인간적인 모습이 나타나 있는 장면입니다. 학자들은 이 피 섞인 땀은 육신의 피로와 영혼의 고뇌 때문이었다고 해석합니다. 의학에서도 몸과 정신이 극도로 악화된 상태가 될 때 피땀을 흘리는 현상이 있다고 증언합니다.

4복음서의 기록 차이

공관 복음서는 예수님이 겟세마니 동산에서 고민하시며 기도하신 광경을 상당히 자세하게 기록하였습니다. 다만 그 세세한 기록은 조금씩 다릅니다.

예수님이 사도들 가운데에서 세 사도만 따로 데려가신 것과, 세 번 홀로 기도하시고, 닥쳐오는 수난의 시간에 관하여 사도들에게 하신 마지막 말씀은 마태오와 마르코 복음서에만 기록되어 있습니다.

마태오 복음사가는 이 이야기가 지니는 그리스도론적인 면에 집중하였습니다. 곧 메시아의 완전한 순종을 강조한 것입니다(마태 26,42 참조). 마르코 복음사가는 이 이야기를 메시아의 수난에 초점을 맞추고, 고뇌하는 예수님과 잠자는 사도들 사이의 상반된 모습을 부각시켰습니다(마르 14,35.40 참조).

그 반면에 천사의 발현과 예수님이 피땀을 흘리셨다는 것은 루카 복음서에만 기록되어 있습니다(루카 22,43-44 참조). 그리고 이 이야기의 앞뒤인 루카 22장 40절과 46절에 "유혹을 조심하라."라는 말씀을 배치하여, 독자들이 겟세마니 동산의 기도 이야기에서 얻어야 할 가르침을 부각시켰습니다.

그러나 요한 복음서에는 예수님이 겟세마니 동산에서 고뇌하시며 기도하신 기록이 없습니다. 다만 예수님이 아버지가 주시는 수난의 잔을 마지막 한 방울까지 마셔야 한다고 하신 말씀만 기록되어 있습니다(요한 18,11 참조). 요한 복음사가는 무엇보다도 하느님 아버지를 영광스럽게 하면서 완전한 자유 의지로 수난을 맞이하시는 예수님의 완전한 순명을 강조하였습니다.

겟세마니 대성당

예수님이 번민하시며 기도하셨던 곳에 성당이 있습니다. 교회가 신앙의 자유를 얻은 후 AD 380년부터 390년 사이에 건립되었을 것이라고 추정되는 성당입니다. 이 성당이 십자군 전쟁 때 파괴되었습니다. AD 1920년에 이 성당의 토대를 발굴한 조사단은 그 유적지에서 예수님이 번민하시며 엎드려 기도하셨던 큰 바위도 발견하였습니다. 예수님이 피땀을 흘리시면서 기도를 바치시어, 축성하신 그 성스러운 바위 위에 성당이 세워졌던 것입니다. 겟세마니 대성당은 AD 1924년에 완전히 재건되었습니다.

주님의 피땀이 배어 있는 큰 바위는 이 성당 한가운데에 있습니다. 그래서 오늘날의 순례자들은 이 자리에서 예수님이 번민하신 심정을 통감하게 됩니다.

7) 예수님이 잡히심(마태 26,47-56; 마르 14,43-52; 루카 22,47-53; 요한 18,1-11)

예수님을 잡으러 온 무리

예수님의 평소 습관을 잘 알고 있는 유다스는 지금쯤 어디에 가면 예수님이 계실지 알고 있었습니다. 예수님이 피땀을 흘리시며 기도를 마치시고 사도들에게 "일어나 가자. 이제 때가 가까웠다. 사람의 아들은 죄인들의 손에 넘어갈 때가 되었다."(마태 26,45-46 참조)라고 말씀하고 계실 때였습니다. 바로 그때 열두 사도 가운데 하나인 유다스가 칼과 몽둥이를 든 무리들을 데리고 앞장서서 키드론 골짜기를 지나서 오는 광경이 보였습니다.

키드론 골짜기는 구약 시대의 흔적이 서려 있습니다. 다윗 임금의 아들 압살롬이 반역을 일으켰을 때 다윗 임금이 허겁지겁 예루살렘에서 도망쳐 나와 이 골짜기에 다다랐습니다. 그때 다윗의 측근이자 유능한 신하였던 아히토펠이 반역군에 가담하였습니다. 그리고 그가 다윗 임금을 무자비하게 추격하라고 압살롬을 부추겼던 곳입니다(2사무 17,21 참조).

칼과 몽둥이를 든 무리는 정규 군사들이 아니라는 표입니다. 수석 사제들과 율법 학자들과 백성의 원로들이 보낸 무리들이었습니다(마태 26,47; 마르 14,43 참조). 그런데 요한 복음서를 보면 로마 군대와 함께 수석 사제들과 바리사이들이 보낸 성전 경비병들도 끼어 있었다고 기록되어 있습니다(요한 18,3 참조).

라틴어 성경에서는 유다스가 데리고 온 로마 군대를 '코오르스cohors'라고 표기하였습니다. 이 단어는 라틴어로 로마 군단을 의미하는 '레지오legio'의 10분의 1에 해당되는 보병 부대를 의미합니다. 즉 삼백 명에서 육백 명으로 이루어진 부대입니다. 그래서 코오르스는 원칙적으로 그 수가 육백 명 내외가 되지만, 적게는 이백 명까지도 될 수 있는 부대입니다. 성경의 이 대목에 언급되어 있는 군대는 이보다 수가 더 작은 군대였을 것입니다. '코오르스 프래토리아cŏhors prætória'는 총독을 호위하는 소수 부대를 뜻합니다. 성경에 언급된 로마 군사들을 유다인들로 구성된 성전 경비라고 주장하는 학자도 있습니다. 또한 그리스어 성경에는 이 군대가 '스페이라σπεἶρα'라고 쓰여 있습니다. 이 단어는 육십 명에서 백이십 명으로 편성된 로마 군부대를 뜻합니다.

단지 열한 명밖에 안 되는 제자들과 함께 있는 예수님을 잡기 위해서 이렇게 많은 군사를 동원한다는 것은 이치에 맞지 않는다고 말하는 성서학자도 있습니다. 요한 복음사가가 로마 군대를 언급한 것은 아마도 옛 전통에 따른 것이고, 예수님의 체포가 로마인의 제의였음을 암시하는 것이라고 말하는 학자도 있습니다. 그러나 이 가설은 복음서의 전후 문맥으로 보아 맞지 않습니다.

또한 붙잡히신 예수님은 로마 총독이 아니라 한나스 대사제에게 끌려가 심문을 받으셨습니다. 이러한 상황으로 볼 때, 예수님을 체포한 자들은 대사제나 수석 사제들이 파견한 몽둥이를 든 무리들이거나 성전 경비병들이었을 것입니다. 만일 예수님이 로마 군사들에게 잡혔다면 그들의 지휘관인 로마 총독에게 끌려가셨을 것입니다. 그러니까 예수님을 붙잡으러 파견된 무리들 중에 소수의 로마 군사들이 섞여 있었다고 하더라도 예수님을 체포한 주동자들은 수석 사제들이 파견한 무리나 성전 경비병들이었을 것입니다. 그럴 경우 유다인 지도자들이 그날 밤 주둔하고 있던 로마 군사들 중 일부의 지원을 요청하였다고 추측할 수 있습니다.

예수님을 잡으러 온 병사들은 등불과 횃불을 들고 있었습니다. 이것은 로마 군대가 밤에 행군할 때 지니는 장비였습니다. 그런데 이날 밤은 첫째 달의 만월이어서 달 밝은 밤이었기 때문에 굳이 등불이 필요하지 않았을 것입니다. 그러나 혹시라도 임무 수행에 실패할 경우에 책임을 면하고 명령을 이행하기 위해서 병사들이 융통성 없이 규정대로 무장한다는 것은 예나 지금이나 변함이 없습니다.

누구를 찾느냐?

칼과 몽둥이를 들고 오는 무리를 앞장서서 인도하는 유다스를 본 예수님은 이제부터 당신 신상에 일어날 일을 모두 직감하셨습니다. 그래서 예수님은 스스로 그들 앞으로 나아가 "누구를 찾느냐?"(요한 18,4) 하고 물으셨습니다.

예수님을 잡아 오도록 파견된 무리들은 밤에 예수님을 찾아낼 방도가 없어 막막한 상태였습니다. 그런데 뜻밖에도 예수님의 질문을 받은 것입니다. 당황한 무리들은 그 당시의 유다인들 입버릇대로 "나자렛 사람 예수를 찾소."(요한 18,5 참조) 하고 대답하였습니다. 예수님이 그들에게 "나다."(요한 18,5) 하고 차분하게 대답하셨습니다. 무리들은 예상과는 전혀 다르게 예수님이 직접 나서서 당신이라고 대답하시는 침착한 태도에 깜짝 놀라서 뒤로 나가떨어졌습니다(요한 18,6 참조).

그러나 무리들 모두가 나자빠진 것은 아니었을 것입니다. 요한 복음사가는 여기에서 예수님의 위력적인 능력을 알리려고 이렇게 기록한 것이 아니라 자연스럽게 일어난 사실을 기록한 것이었습니다. 넘어진 무리들이 일어나자 예수님이 다시 "누구를 찾느냐?"(요한 18,7) 하고 물으셨습니다. 예수님을 잡으러 온 무리들이 "나자렛 사람 예수요."(요한 18,7) 하고 다시 대답하였습니다. 정신을 차리지 못하고 허둥대는 그들에게 예수님이 "'나다.' 하지 않았느냐."(요한 18,8) 하고 다시 대답하셨습니다.

예수님은 "나다."라고 대답하심으로써 당신이 신적인 존재이심을 계시하셨습니다. 하느님이 시나이 산에서 모세에게 "나다." 하고 대답하신 그 광경이 연상됩니다(탈출 3,14 참조).

예수님은 닥쳐온 수난의 의미를 너무나 잘 알고 계셨기 때문에 놀라는 기색 없이 당당히 앞으로 나서셨습니다. 예수님은 당신의 수난을 침착하게 주도하셨습니다.

요한 복음사가는 예수님이 체포되시는 과정에서도 권능과 주권과 신성이 빛을 발하고 있음을 기록한 것입니다. 예수님은 감히 범접할 수 없는 위엄을 갖추시고 차분한 목소리로 응대하셨습니다. 예수님을 잡으러 온 무리들은 마귀의 세력에 떠밀려 그분을 잡으러 왔으면서도 두렵고 무서워서 뒷걸음질할 수밖에 없었습니다.

하느님이 당신 자신을 계시하신 거룩한 시나이 산에서도(탈출 19,22 참조), 또 그분이 머무르시는 계약의 궤 앞에서도 비슷한 현상이 일어났습니다(2사무 6,7 참조). 바로 하느님의 신성함이 속俗된 것이나 부정不淨한 것을 물리치는 광경입니다. 제자들이 진리에 힘입어 거룩하게 된 뒤에야 비로소 예수님과 아주 친밀한 관계를 맺을 수 있었던 이유도 이와 마찬가지입니다(요한 17,17 참조).

제자들을 보호하시는 주님

예수님은 잡히시면서도 제자들을 염려하시어 그들을 보호하는 말씀을 하셨습니다. "너희가 나를 찾는다면 내 주변에 있는 이 사람들은 가게 내버려 두어라."(요한 18,8 참조) 만일 제자들의 신분을 밝히셨다면 제자들도 당신과 같은 위험을 겪게 되었을 것입니다. 그러나 예수님은 마지막까지 제자들을 지켜 주려고 하셨습니다. 제자들에 대한 이 따뜻한 마음씨를 요한 사도는 잊을 수가 없었습니다. 그래서 예수님이 만찬 때에 제자들을 위하여 성부께 기도하신 말씀을 복음서에 기록하였습니다. "저는 이들과 함께 있는 동안, 아버지께서 저에게 주신 이름으로 이들을 지켰습니다. 성경 말씀이 이루어지려고 멸망하도록 정해진 자 말고는 아무도 멸망하지 않았습니다."(요한 17,12 참조) 사도들을 끝까지 사랑하신 스승 예수님은 인류 구원 사업을 속행할 사도들을 잃지 않으셨습니다. 다만 악마에게 잡힌 유다스만은 벌써 예수님의 적들 편에 가담하였습니다.

요한 복음서에는 유다스가 예수님께 입맞춤을 한 사건이 쓰여 있지 않습니다. 예수님이 자발적으로 나서서 당신의 신원을 밝히셨기 때문에 유다스가 굳이 사랑의 행동인 입맞춤을 배반의 신호로 삼을 필요조차 없었을 것입니다(요한 18,4-8 참조).

배신의 신호가 된 입맞춤(마태 26,48-50; 마르 14,44-46; 루카 22,47-48)

유다인들은 좀 멀리 떠나갔다가 돌아왔을 때 스승에 대한 존경의 표시로 입맞춤 하며 인사하는 관습이 있었습니다. 공관 복음서는 유다스가 예수님께 입맞춤 함으로써 배신하였다고 증언하였습니다.

예수님을 잡아 오도록 파견된 무리를 데리고 오면서 유다스는, "내가 입 맞추는 이가 바로 그 사람이니 그를 붙잡으시오."(마태 26,48) 하고 미리 예수님을 알려 주는 신호를 일러두었습니다.

유다스가 예수님께 입맞춤 하려고 다가오자 예수님이 그에게 "유다야, 너는 입맞춤으로 사람의 아들을 팔아넘기느냐?"(루카 22,48) 하고 익면하셨습니다.

루카 복음사가는 유다스의 행위가 사랑의 표현이 아니고 배신의 신호였음을 증언하였습니다. 사랑의 표현인 입맞춤이 배신의 신호로 사용되었다는 것은 너무나 충격적인 비극입니다.

또한 마태오 복음서에 따르면 예수님은 유다스가 당신께 가까이 다가와 "스승님, 안녕하십니까?"(마태 26,49) 하고 입을 맞추려 하자 한 발 뒤로 물러서면서 "친구야, 네가 하러 온 일을 하여라."(마태 26,50) 하고 차갑게 대하셨습니다. '친구'라는 그리스어는 제자를 부르는 말이 아니고 넓은 뜻으로 서로 알고 지내는 사이를 가리키는 말입니다.

"네가 하러 온 일을 하여라."라는 말은 유다스가 무엇을 하려고 하는지 예수님이 알고 계시다는 것을 암시합니다. 이 문장은 흔히 쓰이는 표현을 단축한 것으로 보입니다. 그래서 여기에 다른 동사를 보충하여 이해해야 합니다.

첫 번째는 앞서 설명했던 '~을 하여라.'라는 동사로 이해하는 것입니다. 이 경우 예수님이 모든 것을 아시고 당신을 둘러싼 상황을 직접 통제하신다는 것으로 이해할 수 있습니다. 두 번째는 '~이 이루어지기를 바란다.'라는 동사를 덧붙여 이해할 수 있습니다. 이는 예수님이 하느님의 뜻을 순순히 받아들이신다는 것으로 이해할 수 있습니다.

유다스를 힐책하시는 주님의 예리한 말씀은 스승을 배신하려는 제자를 회개시키려고 하셨던 마지막 시도였을까요? 지극히 온유하신 예수님의 마음을 헤아린다면 그렇게 생각할 수도 있습니다. 그러나 이미 배신을 결행하려는 흥분에 휩싸인 유다스의 마음에는 스승의 따뜻한 음성이 귓전에도 들리지 않았습니다. 유다스의 입맞춤의 신호가 끝나자 무리들이 예수님께 손을 대어 그분을 붙잡았습니다(마태 26,50; 마르 14,46 참조).

베드로가 말코스의 귀를 자름

제자들은 유다스가 이끌고 온 무리가 예수님을 잡으러 온 것을 즉시 알아차렸습니다. 올리브 산에 오기 직전에 예수님이 결정의 시간이 다가왔으니 칼을 사 두라고 말씀하셨을 때 사도들은 칼 두 자루를 가지고 있다고 대답하였습니다(루카 22,38 참조). 두 자루의 칼 중 한 자루는 베드로가 쥐고 있었습니다. 무리들이 예수님을 붙잡자 사도들은 미리 준비해 두었던 칼을 쓸 때가 왔음을 깨닫고 "주님, 저희가 칼로 쳐 버릴까요?"(루카 22,49) 하고 주님께 여쭈어 보았습니다.

예수님을 잡으러 온 무리들을 지휘하고 있던 대사제의 종이, 이 소란 중에 예수님을 폭행하려고 시도했던 모양입니다. 눈치 빠른 시몬 베드로는 그가 가지고 있던 칼을 사용하여 즉각 대응하였습니다. 스승을 위하여 생명까지도 바치겠다고 맹세하였던 베드로는 재빠르게 칼을 빼어 그 종의 오른쪽 귀를 잘라 버렸습니다. 귀가 잘린 대사제 종의 이름은 말코스였습니다(마태 26,51; 마르 14,47; 루카 22,50; 요한 18,10 참조).

여기에 언급된 작은 사건에서 가해자가 베드로이고 피해자는 말코스라는 사실을 요한 복음사가만 기록하였습니다. 공관 복음서에는 이 대목에서 베드로의 이름도 말코스의 이름도 기록되어 있지 않습니다. 잘려 나간 귀가 오른쪽이었다는 것은 루카와 요한 복음서에만 언급되어 있습니다. 이 사건의 목격자인 요한 복음사가만이 지난날을 회상히면서 이미 쓰인 공관 복음서의 내용 중에 기록되어 있지 않은 부분을 보충하고자 했던 것 같습니다.

칼을 쓰는 자는 칼로 망한다

베드로가 칼을 내리쳐 대사제의 종 말코스의 귀를 자른 사건은 갑자기 일어난 일이므로 예수님도 말리실 틈이 없었습니다. 예수님은 폭력적인 이 행동을 보시고 "그만해 두어라."(루카 22,51) 하고 책망하셨습니다.

마태오 복음서와 요한 복음서에서도 예수님이 베드로의 행동을 나무라셨음을 강조하였습니다. 예수님은 폭력이 아니라 지고한 순종으로써 당신의 일을 완수하셨습니다. "그만해 두어라."라는 예수님의 말씀은 두 가지로 해석됩니다. '그만하면 충분하니 너희들의 무기를 버려라.'라는 해석과 '내가 잡히도록 내버려 두어라.'라는 해석입니다.

그러면서도 예수님이 베드로에게 "칼을 칼집에 도로 꽂아라."(마태 26,52) 하고 타이르시는 어조가 평소처럼 너무나 차분하였습니다. 예수님의 말뜻을 미처 깨닫지 못하고 머뭇거리고 있는 베드로에게 예수님이 부연하셨습니다. "아버지께서 나에게 주신 이 잔을 내가 마셔야 하지 않겠느냐?"(요한 18,11) 이는 예수님의 겟세마니 기도에 대한 명백한 암시입니다(마태 26,39; 마르 14,36; 루카 22,42 참조). 예수님이 언급하신 고난의 잔은 바로 하느님 아버지가 채워 주시는 고난의 잔을 의미하는 것입니다(마태 20,22-23; 마르 10,38-39 참조).

예수님은 조용하면서도 엄숙한 말투로 "칼을 잡는 자는 모두 칼로 망한다."(마태 26,52)라고 말씀하셨습니다. 폭력은 폭력을 낳고 피는 피를 불러들일 뿐입니다. 즉 영원한 악순환을 초래하는 것입니다. 예수님은 무기로 경호받기를 원하지 않으셨습니다. 예수님의 나라는 참된 평화를 낳기 위하여 인내에 기초를 두기 때문입니다.

베드로는 당신이 체포되는 긴급한 상황임에도 불구하고 왜 폭력으로 대항하지 말라고 하시는지 이해할 수 없었습니다. 그러나 스승의 명령이기에 순순히 칼을 칼집에 꽂았습니다.

예수님은 베드로의 과격한 행위를 타이르시면서 동시에 언제나 그러하듯이 따뜻한 마음을 보여 주시며 종의 귀를 고쳐 주셨습니다(루카 22,51 참조). 이것은 예수님이 잡히시던 밤에 행하신 단 하나의 기적이었습니다. 예수님은 당신이 갖고 계신 초자연적인 능력을 당신 자신을 위해서는 쓰지 않으셨습니다. 오히려 적을 위해 쓰시면서 그에 대한 당신의 자비를 보여 주셨습니다.

열두 군단의 천사들

예수님은 당신이 붙잡히는 긴급한 상황에서도 아버지의 뜻만 주목하셨습니다. 예수님이 이제부터 시작되는 무서운 수난을 완전히 받아들이는 것이 아버지의 뜻을 실천하는 길입니다. 따라서 예수님의 제자들은 그 누구도 하느님의 뜻을 폭력으로 방해해서는 안 됩니다(마태 16,23; 마르 8,33 참조). 그래서 예수님은 사도들에게 폭력을 쓰면 안 되는 이유를 설명하셨습니다. "내가 아버지께 청하기만 하면 당장에 열두 군단이 넘는 천사들을 내 곁에 세워 주실 것이다."(마태 26,53 참조) 예수님이 바라기만 하신다면 아버지는 무능하고 비겁한 열두 제자가 아니라 "열두 군단이 넘는 천사를" 보내어 아들을 경호하실 것입니다.

'군단'을 의미하는 그리스어 '스트라테우마$\sigma\tau\rho\acute{\alpha}\tau\epsilon\upsilon\mu\alpha$'는 로마 군대의 한 단위로서 아우구스투스 황제 때에는 약 육천 명의 기병으로 이루어졌습니다. 그리고 군단에는 보통 같은 수로 이루어진 보병 부대가 뒤따랐습니다. 열두 군단이라면 칠만 명이나 됩니다. 더구나 천사들이라면 더욱 비할 데 없는 강력한 구원 부대가 됩니다.

그러나 예수님은 사도들에게 "그렇게 된다면 이 일이 반드시 일어나리라고 한 성경 말씀이 어떻게 이루어지겠느냐?"(마태 26,54 참조) 하고 말씀하

붙잡히신 그리스도
작자 미상, 1290?년,
프레스코, 산 프란체스코 성당, 아시시, 이탈리아.

셨습니다. 이사야 예언서에는 그리스도가 고난과 죽음을 통하여 세상을 구원한다고 예언되어 있습니다(이사 53,1-12 참조).

나는 매일 성전에서 가르쳤다

예수님은 예루살렘에 오셔서 매일 성전에서 공공연하게 가르치셨습니다. 수석 사제들이나 바리사이들이 예수님을 잡으려고 했다면 왜 그때 잡지 않았을까요? 예수님이 성전에서 가르치고 있을 때 그분을 잡는 것이 성전을 관리하는 권위를 가진 그들에게 훨씬 더 쉬웠을 것입니다. 그런데 그렇게 하지 못하였습니다. 하느님이 허락하지 않으셨을 뿐더러 그들은 민중의 반대가 두려웠기 때문입니다. 그러나 이제 사람의 아들의 적인 어둠이 판을 칠 때가 온 것입니다(루카 22,53 참조). 어둠의 세력이란 이 범죄의 밤을 가리키는 것이 아니라 악마의 세력을 가리키는 것입니다(콜로 1,13 참조).

예수님이 당신을 체포하러 온 무리에게 "너희는 나를 강도로 여기느냐?"(마태 26,55 참조) 하고 나무라셨습니다. '강도'라는 말은 '폭도'로도 이해할 수 있습니다. 여기에서부터 역설적인 상황이 전개됩니다. 평화의 임금이신 예수님이 강도나 폭도와 같은 취급을 받으시고, 또 강도들과 함께 십자가에 못 박히신 것입니다(마태 27,38.44 참조).

예수님은 법률을 어긴 것도 아니고 악을 행하시지도 않았습니다. 그런데도 불구하고 사람으로서 마땅히 누릴 명예에 대한 상처를 받으시고 이에 대하여 강력히 항의하셨습니다. "성전에서 사람들에게 공공연하게 가르칠 때에는 나를 내버려 두더니 이 밤중에 칼과 몽둥이를 들고 나를 잡

으러 왔으니 어찌된 일이냐?"(마태 26,55; 마르 14,48-49 참조)

예언의 말씀대로 이루어지다

만일 예수님이 지금이라도 그들의 손에서 벗어나고자 하신다면 그렇게 하실 수 있으셨습니다. 이렇게 체포당하시는 것은 그들이 강하기 때문이 아니라 성경에 기록된 대로 아버지의 뜻을 이루려고 하시기 때문입니다. 그래서 사도들뿐만 아니라 당신을 잡으려는 유다인 지도자들과 그들이 파견한 무리를 향하여 예수님은 큰 소리로 "이 모든 일은 예언자들이 기록한 말씀을 이루려고 일어난 것이다."(마태 26,56 참조) 하고 당당히 말씀하셨습니다.

사도들은 예수님이 자신들의 경호를 바라지도 않으실 뿐더러 저항하시지 않는 것을 보고 놀랐습니다. 전혀 예상하지 못한 상황에 당황한 사도들은 공포에 떨며 본능적으로 자신들의 몸만 보호하고 현장에서 도피하였습니다. 그들은 지금껏 주님께 맹세해 온 것을 전부 잊어버렸습니다. 주님에 대한 충성도 사랑도 사라졌습니다. 한 사람이 뺑소니를 치면 모두 겁에 질려 앞다투어 달아나는 것이 군중 심리입니다. "그때에 사도들은 모두 예수님을 버리고 달아났다."라는 성경 말씀이 끝내 이루어졌습니다. 겟세마니 동산 입구에 남아 있던 여덟 명의 사도들뿐만 아니라 베드로와 야고보와 요한까지도 도망쳤습니다(마태 26,56 참조). 뿔뿔이 흩어져 도망친 사도들은 최후의 만찬을 했던 집으로 돌아와 숨었습니다. 사도들이 예루살렘에서 아는 집이 그 집뿐이었기 때문입니다.

알몸으로 달아난 젊은이

어떤 젊은이가 알몸에 아마포만 두른 채 예수님을 따라갔다가 무리들이 그를 붙잡자, 그는 아마포를 버리고 알몸으로 달아났습니다(마르 14,51-52 참조). 별로 큰 의미가 없는 이 에피소드는 마르코 복음서에만 기록되어 있습니다. 이 사건이 다락방 부근에서 있었던 일인지 혹은 겟세마니 동산에서 있었던 일인지 불분명합니다. 이 에피소드의 주인공이 한 젊은이라는 사실 외에는 아무런 설명이 없습니다. 그 젊은이가 입고 있었다는 옷은 부유한 사람들이 집 안에서 입는 옷입니다. 서민은 낮에 입고 있는 겉옷을 그대로 입고 잠을 잤습니다. 자기 집 앞에서 소란스럽게 들리는 발자국 소리와 왁자지껄하는 소리에 깨어나 무슨 일이 일어났나 하고 밖으로 나온 듯합니다. 그의 옷차림을 보면 집이 그 근처였던 것 같습니다.

예수님 일행이 만찬을 먹은 다락방이 마르코의 집이었다면 그 집에서 따라 나온 젊은이일 가능성도 있습니다. 또는 겟세마니 부근에 사는 어떤 집에서 나온 젊은이였을지도 모릅니다. 예수님을 잡으러 온 일행의 종들이 이 젊은이를 붙잡으려고 하자 그는 비싼 겉옷을 버리고 알몸으로 달아났습니다.

학자들 사이에서 이 젊은이가 누구인지 호기심의 대상이 되었습니다. 전후 문맥상 관계가 거의 없는 이 이야기는 마르코 복음서에만 쓰여 있는 것으로 보아 그 복음서를 쓴 마르코의 개인적인 회상이고, 그 젊은이가 마르코 자신일 가능성이 많습니다. 이것은 가설에 지나지 않지만 그 근거가 되는 이유도 가볍게 볼 수가 없습니다. 마태오와 마르코 복음서는 예수님이 잡히셨을 때 모든 사도들이 도망갔다고 분명히 증언하였습니다(마태 26,56; 마르 14,50 참조). 이 성경 말씀을 주목해 보면, 이 젊은이가 열두 사도 중 한 명이 아니었음이 확실합니다.

8) 최고 의회에서의 신문(마태 26,57-68; 마르 14,53-65; 루카 22,63-65; 요한 18,12-24)

예수님을 체포한 자들

예수님이 제자들에게 폭력적인 저항을 금하셨기 때문에 예수님을 잡으러 온 무리 편에서는 거리낄 것이 없었습니다. 대사제의 종인 말코스의 귀가 잘린 사건으로 미루어 보면 예수님을 잡으려고 팔을 뻗은 이들은 주로 대사제가 파견한 일꾼들과 성전 경비병들이었다고 짐작됩니다. 겁이 많은 자는 약자에게 폭력을 휘두르기 마련입니다. 정식 군사가 아닌 그들은 자기들이 당한 치욕과 공포에 대해 앙갚음이라도 하려는 듯이 예수님을 큰 범죄자처럼 험악하게 다루면서 결박하였습니다.

공관 복음서에는 예수님을 체포한 무리 중에 군사나 성전 경비병이 언급되어 있지 않습니다(마태 26,47; 마르 14,43; 루카 22,47 참조). 요한 복음서에만 군대와 함께 성전 경비병들이 예수님을 잡으러 왔다고 쓰여 있습니다(요한 18,3 참조). 로마의 정식 군사들이 그 무리에 합세하였더라도 부질없이 동원된 로마 군사와 그 사령관인 백인대장은 비폭력, 무저항의 자세를 유지한 예수님을 체포하는 그 자리에서 별로 할 일이 없었을 것입니다. 만일 로마 군사가 예수님을 체포하였다면 그들은 예수님을 자기들의 상관인 로마 총독에게 데려갔을 것입니다.

대사제에게 끌려가신 예수님

예수님을 체포한 자들은, 예루살렘 도성 안 대사제의 저택으로 예수님을 끌고 가서 자기들의 성과를 자랑하였습니다. 예수님은 예루살렘에서 파스카 만찬 후 겟세마니 동산에서 기도하시려 제자들과 함께 걸어왔던 그 길을 되돌아가셨습니다.

대사제 저택에는 수석 사제들과 율법 학자들과 원로들이 모여 있었습니다(마태 26,57; 마르 14,53 참조). 그때가 성금요일 오전 두 시에서 세 시경이었습니다. 체포된 예수님이 대사제의 저택으로 끌려갔다는 사실은 예수님을 체포한 무리를 파견한 자가 대사제였음을 입증합니다.

유다스와 짜고 예수님을 잡아 오도록 종들을 보낸 최고 의회 의원들은 이 사건 진행에 참여하려고 대사제의 집에 모여 있었습니다. 그들은 벌써 예수님을 어떻게 할 것인가 결정하고 있있습니다. 과월절, 곧 금요일 아침이 오기 전까지는 이 사건을 마무리 지으려고 결심하고 있었습니다.

수석 사제들은 율법에 정통하였음에도 불구하고 조급한 마음에 서둘렀습니다. 그 결과 예수님께 사형을 선고하는 절차에서 율법을 완전히 무시하였습니다. 그 이유는 그들이 밤중에 열리는 집회가 정식 회합이 될 수 없다는 것을 잘 알고 있었음에도 불구하고 밤중에 최고 의회를 강행했기 때문입니다. 또한 율법으로 정해져 있는 정규 회의실에서 집회를 하지 않는다면 그 회의가 무효임에도 불구하고 대사제의 저택에서 회의를 열었기 때문입니다.

율법적인 측면에서 보면 예수님에 대한 이 재판은 위법 투성이었습니다. 그러나 그 위법 행위를 지적하거나 항의하는 사람은 아무도 없었습니다. 최고 의회 의원 모두가 되도록 빨리 예수님 사건을 처리하려고 서둘렀기 때문입니다.

예수님을 심문한 대사제

마르코 복음서와 루카 복음서에 따르면 체포된 예수님은 대사제의 집으로 끌려가 최고 의회의 심문을 받으셨습니다. 이 대목에서 대사제의 이름이 한나스인지 카야파인지 언급되어 있지 않습니다(마르 14,53 참조).

마태오 복음서를 보면 붙잡힌 예수님은 카야파 대사제에게 끌려가, 그곳에서 카야파가 주재하는 최고 의회의 심문을 받으셨습니다(마태 26,57 참조). 여기에서는 한나스가 전혀 언급되어 있지 않습니다. 다음 날 아침 예수님은 총독 관저로 끌려가 다시 심문을 받으셨습니다.

이와는 달리 요한 복음서에 따르면 체포되어 결박되신 예수님은 먼저 한나스에게 끌려가셨습니다(요한 18,13 참조). 그다음 한나스는 예수님을 결박한 채로 카야파 대사제에게 보냈습니다(요한 18,24 참조). 예수님이 대사제의 심문을 받은 장소가 한나스의 저택이었는지 혹은 카야파의 저택이었는지 분명치 않습니다.

카야파의 저택에 잠시 머무르신 예수님은 그다음 날 금요일 아침, 다시 총독 관저로 끌려가 장시간 심문을 받으셨습니다(요한 18,28-38 참조).

요한 복음서 18장 13절에서 24절에 관한 문제

요한 복음서에 보면 예수님이 체포되신 해의 대사제가 카야파라고 명시되어 있습니다(요한 11,49 참조). 그런데 요한 복음서 18장 13절에서 24절 사이를 보면, AD 15년에 대사제에서 해임된 한나스가 최고 의회를 주재하면서 예수님을 심문한 것처럼 보입니다.

예수님이 체포되어 대사제에게 심문을 당한 이야기를 기록한 요한 복음서는 공관 복음서의 기록과 다릅니다. 따라서 요한 복음서 18장의 이 대목에 관한 문제가 초기 교회 때부터 제기되었습니다. 이 문제를 해결하기 위하여 알렉산드리아의 치릴로 성인을 위시한 권위 있는 여러 학자들이 요한 복음서 18장 24절을 13절과 14절 사이에 둔다는 가설을 세웠습니다.

이 가설에 따르면 성경 본문의 전통에는 어긋나지만, 이야기의 줄거리는 논리적으로 정연하게 정리됩니다. 즉 예수님을 체포한 무리들은 예수님을 먼저 한나스에게 데려갔습니다(요한 18,13 참조). 한나스는 예수님을 결박한 채로 심문하지 않고 바로 카야파 대사제에게 보냈습니다(요한 18,24 참조). 그리고 카야파가 예수님을 심문하였습니다(요한 18,15-27 참조). 이렇게 하면 공관 복음서의 기록과 일치합니다.

만일 이 가설을 인정하지 않는다면 한나스와 카야파는 같은 저택 안에 살고 있었다고 상상해야 할 것입니다. 그러나 같은 저택 안에서 살고 있었다는 가설은 24절을 13절과 14절 사이에 넣는 주장보다도 근거가 희박합니다. 같은 저택 안에 살고 있었다고 하는 가설로는 요한 복음서와 공관 복음서와의 차이를 해결할 수 있습니다. 그러나 요한 복음사가가 그해의 대사제를 카야파라고 뚜렷이 기록하였음에도 불구하고 왜 한나스를 똑같이 대사제라고 부르는지에 대한 문제는 해결되지 않습니다. 이에 대해 역사적 사실을 정리하면 다음과 같습니다.

한나스

예수님은 겟세마니 동산에서 체포된 후 한나스에게로 끌려가셨습니다. 그러나 예수님과 한나스의 대면은 단순히 의례적인 것으로 정식 재판이 아닙니다.

사두가이 가문의 출신인 한나스는 예루살렘 귀족 중에서도 장기간 권세를 누린 인물 중 하나였습니다. 한나스는 AD 6년에 로마 총독 퀴리노에 의해서 대사제직에 오르고 AD 15년에 로마 총독 바렐리우스 그라투스에 의해 해임되었습니다.

한나스가 AD 15년에 대사제에서 물러난 다음, 그의 아들 엘레아살이 AD 16년부터 17년까지 대사제로 임명되었습니다. 그리고 한나스의 사위 카야파가 AD 18년부터 36년까지 대사제직을 지냈습니다. 그 후 한나스의 다른 네 아들들이 뒤를 이어서 대사제직에 오르게 됩니다. 그만큼 한나스는 당시 최고의 권력가였습니다.

그렇다면 체포된 예수님이 맨 먼저 한나스 앞에 끌려간 이유가 무엇일까요? 한나스는 그해의 대사제인 카야파의 장인이었습니다. 그래서 카야파의 종들이 완고하고 질투가 심한 노인인 한나스의 체면을 만족시키기 위하여 예수님을 먼저 그에게 데려간 것으로 보입니다.

한나스의 저택에서는 기록될 만한 사건이 일어나지 않았기 때문에 공관 복음서는 이에 대해 전혀 언급하지 않았고, 요한 복음서도 간단히 지나쳐

버립니다. 한나스는 예수님을 결박한 채 카야파 대사제에게 보냈습니다.

카야파

예수님은 한나스와의 간단한 대면이 끝난 다음 그해의 대사제인 요셉 카야파에게로 끌려가셨습니다. 그는 그의 직책상 예수님 문제를 장악하고 예수님을 정식으로 심문하였습니다.

카야파는 AD 18년부터 36년까지 대사제였습니다. 본시오 빌라도는 유대아 지방을 다스리는 로마 총독의 직책을 AD 26년부터 36년까지 맡았습니다. 대사제의 임명권을 쥐고 있는 로마의 총독 빌라도와 같은 잔혹한 인간 밑에서 카야파가 대사제직에 그토록 오랫동안 재임할 수 있었다는 것은 카야파가 팔레스티나에서 로마 정치의 충실한 추종자였음을 뜻합니다. 카야파의 저택은 예루살렘 서쪽 언덕 꼭대기에 있었다고 합니다. 예수님과 사도들이 최후의 만찬을 했던 다락방에서 가까운 곳이었습니다.

카야파는 한 사람이 온 백성을 대신하여 죽는 편이 낫다고 말한 그해의 대사제입니다(요한 18,14 참조). 카야파가 예수님의 사형 결정에 얼마나 큰 책임이 있는지 새삼 되새기게 하는 기록입니다.

카야파의 재판

칠십 명의 의원과 현직 대사제로 구성되는 최고 의회의 구성원이 모인 뒤에 재판이 열렸습니다.

카야파의 저택에 모인 최고 의회는 예수님을 사형에 처하기 위하여 합법적인 판결에 필요한 증인을 찾았습니다. 합법적 재판 형식을 구비하기 위해서는 적어도 두 명의 증인이 꼭 필요하였습니다. 그러나 재판관들이 처음부터 사형을 결정한 후 형식적으로 진행한 재판이었기 때문에 실질적으로는 불법적인 재판이었습니다.

게다가 파스카가 시작되기까지 시간이 얼마 남지 않았기 때문에 서둘러야만 하였습니다. 매우 짧은 시간 안에 예수님을 심문하여, 사형 판결의 뒷받침이 될 증거를 찾아내야 했습니다. 이어서 총독인 빌라도를 찾아가 그 판결의 인준을 받아야 했으며, 또 안식일이 시작되기 전에 예수님의 형을 집행해야만 했습니다(루카 22,66-71 참조).

피고인 자신의 자백만으로 판결을 내릴 수는 없습니다. 어떻게 해서라도 예수님을 고발하는 증인을 통해 증언을 들어야만 합법적 재판이 됩니다. 한밤중인데도 거짓 증언을 할 증인들은 얼마든지 있었습니다. 그러나 조급하게 모아들인 증인들이기 때문에 서로의 거짓 증언을 그럴듯하게 짜 맞출 여유가 없었던 것 같습니다. 거짓 증언을 찾는 행위 자체가 엉터리 재판임을 나타냅니다. 그들의 증언은 서로 합치하지 않았습니다(마태 26,59-60; 마르 14,55-56 참조). 예수님의 생명을 빼앗을 수 있는 죄가 될 만한 증언을 하나라도 확보하여서 최고 의회의 만장일치 동의를 받고 대중의 호응을 확인할 수 있기를 기대한 카야파의 계획이 어긋났습니다.

거짓 증언

마지막으로 서로 미리 짜 놓았다고 짐작되는 두 증인이 나타났습니다. 그들의 증언은 사람들의 주목을 끌었습니다. 한 사람은, "이자가 하느님의 성전을 허물고 사흘 안에 다시 세울 수 있다고 말하였습니다."(마태

26,61 참조)라고 증언하였습니다. 또 한 사람은 "우리는 저자가 사람의 손으로 지은 이 성전을 허물고 손으로 짓지 않은 새 성전을 사흘 안에 세우겠다고 큰 소리치는 것을 들은 적이 있습니다."(마태 14,58 참조)라고 증언하였습니다. 그러나 그들의 증언도 일치하지 않았습니다(마르 14,59 참조). 따라서 채택되지 않았습니다.

이 장면은 다니엘서에 기록되어 있는 사건이 연상됩니다. 부잣집의 정숙한 부인 수산나가 두 원로 재판관들의 정욕에 의한 거짓 증언에 걸려 사형 선고를 받았습니다. 그때 젊은 다니엘이 두 원로 재판관들의 흉악한 증언의 불일치를 밝혀내어 그들의 증언이 거짓임을 증명하였습니다. 그래서 수산나가 누명을 벗을 수 있었습니다(다니 13,1-64 참조).

거짓 증인들의 증언이 일치했다고 해도 예수님의 입에서 들었다는 것만으로는 사형의 판결을 합법화할 수가 없었습니다. 단지 다른 사람들이 예수님이 성전의 멸망을 원했다, 혹은 예언했다고 믿게 하여 백성의 덕망을 잃게 하는 정도에 불과하였습니다.

거짓 증인들은 예수님이 성전에서 상인들을 쫓아내실 때 하신 말씀을 증언한 것입니다(요한 2,13-22 참조). 그러나 두 증인은 모두 예수님의 말씀을 바꾸어서 증언하였습니다. 예수님은, "헐어버리겠다." 하고 말씀하신 것이 아니라, "이 성전을 허물어라." 하고 말씀하셨던 것입니다. 즉 예수님은 성전이 파괴될 것임을 예고하였을 뿐이었습니다. 단 한 번도 당신이 성전의 파괴자 역할을 한다고 말씀하신 적이 없습니다. 그리고 당신이 하느님의 성전의 주인이심을 선언하셨을 뿐이었습니다.

예수님 말씀의 참뜻

예수님이 성전에서 상인들을 쫓아내신 날, 성전의 파괴를 예언하셨습니다. 이 예언은 장차 로마 군사들이 성전을 파괴할 윤리적 원인이, 예루살렘 성전의 영적인 타락, 즉 믿음을 잃은 유다 민족의 영적 타락 때문이라고 말씀하신 것입니다.

그때 예수님이 말씀하시려는 참뜻은 다음과 같았을 것입니다. '너희들은 벌써 예배의 중심지인 성전을 파괴할 원인을 제공하였고, 머지않아 로마 군사들이 성전을 파괴할 것이다. 너희들이 성전 파괴 행위의 원인을 제공할 테면 하여라. 또한 영원한 생명을 설파하는 메시아인 나를 파괴할 테면 하여라. 그러나 너희들이 파괴한 것을 내가 사흘 뒤에 다시 세울 것이다.' 결국 예수님의 말씀은 명령도 아니고 소망을 나타내는 것도 아닙니다. 오직 미래에 보게 될 비극에 대한 참담한 예언입니다.

예수님의 말씀은, 유다인들이 자랑으로 삼고 있던 성전을 파괴하겠다는 협박이 아니고 예언일 뿐이었습니다. 거짓 증인들은 예수님의 이 말씀을 예언이 아니라 협박으로 바꿈으로써 매우 위험한 증언으로 만든 것입니다.

예레미야 예언자도 하느님의 명령에 따라 성전의 파괴를 경고했다고 하여 '사형을 받아 마땅할 사람'이라는 말을 들었습니다(예레 26,4-11 참조).

악의에 찬 적들이 둘러싼 이 재판에서 예수님은 정당한 대우를 기대할 수가 없었습니다. 결국 거짓 증인들의 말이 군중에게 큰 반응을 일으켰습니다. 비이성적인 군중은 십자가에 달리신 예수님을 향하여 "성전을 헐고 사흘이면 다시 짓는다던 자야, 네 목숨이나 건져라. 네가 정말 하느님의 아들이거든, 어서 십자가에서 내려와 보아라."(마태 27,40; 마르 15,29-30 참조)라고 말하며 예수님을 조롱하고 모독하였습니다.

대사제의 심문

대사제가 한 심문의 요점은 두 가지였습니다. 대사제는 예수님께 "제자들이 누구냐? 무엇을 가르쳤느냐?"(요한 18,19 참조)라는 두 가지 점에 관해서 심문하였습니다.

첫 번째 질문은 예수님을 빌라도에게 폭동의 선동자로 고발할 죄목을 찾기 위한 것이었습니다. 두 번째 질문은 신성 모독 죄인으로 고발하여 사형을 선고할 구실을 찾기 위한 것이었습니다. 예수님은 첫 번째 질문에 대해서는 대답하지 않으셨습니다. 자신이 하신 일에 대해 모든 책임을 홀로 지신 예수님은 제자들을 위험에 끌어들이지 않으셨습니다.

두 번째 질문에 대해서는 버젓이 갈릴래아의 회당과 예루살렘의 성전에서 유다인들에게 말씀하신 것 외에는 다른 일을 한 적이 없다고 대답하셨습니다. 예수님이 반론을 제기하셨더라도 아무런 효과가 없었을 것입니다. 그들이 예수님의 말씀을 믿지 않을 것이 뻔하였기 때문입니다. 예수님은 지금까지 당신의 가르침을 들어 온 청중에게 물어보라고 대답하셨습니다(요한 18,20-21 참조). 청중은 예수님이 지금까지 말씀해 온 것에 책잡힐 것이 있는지 없는지 알고 있을 것입니다.

뺨을 맞으신 예수님

존엄성을 잃지 않으시고 당당하게 답변하시는 예수님의 자세는 확실한 증거를 토대로 심판을 받으려고 하는 사람의 태도였습니다. 그래서 예수님의 설교를 들은 청중들에게 직접 물어보라고 대답하신 것입니다.

대사제의 심문에 대한 예수님의 대답이 끝나기도 전에 옆에 서 있던 성전 경비병 하나가 대사제에게 아첨하려고 "대사제께 그따위로 대답하느냐?"(요한 18,22) 하면서 예수님의 뺨을 쳤습니다. 법정에서 아무런 방비 없이 서 있는 피고인의 뺨을 친 성전 경비병의 폭력 행위에 대하여 예수님은 "내가 잘못 이야기하였다면 그 잘못의 증거를 대 보아라. 그러나 내가 옳게 이야기하였다면 왜 나를 치느냐?"(요한 18,23) 하고 말씀하셨습니다.

예수님은 이 비정한 경비병의 만행에 대해 지적하시며 그를 인도적인 길로 돌아가게 하려고 하신 말씀입니다. 또한 동시에 피고에게는 자신을 변호할 권리가 있음을 표명하신 것입니다.

아무런 무기도 가지지 않은 예수님은 몹시 흥분한 경비병에 맞서 이처럼 차분히 항의하셨습니다.

예수님의 침묵

예수님을 죽일 수 있는 결정적 증언을 기대하던 대사제는 허탈한 거짓 증언들에 실망하였습니다. 시간이 촉박함을 의식한 대사제가 다급해졌습니다. 대사제가 벌떡 일어나 직접 트집을 잡으려고 떠보았습니다. "당신은 아무런 대답도 하지 않소? 이자들이 당신에게 불리한 증언을 하는데 어찌 된 일이오?"(마태 26,62)

그러나 예수님은 사람들이 어떠한 거짓 증언을 하든지 전혀 대꾸하지 않으셨고 대사제가 트집을 잡으려고 해도 입을 다물고 계셨습니다. 예수님이 입을 전혀 열지 않는 '어린양'처럼 침묵하신 것입니다(이사 53,7 참조).

조급해진 카야파

짧은 시간 안에 예수님의 죄목을 찾아내야 하는 카야파는 아무런 꼬투리도 잡을 수 없어서 마음이 조급해졌습니다. 몸이 달은 카야파는 이때 예수님이 메시아라고 자처하신 선언을 백성들이 이미 들었다는 증언을 활용할 생각을 하였습니다. 이제 대사제는 화제를 바꾸어 유다인이라면 대답하지 않을 수 없는 엄숙한 맹세를 통해 예수님을 궁지에 몰아넣을 수 있는 선언을 강요하였습니다. 만일 예수님이 법정에서 스스로 메시아라고 자처한다면 신성 모독 죄인이 됩니다. 그 반면에 그것을 부정한다면 군중을 속인 사기꾼이 됩니다.

예수님이 행하신 기적과 논리정연한 가르침을 들은 군중은 마음속으로 예수님을 메시아 또는 적어도 예언자 중 한 분으로 믿고 있었습니다. 그런데 수석 사제들과 바리사이들은 예수님을 배척하고 죽이려 하고 있습니다. 그러니 예수님이 한평생에 가장 긴장되는 순간을 맞이한 것입니다. 지금껏 살아오신 예수님의 생애는 이에 대한 준비였습니다.

당신이 메시아요?

대사제가 예수님의 비위를 건드리는 질문을 하여도 예수님은 아무 말씀도 하지 않으셨습니다. 예수님의 묵비권 행사 때문에 답답하기도 하고 궁금증이 극도에 다다른 대사제는 마지막 카드를 쓰기로 결심하였습니다. "내가 명령하오. '살아 계신 하느님 앞에서 맹세를 하고 당신이 하느님의

아들 메시아인지 밝히시오.'"(마태 26,63)

여기에서 대사제의 질문은 두 가지 의미를 담고 있습니다. 하나는 '네가 메시아냐?'라는 것과 또 하나는 '하느님의 아들이냐?'라는 질문입니다.

이 질문에는 매우 심각한 함정이 있습니다. 예수님이 자기가 메시아라고 했다고 해서 그것만으로 신성 모독자라고 할 수는 없으나, 하느님의 아들이라고 말했다면 그것은 유다인들에게 있어서 신성 모독자임을 의미하기 때문입니다. 그래서 후에 유다인들이 빌라도에게 가서 예수님을 고발할 때 특히 이 점을 강조하였던 것입니다. "우리에게는 율법이 있습니다. 그 율법대로 하면 그자는 자기가 하느님의 아들이라고 했으니 죽어 마땅합니다."(요한 19,7 참조)

대사제가 한 심문의 요지를 예수님이 메시아냐, 아니냐 하는 점을 질문한 것뿐이라고 해석하는 학자도 있습니다. 곧 하느님의 아들과 메시아는 같은 뜻이라는 해석입니다. 그러나 마태오 복음서를 단순히 예수님의 메시아성性만을 증언하는 복음서라고 생각한다면 이는 복음서의 가치를 크게 훼손하는 것입니다. 마태오 복음서는 예수님의 메시아성뿐만 아니라 신성神性도 명백히 증명하였습니다. 만일 예수님이 일반적인 의미로 당신이 하느님의 아들이라고 하셨다면 그것만 가지고서는 예수님을 신성 모독자라고 단죄하기에는 논리적 증거가 부족하였을 것입니다. 그러나 예수님은 바리사이들에게 "다윗이 메시아를 주님이라고 부르는데, 메시아가 어떻게 다윗의 자손이 되느냐?"(마태 22,45) 하고 반문하심으로써 그리스도가 일반적인 의미의 다윗의 자손이 아님을 증언하셨습니다.

최고 의회의 결정

"당신이 메시아요?"(마태 26,63 참조)라고 추궁하는 대사제에게 예수님이 "네가 그렇게 말하였다."(마태 26,64)라고 대답하셨습니다. 대사제의 유도 심문은 그가 예상한 것보다 더 큰 결과를 초래하였습니다. 예수님의 대답은 정녕 장엄하고 명백한 선언이었습니다. 예수님이 대사제의 말을 긍정하시어 당신이 메시아며, 하느님의 아드님이심을 선언하시고 그 모든 책임을 지신 것입니다. 비극의 금요일 새벽이 밝아 오고 있습니다. 예수님이 지금은 비참하게도 인간의 재판을 받으시지만, 머지않아 영광의 메시아로서 하느님 오른편에 앉으리라고 선언하셨습니다. "너희는 사람의 아들이 전능하신 분의 오른쪽에 앉아 있는 것과 또 하늘의 구름을 타고 오는 것을 볼 것이다."(마태 26,64)

"하느님의 오른쪽에 앉아 있는 것"이라는 표현은 시편 110편 1절의 말씀을 암시합니다. 유다인에게는 옥좌 오른쪽에 앉는 것이 옥좌의 권리에 참여한다는 뜻입니다. 곧 하느님의 오른쪽에 있는 것은 친주성을 받는 것, 바꾸어 말하면 하느님이라고 선언하는 것입니다. 예수님으로서는 형이상학적으로나 신학적으로나 이보다 더 명백한 신성 선언을 할 수 없으셨을 것입니다.

"하늘의 구름은 타고 오는 것"이라는 표현은 다니엘서 7장 13절을 암시합니다. 이 말씀대로 예수님은 수난하시고 돌아가셨다가 부활하신 후에 영광스러운 나라로 되돌아가셨습니다. 그리고 거기에서 전능하신 분께 통치권과 왕권을 받아 마지막 날에 심판자로서 다시 오실 것입니다.

대사제의 외침

예수님의 대답이 끝나기도 전에 대사제는 "이자가 하느님을 모독하였습니다."(마태 26,65) 하고 소리치면서 자기의 화려한 겉옷을 거침없이 찢었습니다. 유다인들이 옷을 찢는 것은 슬픔 또는 공포를 상징적으로 드러내는 행위였습니다. 그렇다고 여기에서 대사제가 단순히 격정에 휩싸여 그런 행동을 한 것은 아니었습니다. 유다인들의 전통에 따르면 재판관은 신성 모독의 말을 들을 경우 제 옷을 찢어야 했습니다. 일종의 의식처럼 어떤 옷을 얼마큼 찢는지 다 규정되어 있었습니다. 바지나 외투가 아니고 윗옷 가슴팍에 약 30센티미터쯤 꿰맨 솔기의 실을 끊는 것이었습니다. 이에 따라 대사제는 의식적인 행동을 한 것입니다.

대사제가 옷을 찢음으로써 예수님이 대답하신 내용은 본 의미가 더욱 명백해졌습니다. 예수님이 스스로 천주성을 명백하게 선언하였음을 확인한 최고 의회 의원들은 예수님을 신성 모독자라고 하며 일제히 소리쳤습니다(마태 26,66; 마르 14,64 참조).

신성 모독은 직접적으로 하느님이나 그분의 이름 또는 하느님의 권능이나 특권을 모욕하는 말을 하는 행위입니다. 또는 하느님께 사명을 부여받은 사람이나 거룩한 제도를 모욕하는 말을 하는 행위를 뜻합니다.

고대 유다 문헌에 따르면 자신을 메시아라고 말하는 것은 신성 모독 죄가 되지 않았습니다. 그러나 하느님의 오른쪽에 앉고 하늘의 구름과 함께 온다고 말함으로써, 예수님은 당신이 신적 지위를 지녔다고 주장하신 것입니다. 이 부분이 하느님의 특권을 훼손시키는 것으로 고발될 수 있는 것입니다.

대사제 앞의 그리스도
헤리트 반 혼토르스트(Gerrit Van Honthorst, 1590~1656년), 1617?년,
캔버스에 유채, 런던 내셔널 미술관, 런던, 영국.

교활한 카야파는 예수님을 죽이는 책임을 혼자서 감당하기를 회피하였습니다. 그리고 최고 의회 의원들과 악행의 책임을 분담하려고 꾀를 썼습니다. "이자가 하느님을 모독하였습니다. 이제 우리에게 무슨 증인이 더 필요합니까?"(마태 26,65) 이 외침에 따라 최고 의회 의원들은 일어나 그 자리에서 만장일치로 예수님이 마땅히 죽어야 한다고 단죄하였습니다.

수석 사제들과 율법 학자들 그리고 소위 원로들이 삼 년 동안 가슴을 졸이며 음모를 꾸미고 연출한 연극 무대가 이제 인류 역사 안에서 그 막바지 장면을 보여 줄 차례가 되었습니다.

예수님을 조롱하다

카야파와 최고 의회 의원들은 예수님을 죽이기로 결정하고 나서 금요일 아침이 밝기를 기다리는 동안 법률상의 필요한 절차를 마친 피고인 예수님께 어떠한 비인도적인 행동도 허용되는 것처럼 만행을 저질렀습니다.

비열한 인간들의 증오와 조롱이 예수님께 집중되었습니다. 그들은 예수님의 얼굴에 침을 뱉고 주먹으로 치고 또 어떤 자들은 뺨을 때렸습니다(마태 26,67 참조). 그리스어 성경의 마태오 복음서를 보면 침을 뱉고 주먹으로 친 자들이 이른바 예의를 지킨다는 최고 의회 의원들로 나옵니다. 평소 백성들 앞에서 점잔을 빼는 그들이 어울리지 않게 그런 비열한 짓을 한 것은 평소에 백성들로부터 큰 예언자로서 존경을 받으신 예수님을 시샘하고 질투하였기 때문입니다. 그들의 삐뚤어진 심통이 예수님을 마구 비웃고 모욕한 것입니다. 예수님의 눈을 가리고 주먹을 친 것도 평소에 기적을 행하신 예수님을 조소하고, 멸시하며, 모멸을 주기 위한 것이었습니다. "메시아야, 너를 때린 사람이 누구인지 알아맞혀 보아라."(마르 14,68 참조) 하고 빈정거렸습니다. 이렇게 실컷 잔혹한 짓을 한 그들은 종들도 예수님을 농락하도록 하였습니다.

종들도 주인들의 행동을 흉내 냈습니다. 이렇게 금요일 새벽 동이 트기까지 그들은 영구히 수치로 여겨지고도 남을 지극히 비열한 장면을 연출하였습니다. 예수님은 이사야 예언자의 예언대로 모든 것을 침묵 속에 참고 견디며 잔인한 그들의 노리개가 되셨습니다(이사 50,5-7 참조).

루카 복음서에는 최고 의회 의원들의 종들이 예수님을 모욕한 장면만 기록되어 있습니다. 마태오와 마르코 복음서에는 최고 의회 의원들과 로마 군사의 모욕도 기록되어 있습니다. 루카 복음사가는 주님 수난의 고통마저 생략하였습니다. 예수님의 존엄성을 해치는 장면의 개요만 기록하였습니다.

예수님은 이튿날 아침까지 이들의 조롱을 받으셨습니다. 최고 의회 권위 밑에 있는 그들은 태연히 이 죄수를 마음껏 비웃고 구타하였던 것입니다. 예수님을 모욕하는 자들은 예수님의 얼굴을 가리고 때리면서 지금 누가 쳤는지 맞추어 보라고 비웃었습니다(루카 22,63-65 참조).

예수님께 사형을 선고할 권리를 가진 자

예수님에 대한 이스라엘 백성의 신망이 나날이 증폭됨에 따라 수석 사제들과 율법 학자들 그리고 귀족 원로들로 구성된 유다인 최고 의회는 백성을 지배하고 있던 그들의 기득권이 훼손될 것을 심각하게 우려하였습니다. 최고 의회는 결국 예수님을 신성 모독 죄인으로 몰아서 죽이려 시도하였습니다.

최고 의회가 예수님의 사형을 결정하는 장면에서 법적으로 어떤 효과를 내는 결정을 하였는지는 명확하지 않습니다. 최고 의회가 결정한 것이 예수님에 대한 사형을 선고한 것인지, 또는 빌라도에게 예수님을 사형시켜 달라고 요청하는 결정을 한 것인지 분명하지 않습니다.

팔레스티나를 점령한 로마 제국의 정책에 따라 유다 지방의 역대 로마 총독들은 유다인들의 최고 의회에 자치권 행사를 폭넓게 허용하였습니다. 즉 식민 통치자들이 설정한 한도 안에서 최고 의회는 유다인들의 종교와 정치 생활을 자치적으로 이끌어 갔습니다. 그런데 예수님 시대에 최고 의회가 사형을 선고하고 집행할 수 있는 권한을 지녔는지 여부에 관해서는 역사학자들의 의견이 일치하지 않습니다. 4복음서의 기록에 따르면, 최고 의회가 근본적으로 그러한 권한을 가지고 있었어도, 그것을 실행하는 데에는 총독의 승인이 필요하였던 것 같습니다.

그러므로 예수님을 죽이려는 최고 의회 의원들의 계획의 성공 여부는 로마 총독의 결심에 달려 있었습니다. 최고 의회는 빌라도에게 어떻게 고소하면 예수님을 사형에 처할 수 있을까 하고 골똘히 궁리하였을 것입니다. 예수님을 살해하려는 모략은 안식일이 되기 전, 즉 금요일 하루가 저물기 전에 처리해야 할 사건이었기 때문에 시간적 여유가 없었습니다.

만일 최고 의회가 로마 총독이 없는 동안에 또는 로마의 권위를 업신여기고 예수님께 사형을 선고하고 집행하였더라면 율법에 따라 스테파노 성인처럼 신성 모독죄로 몰려 백성들의 돌팔매에 맞아 죽었을 것입니다(사도 7,58 참조). 그러나 최고 의회가 예수님을 로마 형사 재판에 고소하였으므로, 예수님이 "유다인들의 임금"(요한 19,19)이라는 정치적 죄목으로 십자가형을 받게 되었습니다.

9) 베드로가 예수님을 모른다고 하다(마태 26,69-75; 마르 14,66-72; 루카 22,54-62; 요한 18,15-18.25-27)

대사제 저택 문간에서(요한 복음서에서의 첫 번째 부인否認: 요한 18,15-17)

예수님이 잡히시자 제자들은 재빠르게 뿔뿔이 도망쳤습니다(마태 26,56

참조). 시몬 베드로는 공포의 회오리에서 제정신이 들자, 예수님을 쫓아가지 않고는 견딜 수가 없었습니다. 우직한 베드로와 주님의 특별한 사랑을 받던 다른 제자는 잡혀서 결박당하여 끌려가시는 주님을 차마 버리고 떠나갈 수가 없었습니다. 다른 제자 한 사람의 이름은 성경에 명확하게 쓰여 있지 않습니다만, 베드로와의 관계로 보아 *그가* 요한 사도임을 짐작할 수 있습니다.

두 제자는 예수님을 끌고 가는 무리에게 들키지 않을 만큼 거리를 두고 그들 사이에 끼어들었습니다. 그리고 예수님의 뒤를 따라 카야파 대사제의 저택 앞까지 따라갔습니다.

요한은 대사제와 아는 사이여서 익숙한 걸음으로 대사제의 저택 안으로 선뜻 들어갔습니다. 요한이 대사제와 친분이 있었지만 대사제의 친척이나 친구였다는 증거는 없습니다. 그 당시 팔레스티나의 풍속은 어느 집의 마당이든지 개방되어 있어서 누구나 들어갈 수 있었습니다. 그러나 어떻게 갈릴래아 호수의 어부인 제베대오의 아들 요한이 예루살렘의 대사제와 아는 사이였을까요? 이것을 설명하는 여러 가지 가설이 있습니다.

그중에서 한 가지 가설은 그 당시 유다인들의 사회에서는 계급 차별이 크지 않았다는 것입니다. 유다인들의 민주주의 정신을 이해한다면 티베리아스 호수의 한 어부가 예루살렘의 대사제와 어떤 친교가 있었다고 하더라도 별로 놀라운 일이 아닐 것입니다. 그렇기에 요한은 아무런 어려움 없이 뜰 안으로 들어갔을 것입니다.

그러나 베드로는 대사제 저택 문밖에 남아 있었습니다. 대사제 저택 안에 들어간 요한은 베드로가 보이지 않자 그가 문 앞에 서 있다는 생각이

났습니다. 요한은 다시 저택 문밖으로 나와서 문지기 하녀에게 부탁하여 베드로를 대사제 저택 문 안으로 데리고 들어갔습니다. 베드로는 으리으리한 대사제의 저택에 생전 처음 들어가기 때문에 멈칫거리고 두리번거리면서 어설프게 들어갔습니다.

문지기 하녀는 요한의 요청을 받고 자기도 모르는 사람을 집 안으로 들어오게 하였습니다. 그러고는 이내 여성으로서의 호기심도 있었겠지만 문지기에게 흔히 있는 책임과 경계심 때문에 그 사람이 누구인지 알고 싶었습니다. 문지기 하녀가 베드로의 어색한 태도를 눈치채고 베드로에게 "당신도 저 사람의 제자 가운데 하나가 아닌가요?"(요한 18,17) 하고 물었습니다. 가뜩이나 겁에 질려 있는데 갑자기 그런 질문을 받으니까 자신의 정체가 들켰다고 생각한 베드로는 당황한 나머지 얼떨결에 아니라고 대답하였습니다. 다행히 문지기 하녀가 부정적인 대답을 기대하는 질문을 한 것입니다. 들킨 것이 아님을 알아챈 베드로는 가슴을 쓸어내렸습니다.

그는 단순히 문지기 하녀와 번거로운 문답을 이어 가지 않으려고 질문자가 기대한 대로 "아니오."(요한 18,17) 하고 대답한 것입니다. 단순한 애교라고도 할 수 있는 거짓말을 한 것입니다. 아직은 정식으로 부인한 것은 아니었습니다. 그러나 베드로가 거짓말을 하는 내리막길을 미끄러져 가고 있다는 것을 느낄 수 있습니다.

대사제 저택 안에서(공관 복음서에서의 첫 번째와 두 번째 부인: 마태 26,69-72; 마르 14,66-70; 루카 22,55-58)

베드로는 남이 알아채지 못하도록 종들의 무리 속에 섞여 그들과 함께 불을 쬐고 있었습니다. 베드로의 모습은 불빛에 반사되어 잘 보였을 것입니다. 당황한 태도 때문인지 혹은 그의 갈릴래아 사투리 때문인지 모르지만 대사제 저택의 하녀 한 사람이 베드로가 갈릴래아 출신이 아닐까 하는 의심을 했던 것 같습니다. 그래서 "당신도 저 갈릴래아 사람 예수와 함께 있었지요?"(마태 26,69) 하고 질문하였습니다. 마태오 복음사가는 하녀들이 예수님을 갈릴래아 사람, 나자렛 사람이라고 말한 것으로 기록하였고, 마르코 복음사가는 나자렛 사람이라고 말한 것으로 기록하였습니다.

얼떨결에 대사제 저택 안까지 들어간 베드로는 예수님을 끝까지 경호하기 위해서는 무슨 수를 써서라도 자기는 잡히지 말아야 한다는 생각뿐이었을 것입니다. 그런데 갑자기 하녀의 질문을 받자, 깜짝 놀란 베드로는 상대편의 말뜻이 무엇인지 알 수 없다는 몸짓을 하면서 "나는 당신이 무슨 말을 하는지 알지도 이해하지도 못하겠소."(마르 14,68) 하고 대답하였습니다. 베드로의 대답은 용감한 대답은 아니었지만 아직 엄밀한 뜻으로 예수님을 부인한 말이라고 평가하기는 어렵습니다. 이런 자리에서 구태여 제자인 자신을 드러내어 말할 필요가 없다고 생각한 것입니다. 하녀들의 질문을 받은 베드로는 대사제 저택 안 뜰까지 들어온 것이 얼마나 어리석고 위험한 짓이었는지를 새삼 절감하게 되었습니다.

베드로는 자기 정체가 발각되어 잡히지나 않을까 하는 두려움이 커져서 자리를 옮기려고 일어났습니다. 그곳을 빠져나갈 심산이었을 것입니다. 그런데 마침 저택 바깥뜰 대문 근처에서 또 다른 여종이 그를 보고 거기 있는 여러 사람들에게 들리도록 "이 사람은 나자렛의 예수와 함께 다니던 사람이오."(마태 26,71 참조) 하고 큰 목소리로 떠벌렸습니다.

베드로는 예수님의 제자라는 자기 정체가 탄로 날까 봐 공포감 때문에 삼 년 동안이나 사랑으로 키워 준 자기 스승에 대하여 "나는 그 사람을 알지 못하오."(마태 26,72) 하고 소리쳤습니다. 베드로는 뜻밖에 튀어나온 자기 말에 스스로 소스라치게 놀랐습니다. '내가 도대체 무슨 소리를 하는 거야?'라는 생각이 들면서도 잡히지 않으려고 자기 입에서 나온 소리를 취소할 수가 없었을 것입니다.

맹세한 거짓말(공관 복음서에서의 세 번째 부인: 마태 26,73-74; 마르 14,70-71; 루카 22,59-60)

베드로의 사투리를 알아챈 듯한 질문에 대하여 극도로 흥분한 베드로는 자기도 모르는 사이에 갈릴래아 사투리로 "내 말이 거짓이면 천벌을 받겠다."(마태 26,74 참조) 하며 거침없이 맹세하였습니다.

예수님을 모른다고 부정하는 베드로의 사투리 발음 때문에 갈릴래아 사람임이 탄로 나고 만 것입니다. 옆에서 듣고 있던 사람들이 "당신의 말씨만 들어도 틀림없이 당신도 그들과 한패임을 알 수 있소."(마태 26,73 참조) 하고 베드로를 추궁하였습니다.

평소에 유다인들 중에서도 특히 예루살렘 사람들은 갈릴래아 사람들을 비하하고 그 지방 사투리를 조롱하였습니다. 이스라엘 구전 중에 이런 이야기가 있습니다. 어느 갈릴래아인이 어느 날 한 유다인에게 "아무르를 가지고 있는 사람은 없소?" 하고 물었습니다. 유다인은 "어리석은 갈릴래아 촌놈이로구나. 네가 말하는 것이 올라타는 하모르(당나귀)인가? 마시는 하마르(포도주)인가? 입는 아마르(모직 옷)인가? 먹는 임마르(양)인가? 나는 알 수가 없구나." 하고 놀렸습니다.

예루살렘 시민들과 갈릴래아 지방 사람들은 같은 아람어를 쓰면서도 문법이나 발음이 약간 다른 특징을 지니고 있습니다. 베드로가 갈릴래아 사투리를 직접 썼을 수도 있고, 예루살렘 말을 하였지만, 억양 때문에 갈릴래아 출신임이 바로 드러났을 수도 있습니다.

베드로가 아무리 애써 사투리를 감추려고 했어도 감출 수가 없었을 것입니다. 주변 사람들의 놀라는 표정에 베드로는 얼마나 당황하였을까요? 사투리를 고칠 가능성이 없는 그는 절망할 수밖에 없었습니다. 베드로가 허둥대며 그 자리에서 벗어나려고 바깥 뜰로 나가자 닭이 울었습니다. 그 순간 베드로는 닭이 울기 전에 당신을 부인하리라고 예고하신 예수님의 얼굴이 떠올랐습니다. 닭 울음소리에 깜짝 놀란 베드로는 걸음을 재촉하여 대문 밖으로 걸어 나갔습니다.

새벽닭이 울기 전에 (요한 복음서에서의 두 번째와 세 번째 부인: 요한 18,18.25-27)

예수님이 대사제 앞에서 심문을 받는 동안 종들과 성전 경비병들은 저택 뜰 안에서 모닥불을 쬐고 있었습니다. 예루살렘의 4월 밤은 춥습니다. 그러나 베드로는 추위를 피해 불을 쬐려고 하기보다 남의 주목을 받지 않을 자리를 찾았습니다. 그는 마음속으로 두려워하면서도, 태연한 척 경비병들 사이에 끼어 앉아 있었습니다.

이때 모닥불을 쬐고 있던 사람들은 베드로에게 지나가는 말투로, "당신도 저 사람의 제자 가운데 하나가 아니오?"(요한 18,25) 하고 물었습니다. 베드로는 즉시 "나는 아니오."(요한 18,25) 하고 부인하였습니다.

그 자리에 있던 사람들은 예수님의 모든 처신에 대하여 은연중에 반감을 가지고 있었습니다. 호기심 많은 사람들이 베드로의 대답에 귀를 기울이고 있었습니다. 두 번이나 같은 질문을 받은 베드로는 더욱 겁에 질려 다시 주님을 부인하였습니다.

그런데 겟세마니 동산에서 예수님이 잡히실 때 베드로가 칼로 귀를 자른 말코스의 친척이 그 자리에 있었습니다. 그는 베드로를 기억하고 적개심이 솟아나서 느닷없이 "당신이 동산에서 그와 함께 있는 것을 내가 보았는데 왜 예수의 제자가 아니라고 그러시오?"(요한 18,26 참조) 하고 소리쳤습니다. 그 자리에서 예수님의 제자라는 사실이 알려진다는 것은 참으로 위험천만한 일이었습니다. 대사제의 종의 귀를 칼로 베었다는 행위보다는 예수님의 제자라는 사실이 더 위험한 죄기 때문입니다.

두려움에 질린 베드로는 다시 더욱 강력하게 예수님의 제자가 아니라고 부인하였습니다.

베드로의 뉘우침(마태 26,74-75; 마르 14,72; 루카 22,61-62)

예수님을 심문한 카야파와 최고 의회는 마침내 예수님을 신성 모독 죄로 몰아 빌라도에게 사형을 선고해 달라고 청하기로 결정하였습니다. 그 결정이 내려진 다음에 예수님은 대사제 저택의 안뜰을 나와서 대문 근처에 서 계셨습니다. 그때 베드로는 "나는 당신들이 말하는 그 사람을 알지 못하오."(마르 14,71) 하며 자신의 말이 거짓이면 천벌을 받겠다고 맹세하였습니다. 예수님이 베드로의 그 모습을 보셨습니다. 그때 마침 닭이 울었습니다.

예수님은 최후의 만찬을 마치시고 겟세마니 동산으로 가시는 도중에 베드로에게 "잘 들어라. 새벽닭이 울기 전에 너는 나를 세 번이나 모른다고 할 것이다."(요한 13,38 참조) 하고 예언하셨습니다. 그런데 예수님이 십자가에 처형되시는 금요일 새벽, 동이 트기 전에 그 서글픈 예언이 실현된 것입니다. 팔레스티나에서는 4월 초순경에 첫닭이 우는 시간은 새벽 두시 반경이라고 합니다.

위기를 벗어나려고 필사적인 노력을 하고 있던 베드로를 예수님이 지그시 바라보셨습니다. 궁지를 벗어나려고 버둥거리는 베드로의 말과 표정을 보고 들은 예수님은 비감한 감정에 젖었습니다. 주님의 눈에는 깊은 자비가 담긴 눈물이 고였습니다. 베드로는 자기를 애처롭게 바라보시는 예수님의 눈물이 고인 눈과 마주치자 주님의 예언적인 말씀이 기억났습니다. 베드로는 방금 자기가 저지른 잘못을 절실히 깨닫게 되었습니다.

베드로는 엉겁결에 대사제 저택에서 뛰어나와 통곡하면서 도망쳤습니다. 진심으로 뉘우치며 흘리는 그 눈물은 마음속 깊은 곳에서 계속 흘러내렸습니다. 죽는 날까지 그날을 후회하며 살아간 베드로의 뺨에는 두 줄기 눈물 자국이 패었다는 이야기가 전해지고 있습니다. 베드로가 찢어지는 심정으로 슬피 울었던 그 장소에는 오늘날 '베드로 회개 기념 성당'이 있습니다.

현재를 살고 있는 우리도 베드로처럼 예수님을 배반하는 죄를 범하면서 삽니다. 그러나 베드로처럼 진심으로 뉘우치고 주님의 자비를 믿으며 주님께 돌아가는 것이 중요합니다. 어떤 경우에도 실망이나 체념보다 무서운 것은 없습니다. 또한 뉘우침의 눈물보다 귀한 것도 없습니다.

베드로가 몇 번 부인하였을까요?

주님의 말씀대로 베드로는 예수님을 세 번이나 모른다고 부인하였습니다(요한 13,38 참조). 이 사실은 4복음서에 모두 비슷하게 기록되어 있습니다. 이것은 예수님이 잡히실 때 세 번이나 "나다." 하고 자신을 밝히시며 체포되신 것과 대조됩니다(요한 18,4-8 참조). 요한 세례자가 바리사이들의 질문에 대하여 "나는 그리스도가 아니다."라고 세 번 증언했던 이야기(요한 1,20-21 참조)와, 예수님이 부활하신 후 베드로에게 질문하셨을 때 베드로가 주님을 사랑한다는 고백을 세 번 반복했던 이야기와도 상응相應됩니다(요한 21,15-17 참조).

그러나 각 복음서마다 베드로가 주님을 모른다고 세 번 부인한 시각이 조금씩 다르게 기록되어 있습니다. 또한 모른다고 대답한 상대도 조금씩 다르게 기록되어 있습니다. 베드로의 첫 번째와 두 번째 대답은 아마도 문지기 하녀들의 질문에 대답한 것이고, 세 번째 대답은 유다인 지도자들의 종들이 한 질문에 대답한 것일 듯합니다.

루카 복음사가는 마태오나 마르코 복음사가와 달리 베드로가 맹세까지 하였다는 말은 기록하지 않았습니다. 베드로가 저지른 죄의 무거움을 조금 경감시키려는 의도인 것 같습니다.

4복음서를 종합해 보면 베드로는 일곱 번쯤 예수님을 모른다고 부인한 셈이 됩니다. 그렇다면 예수님이 베드로가 세 번 모른다고 부인할 것이라고 예고하신 말씀과의 차이를 어떻게 설명할 수 있을까요? 이 문제를 억지로 맞추는 것처럼 보이는 해석들이 여러 가지 있습니다만, 현대의 성서학자들은 아우구스티노 성인의 의견을 지지하고 있습니다. 베드로가 질문을 받은 장소가 적어도 세 곳이고, 각각의 장소에서 여러 사람들에 의하여 몇 번인가 질문과 대답을 주고받았으리라는 것입니다. 사람들이 말을 주고받는 곳에서는 질문과 대답이 화살처럼 날아다닙니다. 베드로는 여러 사람이 질문하는 화살들 앞에 서 있었기 때문에 이리저리 묻는 여러 사람들에게 부인하고 또 맹세하였을 것입니다.

베드로를 위한 변호

비극이 벌어진 이날 밤 베드로의 애통한 행위를 변명해야 할 필요나 의무는 없습니다. 그러나 항상 베드로를 깊이 동정하였던 예로니모 성인은 다음과 같이 말하였습니다. "다른 사도들은 다 도망쳐 버리고 자취를 감추었으나 베드로는 멀리서나마 스승 곁을 떠나지 않았습니다. 그것은 스승의 안위를 걱정하였기 때문이 아니었을까요? 또 스승에 대한 사랑 때문이 아니었을까요?" 걱정조차도 애정의 표시입니다.

베드로의 행위에 대해서 또 한 가지를 말하자면, 베드로는 그닐 밤 갑지기 닥쳐온 공포로 말미암아 사리분별할 힘을 잃었기 때문이라고 할 수 있을 것 같습니다. 베드로가 예수님을 모른다고 한 말은 진심으로 한 말이 아니었습니다. 베드로는 존경하고 사랑하는 스승을 끝까지 경호하고 돕기 위하여 잡히지 않으려고 노력하였을 뿐이었습니다. 주님도 자기의 충정을 이해해 주시리라는 믿음을 언제나 간직하고 있었던 것입니다.

4복음서의 기록

예수님이 최고 의회에서 당신을 죽이려는 카야파의 질문에 당신 자신을 증언하며 불꽃 튀게 대결하고 계시는 현장에서, 베드로가 존경하는 스승을 편들기는커녕 모른다고 부인한 사건을 모든 복음사가가 기록하였습니다. 복음서들이 저술된 시기는 베드로가 교회 안에서 최고의 존경과 사랑을 받고 있었고 또 그의 장렬한 순교의 회상이 사람들 마음속에서 아직 사라지지 않고 있을 때였습니다. 그런데도 모든 복음사가들이, 특히 누구보다도 베드로의 제자인 마르코가 이 사건을 거리낌 없이 기록하였습니다. 이것은 베드로의 겸손을 뚜렷이 부각시키는 한편 복음사가들이 지녔던 엄격한 성실성을 잘 나타내 주고 있습니다. 4복음사가들의 기록은 그 핵심에 있어서는 일치하고 있지만 상세히 보면 다른 점도 있습니다. 그러나 복음사가들이 서로 의논하지 않고 개별적으로 기록했을 것이고, 한 사람이 기록하지 않은 내용을 다른 사람이 보충하였을 것이라는 점을 생각해 보면 다른 점은 당연히 있을 수 있는 일입니다.

공관 복음서에는 예수님이 최고 의회에 끌려가신 이야기의 뒤에 베드로가 예수님을 모른다고 부인한 일화가 기록되어 있습니다. 그럼으로써 이 이야기를 듣는 이들은 주님 앞에서 스스로 반성하게 됩니다.

10) 유다스의 절망과 자살(마태 27,3-10; 사도 1,18-19)

유다스의 뉘우침

배반자 유다스는 예수님이 최고 의회에서 사형 판결을 받으신 것을 보고 자기의 예상과 기대가 정반대로 빗나갔음에 극도로 후회하고 실망하였습니다. 유다스는 예수님이 아직 총독의 사형 선고를 받지는 않았으나 결국에는 사형을 면하지 못하실 것이라고 생각하였습니다.

유다스는 예수님을 적의 손에 넘겨주는 방법으로 배반하였습니다. 그는 예수님이 그들의 손을 벗어나리라고 확신하고 있었습니다. 그러나 그의 예상과는 달리 스승이 사형 판결을 받으시는 처참한 상황을 보고 하늘이 무너지듯 절망하였던 것일까요?

예수님을 적에게 넘기더라도 결코 죽지는 않으실 것이라고 기대했던 유다스는 자기의 경솔한 행위를 뼈저리게 후회하였습니다. 유다스는 평소 자기가 명석한 지성의 소유자로서 세상 물정에 밝고 계산이 빠르고 정확하여 결코 우매한 행위를 하지 않는다고 자만하여 왔습니다. 유다스는 수석 사제들을 속이는 심정으로 은돈 서른 세켈을 받았는데 결국은 어처구니없게 스승을 죽음으로 몰고 가는 허망한 짓을 한 것입니다.

유다스는 자신의 스승을 매우 존경함에도 불구하고 스승의 적대자들에게 스승을 팔아넘긴 우매한 자신을 도저히 용서할 수가 없었습니다. 마치 지독한 악몽에서 깨어난 것처럼, 자기가 저지른 중대한 죄를 인식하고 참기 어려운 자기혐오에 빠졌던 것입니다. 범죄자에게 흔히 있는 심리입니다. 범죄자들은 욕망을 채우고 만족하고 난 후 그 욕망 때문에 저지른 죄에 대한 심한 혐오감을 느낍니다. 이 혐오감은 회개의 시발점이 될 수도 있습니다. 회개하는 죄인은 가책 속에서 하느님의 자비를 구하면 용서받게 됩니다. 그러나 엄청난 죄책감에 억눌린 유다스는 차마 예수님께 가까이 다가가 자비와 용서를 청할 엄두를 내지 못하였습니다.

유다스는 수석 사제들한테 예수님을 팔아넘긴 값으로 돈을 받았습니다. 그러나 그 돈 때문에 한순간도 마음이 편할 수가 없어서 밤잠을 자지 못하였습니다. 그는 자나깨나 그 돈을 돌려줄 생각만 하였을 것입니다. 겟세마니에서 체포되신 예수님이 카야파의 저택으로 끌려가 무기력하게 온갖 조롱과 야유로 모욕을 받으면서 어처구니없는 죄목으로 몰리는 광경을 목격하자 유다스는 상황의 심각성을 깨달았습니다. 그는 수석 사제들한테서 받은 은돈 서른 세켈을 그들에게 돌려주려고 달려갔습니다.

최고 의회의 냉대

최고 의회에서 대사제들과 수석 사제들이 예수님의 사형을 결정하려는 때에 배신자 유다스가 불쑥 나타났습니다. 그는 "내가 죄 없는 사람을 배반하여 그의 피를 흘리게 하였으니 나는 죄인입니다."(마태 27,4 참조) 하고 외쳤습니다. 유다스는 예수님께 죄가 없다는 것을 너무나 잘 알고 있었습니다. 유다스는 잠시 돈 욕심에 눈이 어두웠다고는 하지만 자기 욕망을 교묘하게 이용한 수석 사제들에게 예수님의 무죄를 알려야 했습니다. 그러나 유다스의 돌발적인 행동에 난처하게 된 예수님의 적들은 불쌍한 유다스에게 한 치의 동정심도 보여 주지 않았습니다. 수석 사제들은 "우리가 알 바 아니다. 그대가 알아서 처리하라."(마태 27,4 참조) 하고 상대도 하지 않았습니다. 아! 얼마나 냉혹한 현실입니까! 수석 사제들의 싸늘한 냉소는 불쌍한 유다스를 절망으로 몰아넣었습니다. 유다스는 자기 죄가 도저히 용서받을 수 없다고 느껴 절망하였습니다. 유다스는 배반의 대가로 받은 돈을 수석 사제들에게 돌려주려고 하였으나 그들이 받아 주지 않자 성전 안 사제의 뜰에 던져 버렸습니다. 그리고 죄의식에 휩싸여 도망치다시피 성전을 뛰쳐나온 그는 피를 토하며 통곡을 거듭하다가 결국 스스로 목매달아 죽었습니다(마태 27,5 참조).

유다스의 자살은 다윗 임금을 거스린 압살롬 왕자의 반역 때 다윗 임금의 고문관이었다가 배반자가 된 아히토펠이 목매달아 죽은 사건을 연상시킵니다(2사무 17,23 참조).

피밭이 된 옹기장이 밭

수석 사제들은 유다스가 던지고 간 돈을 거두면서 이 불길한 돈을 어떻게 쓸지 의논하였습니다. 아무런 죄의식도 없이 그리스도를 사형에 처하려고 한 그들이 이 더러운 은돈 서른 세켈에는 차마 손을 대고 싶지 않았습니다. 그들은 "이것은 피 값이니 성전 금고에 넣어서는 안 되겠소."(마태 27,6) 하고 말하였습니다. 자기들이 만들어 낸 피의 대가인데 그것을 더럽다고 피하는 태도가 얼마나 가증스럽고 위선적입니까! 성경에 보면 부정한 돈을 제물로 바쳐서는 안 된다고 정해져 있습니다(신명 23,18-19 참조). 자칭 '경건한' 수석 사제들은 율법의 세칙까지 지키려고 하는 위선자들이었습니다. 예로니모 성인은 그들이야말로 "작은 벌레들은 걸러내면서 낙타는 그냥 삼키는 위선자들이다."라고 말하였습니다(마태 23,24 참조).

예수님의 체포와 사형 선고 그리고 십자가형까지 집행하느라 최고 의회는 매우 바빴습니다. 그래서 최고 의회는 금요일 오후 예수님이 돌아가시자, 안식일이 시작되기 전에 서둘러 예수님의 몸값으로 지불했던 돈에 대한 처리 문제를 의논하였습니다. 그들은 유다스가 성전 뜰 안에 내던지고 간 은돈 서른 세켈로 옹기장이의 밭을 사서 이방인들의 묘지로 쓰기로 하

유다스의 후회
주세 페라즈(José Ferraz de Almeida Júnior, 1580~1899년), 1880년,
캔버스에 유채, 리우데자네이루 국립 박물관, 리우데자네이루, 브라질.

였습니다(마태 27,7 참조).

이 땅은 '피 값'으로 산 것이므로 아람어로 "하켈 드마"(사도 1,19)라고 부르게 되었습니다. 마태오가 복음서를 쓴 1세기 중엽 사람들도 이 땅을 '피의 밭'이라고 부르고 있었습니다.

마태오 복음서와 사도행전의 기록 차이

유다스의 실망과 후회와 죽음을 기록한 마태오 복음서와 사도행전의 기록 사이에는 서로 다른 점이 있습니다(마태 27,3-10; 사도 1,18-19 참조).

첫째, 마태오 복음서에는 유다스가 성전에 던져 버린 돈으로 밭을 산 사람이 수석 사제들이라고 쓰여 있습니다. 그러나 사도행전에는 유다스 자신이 그 밭을 산 것으로 기록되어 있습니다.

그러나 이 차이점은 쉽게 조화시킬 수 있습니다. 배반자는 분명히 한때 그 돈의 소유주였기 때문에 은돈 서른 세켈로 산 밭은 정확히 말해서 유다스의 소유입니다. 아마 그의 시체는 거기에 묻혔을 것입니다. 이것도 그 땅의 소유권을 얻는 하나의 수단이었습니다.

둘째, 마태오 복음서에는 유다스가 목매어 죽었다고 하였는데, 사도행전에서는 땅에 거꾸로 떨어져 배가 터지고 내장이 모조리 쏟아져 죽었다고 기록되어 있습니다(사도 1,18 참조).

유다스가 죽은 모습에 대해서는 여러 가지 설이 있습니다. 마태오 복음서에는 목매어 죽은 것으로 쓰여 있으나, 사실은 너무나 큰 실망과 고통 때문에 일종의 인후염咽喉炎으로 인하여 질식했다고 주장하는 학자도 있습니다.

또 그와 달리 자살에 실패하고 나무에서 내려온 뒤 어떤 돌발 사고나 병으로 죽었다고 말하는 학자도 있습니다. 또한 목을 맨 후 거꾸러지고 배가 터져 내장이 나온다는 것도 가능하기 때문에 성경의 두 가지 본문을 합해서 이해할 수도 있다고 주장하는 학자도 있습니다.

사도행전에 보면 피 값으로 산 땅인 "하켈 드마"를 유다스가 죽은 곳으로 여기고 있는 것 같습니다. 그러나 자세히 보면, 그 당시 사람들의 생각을 반영하여 "유다스에게 주었던 피 값으로 산 밭"이란 뜻임을 알 수 있습니다. 사도행전의 이 대목은 "악인들은 수치스러운 송장이 되어 죽은 이들 가운데에서 영원히 치욕을 받을 것이다."(지혜 4,19 참조)라는 성경 말씀의 경고를 반영한 기록인 듯합니다.

유다스의 죽음과 사도단의 충원

예수님이 부활하신 다음 흩어졌던 사도들이 모이게 되었고, 유다스의 죽음으로 공석이 된 사도의 자리를 보충하는 절차를 진행하였습니다. 베드로 사도는 그 집회의 인사말에서 네 가지 요점을 언급하였습니다. 첫째 유다스의 사도직, 둘째 유다스의 실추失墜와 비참한 최후. 셋째 사도직 후임자를 두어야 할 필요성, 넷째 후임 사도의 자격 조건 등을 말하였습니다(사도 1,15-22 참조). 베드로 사도는 사도직을 함께했던 옛 동료에 대하여 동정심을 가지고 말하였습니다.

유다스도 열두 사도 중 한 사람으로서 예수님께 선택을 받았습니다. 그런데 참으로 침통하게도 베드로는 유다스가 예수님을 잡으러 오는 무리들의 선두에 서서 겟세마니 동산에 들어오는 것을 목격하였습니다. 베드로의 눈에는 그 비극의 장면이 생생하게 남아 있었을 것입니다.

베드로 사도는 성령의 인도에 따라 사도단에 생긴 결원을 채워야 한다고 말하면서 후보자의 자격 요건을 거론했습니다. 사도로 충원되는 사람은, 구세주의 언행을 직접 보고 체험한 사람이어야 했습니다. 또한 그는 예수님이 사도들에게 맡긴 사명 곧 그분의 증인이 될 자격을 갖추고 있어야 했습니다. "사도의 자격은 예수님이 세례를 받으신 때부터 수난하시고 부활하신 다음 승천하실 때까지 예수님을 추종한 제자들 가운데에서 뽑아, 예수님의 부활에 증인이 되어야 하는 사람입니다."(사도 1,22 참조) 베드로의 말이 끝나자 두 사람을 후보로 정하고 하느님의 뜻을 헤아렸습니다. 마침내 마티아가 사도로 뽑혔습니다.

여기서 하느님의 일을 맡은 베드로는 사도들의 으뜸으로서의 권리를 처음으로 행사한 것입니다. 한 사도를 뽑는다는 일은 정녕 하느님이 하실 일이었기 때문입니다.

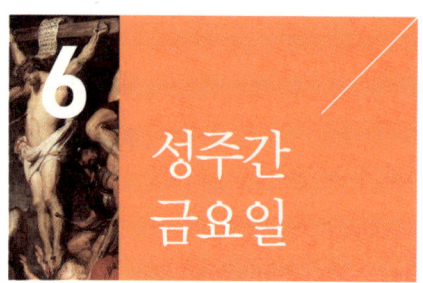

6 성주간 금요일

1) 빌라도에게 끌려가시다(요한 18,28-32)

최고 의회의 비상 긴급 소집

마태오와 마르코 복음서에는 예수님을 재판한 최고 의회의 집회가 두 번(한 번은 목요일 밤중에, 또 다른 한 번은 이튿날 금요일 새벽에) 연이어 열렸다고 기록되어 있습니다(마태 27,1; 마르 15,1 참조).

목요일 밤 집회에서는 예수님의 사형을 결정하였고, 금요일 새벽 집회에서는 사형을 실행할 구체적 방법을 찾는 문제를 의논한 것입니다.

최고 의회에 모인 사람들에 관하여 마태오 복음사가는 모든 수석 사제들과 백성의 원로들이 참석하였다고 기록하였고, 마르코 복음사가는 율법 학자들도 참석하였다고 기록하였습니다.

한편 루카 복음서에는 밤중에 열린 최고 의회의 집회가 생략되고, 금요일 아침에 열린 최고 의회의 집회에 대해서만 기록되어 있습니다(루카 22,66-71 참조).

총독 관저에 끌려가심

카야파가 예수님의 사형을 결정한 후 최고 의회 의원들과 군중은 예수님을 결박하여 빌라도에게 끌고 갔습니다(마태 27,2; 마르 15,1 참조). 이때 예수님을 결박한 것은 도망을 막기 위한 것이 아니고, 오히려 빌라도에게 예수님을 중죄인으로 보이게 하여 그의 마음을 움직이고자 하였던 것입니다. 요한 복음서를 보면 예수님은 체포되실 때부터 결박되셨습니다. 그러나 공관 복음서에 따르면 예수님은 최고 의회에서 사형에 처하기로 결정한 때부터 결박되셨습니다.

파스카 축제 때, 빌라도는 성전이 내리다보이는 언덕에 자리 잡은 안토니아 요새에 머물렀습니다. 예수님을 끌고 간 유다인들은 총독 관저 대문 앞에 멈춰 섰습니다. 유다인들은 이교인들이 거주하는 곳을 종교적으로 부정하다고 여겼습니다(마태 8,8; 사도 11,3 참조). 유다인들은 특히 파스카 축제를 앞두고 부정 타는 것을 피해야 했습니다. 이교도의 집에 들어가 부정하게 되면 율법 규정에 따라 파스카 만찬을 할 수 없게 되기 때문에 총독 관저에 들어가지 않았습니다(요한 18,28 참조).

요한 복음사가는 유다인들이 하느님이 파견하신 예수님을 죽이려 하면서도, 한편으로는 하느님 법을 철저하게 지키려는 모순을 매섭게 지적하였습니다.

유다인들이 총독 관저에 들어가지 않고 대문 밖의 광장에 모여 평소 습관대로 소란을 피우고 있었습니다.

AD 30년 파스카 축제

예수님은 제자들과 함께 파스카 만찬을 드신 다음에 체포되셨다고 공관 복음서에 쓰여 있습니다(마태 26,17-19; 마르 14,12-16; 루카 22,7-13 참조). 그리고 모든 복음사가가 예수님이 잡히시어 돌아가신 날을 금요일(즉 안식일 전날)로 기록하였습니다(마태 27,62; 마르 15,42; 루카 23,54; 요한 19,31 참조). 그 반면에 요한 복음서에는 예수님이 십자가에서 돌아가신 때에 대해서 파스카 축제 준비일 낮 12시쯤이었다고 기록되어 있습니다(요한 19,14 참조). 즉 예수님의 적들이 파스카 만찬을 하기 전이었다는 말입니다. 왜 공관 복음서와 요한 복음서의 기록이 다를까요?

사두가이 사제들은 첫째 달 15일이 금요일 혹은 일요일에 해당되면 다음 오순절을 바리사이들과 같이 일요일에 행하기 위해서 파스카 축제일을 하루 앞당기기도 하고 늦추기도 하였습니다. 예수님이 처형되신 AD 30년에도 사제들은 파스카 축제일을 금요일에서 토요일로 옮기고, 금요일 밤에 파스카 음식을 먹는 의식을 행하였습니다. 그 반면에 대다수의 평민들은 월력月曆에 따라서 금요일을 파스카 축제일로 삼고, 그 전날 목요일 밤에 파스카 음식을 먹었습니다.

학자들은 천문학에 기초하여 더 정확하게 예수님이 수난하신 날을 계산하였습니다. 그러므로 예수님은 서민의 관습을 따라서 첫째 달 14일 목요일 밤에 파스카 음식을 드시고, 15일 금요일에 돌아가셨을 것이 유력합니다. 빌라도가 총독으로 재임하고 있을 때(AD 26~36년) 첫째 달 15일이 금요일에 해당되는 경우가 세 번 있었습니다. 즉 AD 29년 3월 18일과, AD 30년 4월 7일 그리고 AD 33년 4월 3일입니다. 이 중에서 AD 30년 4월 7일에 예수님이 십자가에서 돌아가셨다는 학설이 가장 유력합니다. 이 책은 그 학설을 따랐습니다.

죄목도 정하지 못한 채 예수님을 고소한 유다인들

예수님을 데리고 온 유다인들은 총독 관저 대문 밖에서 시끄럽게 떠들기만 할 뿐 어느 누구도 관저 안으로 들어가 그들이 빌라도를 찾아온 이유를 설명하지 않았습니다.

예수님을 결박하여 끌고 온 유다인들 즉 바리사이파 사람들, 사두가이파 사람들 그리고 백성의 원로들과 군중은 예수님을 죽이고자 하는 생각에만 골몰하였습니다. 총독의 승인이 필요한 유다인 지도자들은 총독의 환심을 사기 위해서 어떤 방법이 좋을지 몰라 그때까지 예수님에 대한 확실한 죄목을 정하지 못하고 있었습니다. 유다인 지도자들은 합법적으로 정당한 이유를 찾지 못한 상태에서 서둘러 예수님을 죽이려고 빌라도에게 데려왔을 뿐이었습니다. 경비병의 보고를 받은 빌라도가 관저 대문 밖으로 나왔습니다. 군중이 결박된 예수님을 에워싸고 소란을 피우고 있었습니다. 빌라도가 군중 앞에 서서 "너희는 이 사람을 무슨 죄로 고소하느냐?"(요한 18,29 참조) 하고 물었습니다.

질문을 받은 유다인 지도자들은 당황한 나머지 "저자가 범죄자가 아니라면 우리가 총독께 넘기지 않았을 것이오."(요한 18,30) 하고 맥 빠진 대답을 하였습니다. 그들은 빌라도의 질문에 대하여 그가 납득할 만한 법률적으로 합당한 근거를 내세울 수가 없어서 난감한 나머지 매우 막연한 주장을 하였던 것입니다.

오래전부터 예수님을 제거하고 싶어 했으면서도 군중의 반대가 두려워 애만 태우던 수석 사제들과 율법 학자들은 뜻밖에도 예수님을 너무나 쉽게 체포한 사실에 흥분하였습니다. 목요일 밤중에 개최된 최고 의회에서는 예수님을 죽이려면 로마 총독에게 고소해야 된다는 점에만 관심을 집중하였습니다. 그래서 정작 로마 총독이 형사범으로 재판할 만한 정치적 죄목에 대해서는 미처 의논하지 못한 상태였습니다. 그 결과 빌라도의 질문에 빗나간 대답을 하는 망신을 당하고 말았습니다.

빌라도의 입장

유다인 최고 의회는 예수님의 체포에 대하여 빌라도에게 이미 보고하였을 것입니다. 그러나 빌라도로서는 예수님 사건에 대하여 예심豫審을 할 필요가 있었습니다.

로마 총독은 유다인들의 최고 의회가 내린 결정을 단순히 승인하는 것만으로는 만족할 수가 없었습니다. 예수님이 빌라도의 법정에 끌려 나온 이상, 빌라도는 그 문제의 형사 재판 관할과 그의 유죄성有罪性을 전제로 하여 피고인의 죄를 명백히 가려야 할 필요가 있었습니다.

유다인들의 실속 없는 대답을 들은 빌라도는 정치적 죄목 없이 고소된 죄인을 재판할 수는 없었습니다. 빌라도는 유다인들이 얼마나 교활한 민족인지를 너무나 잘 알고 있었습니다. 빌라도는 그들이 죄 없는 자를 자신이 죽이게 한 다음에 반드시 훗날 자신이 법을 어겼다고 로마 황제에게 제소하는 일마저 서슴지 않을 인간들임을 알고 있었습니다. 유다 역사가에 따르면 빌라도는 유다인들에 대하여 깊은 의혹을 품고 있으면서 백성의 폭동을 두려워한 나머지 어떤 수단을 동원해서라도 제압하려고 하는 사람으로 평가되어 있습니다.

유다인 최고 의회에는 종교 문제에 관한 사건을 재판할 자치권이 있었습니다. 따라서 그 죄인이 범한 죄가 유다인 종교에 관련된 것이라면 유다인 최고 의회의 권위에 의해서 해결될 수 있는 것입니다. 유다인들은 예수님의 문제를 이미 결정했다는 표현을 하였습니다. 그러니까 최고 의회에서도 재판할 수 있는 가벼운 죄인임이 틀림없을 것이라고 빌라도는 판단하였습니다. 그렇기 때문에 빌라도는 유다인들의 종교 문제에 개입하고 싶은 마음이 전혀 없었습니다. 빌라도는 유다인 지도자들의 음흉한 속셈에 대하여 유다인들이 짐작하는 것보다 더 자세한 깃까지 알고 있는 영민한 사람이었습니다. 빌라도는 참으로 유다인들의 교활한 책임 회피 술책에 휘말리고 싶지 않았습니다.

로마 황제를 거역하도록 선동하는 자

수석 사제들은 총독에게 예수님을 고소하면서 예수님이 로마 황제를 거역하도록 백성을 선동한 정치범인 듯이 최대한 과장하였습니다. 그들은 예수님에 대하여 "로마 황제에게 세금을 바치지 말라고 선동하는 자", 또 "메시아 곧 임금이라고 자칭한 자"라고 빌라도에게 고소하였습니다(루카

23,2 참조).

루카 복음서에는 예수님이 황제에게 세금을 내지 못하게 선동했다는 혐의로 고소될 것이라고 이미 예고되어 있습니다(루카 20,20-26 참조). 예수님의 적대자들은 예수님이 가르치신 메시아의 왕권을 세속의 정치적 의미로 이해하고서, 그것이 로마 황제의 주권에 대한 거역 행위라고 총독에게 고소한 것입니다(사도 17,7 참조). 이 내용을 확인하려고 빌라도가 예수님께 "당신이 유다인들의 임금이오?"(루카 23,3) 하고 물었습니다. 예수님이 빌라도에게 "네가 그렇게 말하고 있다."(루카 23,3) 하고 대답하셨습니다. 이 대답은 긍정의 의미로 해석할 수 있고 부정의 의미로 해석할 수도 있습니다. 예수님의 대답을 부정의 의미로 해석한 빌라도는 수석 사제들과 군중에게 "나는 이 사람에게서 아무 죄목도 찾지 못하겠소."(루카 23,4) 하고 말하였습니다. 그러자 예수님을 빌라도에게 고소한 자들이 "이자는 갈릴래아에서 시작하여 이곳에 이르기까지, 온 유다 곳곳에서 백성을 가르치며 선동하고 있습니다."(루카 23,5) 하고 예수님을 허위 선동자로 강력하게 몰아갔습니다.

예수님의 침묵

예수님을 죽이려는 수석 사제들과 원로들이 과장된 몸짓과 외침으로 여러 가지 죄목을 걸어 고소하기를 되풀이하였습니다(마르 15,3 참조). 그러나 그것만으로는 그들이 고소한 죄목을 명확하게 입증할 증거가 되지 못하였습니다.

예수님은 유다인들의 고소 자체가 근거 없는 중상모략이기 때문에 반박해 봐야 아무런 소용이 없다고 여겨 침묵하셨습니다(마태 27,12; 마르 15,5 참조). 생사의 문제가 달려 있는데도 침묵을 지키고 있는 예수님을 보고 빌라도는 의아해하면서도, 한편으로는 예수님이 무죄임을 믿는 쪽으로 더욱 기울었습니다. 그래서 빌라도가 "저들이 갖가지로 당신에게 불리한 증언을 하는데 들리지 않소? 왜 아무 말도 하지 않으시오?"(마태 27,13; 마르 15,4 참조) 하고 예수님께 스스로를 변호할 기회를 주었습니다. 그러나 예수님은 여전히 아무런 변론도 하지 않으셨습니다(마태 27,14 참조). 예수님은 이사야 예언자의 표현처럼 입을 전혀 열지 않는 "주님의 종"처럼 침묵하셨습니다(이사 53,7 참조). 이러한 광경을 유심히 지켜본 빌라도는 유다인들이 예수님을 근거 없이 모함하고 있거나 적어도 예수님의 범행을 과장하고 있음을 직감하였습니다.

유다인들의 고소를 빌라도가 기각하려 하다

예수님에게서 정치적 범죄 혐의를 찾아내시 못한 빌라도는 유다인 지도자들에게 "여러분의 법대로 여러분이 처리하시오."(요한 18,31 참조) 하고 그들의 고소를 기각해 버렸습니다. 빌라도가 이 사건을 기각해 버리자 예수님을 어떻게든지 죽이려는 유다인 지도자들은 눈앞이 캄캄해졌습니다. 그들은 무슨 억지를 써서라도 반드시 예수님을 죽여야 한다는 조바심이 더 심해졌습니다. 유다인 지도자들이 예수님을 끌고 총독 관저에 온 것은 빌라도가 예수님께 사형 선고를 내리게 하려는 속셈 때문이었습니다. 예수님의 적들은 그들의 목적을 이루기 위해서 가면을 벗지 않을 수 없었습니다.

결국 그들은 예수님의 죄목이 어찌되었든 간에 "우리는 그자를 죽일 권한이 없습니다."(요한 18,31 참조) 하고 솔직하게 속내를 털어놓았습니다. 교활한 유다인 최고 의회는 합법적 죄목을 찾을 수 없는 예수님을 기어코 죽이고야 말겠다는 것이었습니다. 그들은 무리한 결정에 대하여 빌라도에게 인정해 달라고 요구한 것입니다. 이 요구는 바로 무죄한 예수님을 죽인 책임을 빌라도에게 전가시키려는 술수입니다.

빌라도는 능구렁이 같은 수석 사제들을 비롯한 유다인 지도자들이 이유 없이 예수님을 죽이겠다고 덤벼드는 그 증오심을 이해하기가 쉽지 않았습니다. 빌라도는 엉뚱하게도 유다인들의 종교적 문제를 정치적으로 해결해야 되는 심각한 난제를 떠맡게 된 것입니다.

빌라도는 벌써 이 재판에서 벗어날 길을 찾을 수가 없게 되었습니다. 팔레스티나에서 사형 집행의 선고를 내릴 수 있는 권력자는 자신뿐임으로, 그와 같은 문제에 대한 가부간의 판결을 내려야 할 의무를 피할 수는 없었습니다. 그래서 빌라도는 속으로 유다인 지도자들이 예수님을 죽여야만 할 배경을 분석하기 시작하였습니다.

하느님의 오묘하신 섭리

요한 복음사가는 여기서 진행된 소송의 절차가 하느님의 오묘하신 섭리에 따른 것임을 밝혔습니다(요한 18,32 참조). 예수님은 자신이 십자가에 달려 죽게 된다고 이미 여러 번 예언하셨습니다(요한 3,14; 12,32-33 참조). 요한 복음사가는 예수님의 수난 사건이 구약 성경의 예언과 일치함을 여러 차례에 걸쳐 언급합니다. 그리고 유다인들이 예수님을 죽이려고 이용하는 율법이 오히려 예수님을 위하여 증언한다는 점을 강조하였습니다.

예수님이 빌라도에게 재판을 받으시고 사형 선고를 받으신 사건에 대하여, 공관 복음서보다 요한 복음서에 훨씬 더 비중 있게 자세히 기록되어 있습니다.

예수님만 총독 관저 안으로 끌려 들어가시고 유다인 군중은 관저 밖에서 재판을 참관하였습니다. 점점 더 폭력적으로 변해 가는 군중과 조용하고 평온하게 재판을 압도하시는 예수님이 대조됩니다. 때로는 발언하시고 때로는 침묵하시면서 사실 재판 과정 전체를 이끄시는 분은 예수님이셨습니다. 그리고 고소를 당하신 예수님이 오히려 당신을 고소한 자들을 심판하신다는 사실을 요한 복음사가는 분명히 기록하였습니다(요한 18,36 참조).

빌라도는 총독 관저의 대문 밖으로 나갔다가 들어오기를 두 번씩이나 거듭하면서 예수님과 군중 사이를 화해시키려 노력하였으나, 그의 노력은 헛수고가 되고 말았습니다.

2) 빌라도의 신문(마태 27,11-14; 마르 15,1-5; 루카 23,1-5; 요한 18,28-38)

선입관을 가진 빌라도

빌라도는 예수님에 관하여 보고를 받은 정보가 상당히 많았습니다. 근간에 있었던 사건들 즉 군중의 환호를 받으며 떠들썩하게 예루살렘에 입성하신 사건, 성전을 정화하신 사건, 그에 따른 수석 사제들과 예수님과의 논쟁, 로마 군사들의 도움을 받아서 이루어진 체포 등 이러한 사건들에 대해 보고를 받은 빌라도는 그 내용을 생생하게 기억하고 있었습니다.

고발된 예수님의 혐의는 로마 황제에게 세금을 내지 말라고 민족을 선동했기 때문이라는 것입니다(루카 23,2 참조). 이로써 예수님의 사건은 이제 종교 문제에서 정치 문제로 옮겨 가게 됩니다. 예수님은 이제 신성 모독 죄인이 아니고 정치적 혁명가로 고발된 것입니다. 로마 총독에게 신성 모독 죄라는 것은 사형에 처할 만큼 큰 사건이 아니었지만, 정치적 폭동은 반드시 제압해야 할 큰 사건이었습니다.

네가 유다인의 임금인가?

유다인들이 예수님을 고소한 여러 죄목들을 전부 종합해 보면 결국은 유다인의 임금이라고 자칭한 것이 죄라고 할 수 있습니다. 빌라도는 유다인의 고발에 많은 의혹이 있음을 눈치챘습니다. 그래서 예수님의 말을 직접 들어 보고 싶었습니다. 그래서 그는 예수님께 이렇게 물었습니다. "당신이 스스로 유다인의 임금이라고 했다는데 정말 그렇소?"(요한 18,33 참조)

예수님은 당신 자신과 관련해서 '임금'이라는 칭호를 한 번도 사용하지 않으셨지만, 사람들이 그분을 임금이라고 불렀습니다(요한 6,15 참조). 이 칭호는 유다인 최고 의회 의원들의 고소를 한마디로 요약하고 있습니다. 빌라도는 이 칭호를 당연히 정치적 의미로 해석하였을 것입니다. 예수님이 소동을 일으켜 로마인들의 식민지 통치를 지지하는 유다인 지도자들을 제거하려고 추종자들을 모으신다는 것입니다.

최고 의회가 예수님이 자칭 임금이라고 주장한다는 죄목으로 총독에게 고소하였기 때문에 빌라도는 예수님께 "당신이 유다인의 임금이오?" 하고 야유하였습니다. 유다인들의 임금이라고 해 봤자 로마 총독만도 못한 자로서 재판받고 있지 않느냐 하고 비웃은 것입니다. 유다인들의 어떤 폭동이든지 제압할 수 있다고 자신하며 유다인들을 멸시하는 로마 총독의 거만한 질문이었습니다. 예수님은 "네가 그렇게 말하고 있다."(마태 27,11; 마르 15,2; 루카 23,3)라고 대답하셨습니다.

카야파가 예수님께 "네가 메시아인가?"(마태 26,63 참조) 하고 질문하였을 때에도 예수님은 "네가 그렇게 말하였다."(마태 26,64) 하고 같은 대답을 하셨습니다. 이 대답은 직설적인 답변을 회피하면서 부정적으로 이해될 수도 있고, 유보적으로 긍정하는 뜻으로 이해될 수도 있는 말입니다. 예수님은 정녕 유다인들의 임금이시지만, 유다인들이 고대하거나 빌라도가 생각하는 종류의 정치적 임금은 아닙니다.

마르코 복음사가는 이 재판에서 예수님의 왕권 문제에 논쟁이 집중되었음을 마태오와 루카 복음사가보다 더 강조하였습니다. 그런데 여기서 예수님의 대답이 구체적으로 무엇을 의미하는지 분명하지 않습니다. 동의하는 것으로 이해되기도 하지만 대답을 유보하고 있는 것으로 해석되기도 합니다. 사실 빌라도는 예수님이 긍정의 대답을 하지 않으신 것으로 받아들인 듯한 반응을 보입니다. 하여간 예수님은 최고 의회 의원들과 로마 총독이 생각하는 것처럼 정치적 의미의 "유다인들의 임금"이 아니라는 것을 밝히셨습니다.

빌라도 앞의 그리스도
두초 디 부오닌세냐(Duccio di Buoninsegna, 1255?~1315년), 1308~1311년,
목판에 템페라, 시에나 대성당 박물관, 시에나, 이탈리아.

예수님의 반문

"당신이 유다인들의 임금이오?"(요한 18,33)라고 묻는 빌라도의 질문에 대하여 예수님은 "그것은 네 생각으로 하는 말이냐? 아니면 다른 사람들이 나에 관하여 너에게 말해 준 것이냐?"(요한 18,34) 하고 반문하셨습니다. 만일 빌라도 자신의 생각에서 나온 말이라면 그가 생각하는 것은 정치적인 임금일 것이고, 그것만이 큰 문제가 되는 것이었습니다. 그렇다고 하면 이 말은 세속적 왕권의 의미에 불과하므로 그런 의미에서는 예수님은 임금이 아닙니다. 그러나 만일 다른 사람들, 곧 유다인들이 빌라도에게 말한 것이라고 한다면 유다인들은 메시아적인 임금을 생각하고 있었으므로 이런 의미에서는 확실히 그리스도는 임금이시며, 메시아이십니다. 그러므로 예수님이 빌라도에게 대답하시기 전에 이 질문을 하신 것은 중요한 뜻이 담겨 있습니다.

빌라도는 법정에 잡혀 온 피고라면 재판관의 신문에 응당 순순히 대답만 해야 합니다. 그런데 빌라도는 재판관인 자신에게 해학諧謔을 섞어서 반문을 하는 예수님이 괘씸하였습니다. 그래서 빌라도는 대답을 요구하는 예수님의 이 질문을 달갑게 여기지 않았습니다. 예수님의 반문의 진의를 깨닫지 못한 빌라도는 퉁명스럽게 "나야 유다인이 아니잖소? 당신의 동족과 수석 사제들이 당신을 나에게 넘긴 것이오. 당신은 무슨 일을 저질렀소?"(요한 18,35) 하고 냉정하게 반문하였습니다.

빌라도는 마음속으로 '이 고발이 유다인들에게서 비롯되었다는 것은 뻔한 일이 아닌가? 그러니까 유다인들의 말을 듣고 신문한 것인데 그것을 이제 와서 따진다는 말인가? 새삼스럽게 이런 이야기를 할 필요가 있단 말인가? 중요한 것은 당신이 무슨 일을 했느냐는 사실뿐이다.' 하고 생각하며 예수님을 몹시 괘씸하게 여겼습니다.

빌라도는 따로 직접 알아보는 일 없이 유다인들의 말만 듣고 재판에 나섬으로써 처음부터 잘못된 선입관에 빠져 결국 끝까지 거기에서 헤어 나오지 못하였습니다.

예수님의 부연

빌라도는 예수님의 반문을 비웃으면서도 친절하게 유다인들이 한 말을 되풀이하며 대답해 주었습니다. 빌라도의 대답을 들은 예수님은 빌라도의 속마음을 더 명백하게 알게 되셨습니다. 그래서 "당신이 유다인들의 임금이오?" 하고 질문한 총독에게 직접 대답하셨습니다. 자신이 임금이라고 한 고소를 부인하지 않으시면서도, 오해를 피하기 위하여 필요한 설명을 덧붙이셨습니다. 예수님은 "내 나라는 이 세상에 속하지 않는다."(요한 18,36)라고 단호하게 밝히셨습니다. 그리고 이어서 "내 나라가 이 세상에 속한다면, 내 신하들이 싸워 내가 유다인들에게 넘어가지 않게 하였을 것이다. 그러나 내 나라는 여기에 속하지 않는다."(요한 18,36) 하고 부연하셨습니다.

여기에서 예수님은 자신이 거느리고 있는 부하에 대해 말씀하신 것이 아닙니다. 예수님의 나라는 이 세상의 것이 아니기 때문에, 빌라도도 그러한 가상의 군대를 두려워할 필요가 없습니다.

예수님은 당신의 왕국이 이 세상 것이 아님을 밝히심으로써 로마를 대표하는 총독에게 정치적 근심을 덜어 주었습니다. 빌라도가 이 말의 뜻을 제대로 이해했는지는 모르지만 사건의 진상을 파악하는 데에는 도움이 되었을 것입니다.

예수님이 간접적으로나마 당신의 것이라고 말씀하시는 왕권은 현세적 왕권과는 근본적으로 다릅니다. 그분의 왕권은 무력이라든가 세속적인 정치 활동 같은 것을 전혀 필요로 하지 않습니다. 예수님은 당신의 왕권과 나라를 하느님께 바로 받으셨기 때문입니다.

재판이 시작될 때부터 빌라도는 예수님이 정치적으로 무죄임을 알았습니다. 빌라도는 예수님이 위험한 정치 선동자가 아니라, 유다인 지도자들의 잔혹한 종교적 질투의 과녁이 된 희생자라고 생각하게 되었습니다.

예수님의 당당한 태도

중용을 지키면서도 비범한 위력과 고귀함을 품고 말씀하시는 예수님의 대답을 들은 빌라도는 어리둥절하였을 것입니다. 빌라도는 유다인들의 고발에 대하여 예수님이 단호하게 반박하리라고 기대하였습니다. 그런데 피고는 고발의 핵심인 '임금'의 칭호를 부정하지 않았습니다. 피고가 고발자의 주장을 인정한다면 고발자들에게 유리한 기회를 주게 됩니다.

피고인으로부터 스스로 불리한 대답을 들은 빌라도는 비극을 예감하였습니다. 피고인의 어이없는 대답에 어리둥절해진 빌라도는 측은히 여기는 마음에서 "아무튼 당신이 임금이라는 말 아니오?"(요한 18,37) 하고 다시 물었습니다. 그는 "아니오!"라는 대답을 유도한 질문을 한 것입니다. 다시 말해 '이 순진하고 비참한 피고야! 네가 임금이라는 말이냐?'라는 뜻이었습니다.

그러나 예수님은 자신의 주장을 취소하려 하지 않으시고 오히려 더욱 분명하게 같은 말을 되풀이하셨습니다. "내가 임금이라고 네가 말하고 있다."(요한 18,37) 이 말은 빌라도의 질문을 시인하는 뜻으로 해석할 수 있는 대답이었습니다. 여기서 예수님은 오해를 피하려고 다시 한 번 거듭 부연하셨습니다.

나는 진리를 증언하려고 태어났다

이어서 예수님은 당당하게 선언하셨습니다. "나는 진리를 증언하려고 태어났으며, 진리를 증언하려고 세상에 왔다. 진리에 속한 사람은 누구나 내 목소리를 듣는다."(요한 18,37)

예수님이 세우시려고 하는 나라는 무력을 사용하지 않는 나라입니다. 이 왕권은 예수님께 사명을 부여하신 성부의 뜻에 따라 사람이 되신 '말씀' 곧 예수님께 나타나는 하느님의 진리를 받아들임으로써 실현됩니다.

예수님은 사람이 되신 하느님으로서, 사람들에게 성부를 완전히 드러내 보여 주시는 성자이시기 때문에 '진리'이십니다. 예수님은 당신의 행동과 말씀으로 성부를 나타내 보이셨습니다. 또 그렇게 하심으로써 믿는 이들을 충만하고 참된 생명이 이루어지는 성부와의 일치 속으로 인도해 주셨습니다. 하느님이 보내신 분을 따르는 이들은 이미 하느님 나라 안에 들어가 있습니다. 그들은 진리에 따라 움직이기 때문입니다.

예수님은 이미 자신의 왕국이 이 세상의 것이 아님을 말씀하신 후, 그 왕국의 본질에 대해서 명백히 말씀하셨습니다. 예수님의 왕국은 진리를 사랑하는 착한 사람들을 그분이 친히 다스리는 나라입니다. 그분의 나라는 제한이 없고 모든 개인과 모든 인간 공동체를 포함합니다. 그리고 이 나라를 실현하기 위해 내적이고 정신적이며 평화적인 모든 수단을 사용하실 것입니다.

그리스도의 말씀을 듣기 위하여 진리를 사랑해야 한다는 것은 요한 복음사가가 즐겨 쓴 표현입니다. 진리에 주목하는 사람들은 착한 목자의 비유에 언급되어 있는 충실한 제자들의 무리에 속해야 합니다. 그러나 불행하게도 빌라도는 그중 하나가 아니었고, 그는 진리에 절망하고 있던 로마인 중 한 사람에 지나지 않았습니다.

빌라도의 무죄 선언

예수님이 갑자기 진리를 언급하셨을 때 빌라도는 정신이 번쩍 들었습니다. 그러나 그 당시 많은 지식인과 마찬가지로 빌라도도 회의론자인 듯합니다. 그는 쓴웃음을 지으면서 "진리가 무엇인가?"(요한 18,38 참조)라고 중얼거렸습니다. 그러면서 예수님의 대답을 들으려하지 않습니다. 그러나 그의 이러한 회의론자적인 태도 때문에 재판을 정당하게 진행하려는 생각이 없어진 것은 아니었습니다.

빌라도가 죄인으로 끌려온 예수님을 심사하면서 대화한 내용이 요한 복음서 18장 33절에서 38절에 자세히 기록되어 있습니다. 빌라도는 예수님과 대화를 하는 사이에 완전히 정신적이고 초자연적인 예수님의 왕국이 로마를 위협하는 것이 아님을 알게 되었습니다. 그는 예수님이 고소당한 것은 로마와 관계없는 종교상의 문제임을 알게 된 것입니다.

빌라도는 이 판결에 대한 신념을 가지게 되었습니다. 곧 예수님은 이 세상에 보다 고상한 생활의 지식을 가져다주려고 하는 스토아학파의 학지와 같은 인물의 한 사람이든가 혹은 몽상가의 한 사람일 것이라는 결론을 내렸습니다.

빌라도는 예수님에 관한 문제가 정치적 질서 유지에 관련된 것이 아니고 종교적 증오에서 일어난 일임을 알았습니다. 그는 관저 대문 밖으로 나가서 수석 사제들과 군중을 향해 예수님에게서 아무런 죄도 찾지 못했다고 선언하였습니다(루카 23,4; 요한 18,38 참조).

3) 빌라도가 예수님을 헤로데에게 보냄(루카 23,5-12)

빌라도가 예수님을 무죄로 선언하자, 유다인 지도자들이 강력히 반발하였습니다. 그들은 빌라도에게 "예수가 백성들을 가르치면서 선동하고 있습니다. 예수의 선동은 갈릴래아에서 시작되어 온 유다 땅을 거쳐 마침내 예루살렘에 이르렀습니다."(루카 23,5 참조) 하고 다시 모함하였습니다.

빌라도는 정치범인지 아닌지 애매한 이 사건을 번거롭게 여겨 다른 사람에게 떠넘기려 하였습니다. 그러던 차에 예수님이 갈릴래아 출신이라는 말을 들은 빌라도는 묘책이 떠올랐습니다. 빌라도는 예수님의 적들에게 "이 사람이 정말로 갈릴래아 사람이오?"(루카 23,6 참조) 하고 확인하고 나서, 예수님을 갈릴래아 분봉왕分封王인 헤로데에게 보낼 묘책을 생각해 냈습니다(루카 23,7 참조). 마침 헤로데가 파스카 축제를 경축하려고 예루살렘 성읍 안에 머물고 있었기에 빌라도는 예수님을 헤로데에게 즉시 보낼 수 있었습니다(루카 23,7 참조). 빌라도는 예수님을 헤로데에게 보내면서 헤로데가 예수님 문제를 처리하기를 은근히 바랐습니다.

갈릴래아 영주 헤로데의 호기심

아기 예수님이 탄생하셨을 때 그를 죽이려던 헤로데 대왕은 BC 4년에 죽었습니다. 그의 왕국이 세 아들에게 분할 상속되었습니다. 헤로데 대왕의 둘째 아들 헤로데 안티파스는 BC 4년부터 AD 39년까지 갈릴래아와 페레아의 분봉왕이었습니다. 예수님의 소문을 듣고 오래전부터 그분을 보고 싶어 하였을 뿐만 아니라, 그분이 일으키시는 어떤 표징이라도 볼 수 있기를 기대하고 있었습니다(루카 23,8 참조).

　헤로데 안티파스는 자기 동생 헤로데 필리포스의 아내 헤로디아를 빼앗아 자기 아내로 삼았기 때문에 요한 세례자의 질책을 받았습니다. 그는 자기 생일에 헤로디아의 딸이 춤을 춘 값으로 요한 세례자를 죽였습니다(마태 14,3-11 참조). 그 후 예수님의 소문을 들을 때마다 요한 세례자가 되살아난 것이라고 여겨 자책감에 시달렸습니다. 그래서 예수님을 만나 보기를 간절히 원하였습니다(루카 9,7-9 참조).

　그런데 뜻밖에도 빌라도가 예수님을 자기에게 보내서 매우 기뻐하였습니다. 빌라도가 자신을 배려하여 예수님을 자기에게 보내 주었다는 사실도 기뻤고, 또 소문이 자자했던 예수님을 직접 대면할 수 있게 되었다는 사실 때문에 마음이 흐뭇하였습니다. 헤로데는 이 갈릴래아 출신의 예언자가 행한 신비스러운 기적의 이야기를 여러 차례 들었으므로 자기 앞에서도 기적을 보여 줄 것이라고 기대하였습니다(루카 23,8 참조).

　예수님은 유년 시절에 나자렛에서 살았고 공생활 조기에 갈릴래이 지방에서 지내셨습니다. 그러니까 예수님은 평생 동안 주로 헤로데의 영토 안에 사신 것입니다. 따라서 헤로데는 예수님에 관한 여러 가지 소문을 많이 들었을 것입니다. 예수님의 제자들이 나날이 늘어 갔기 때문에 영주는 행여나 자기 영토 안에서 불온한 소요 사태가 일어날까 봐 염려하는 마음도 있었을 것입니다.

　헤로데는 예수님께 이것저것 많은 것을 물었습니다. 그의 질문은 아마 예수님의 선교 활동과 메시아로서의 자격에 대한 것이 아니었을까요? 예수님은 종교 권위의 대표자인 대사제에게도 대답하셨고 정치적 권위자인 빌라도에게도 성실히 대답하셨습니다. 그러나 예수님은 헤로데가 질문하는 동기가 단순한 호기심일 뿐이고, 또한 그의 비행을 지적한 요한 세례자를 죽인 타락한 임금이기에 그에게 메시아의 가르침을 말해 보았자 헛수고임을 알고 계셨습니다. 그래서 헤로데에게는 한마디도 대답하지 않으셨습니다(루카 23,9 참조). 만일 헤로데의 희망에 따라 예수님이 기적을 행하셨다면 목숨을 구했을지도 모릅니다. 그러나 예수님의 '수난의 때'가 벌써 와 있었기 때문에 예수님은 하느님 아버지의 뜻을 따를 뿐이었습니다. 헤로데가 예수님께 무엇을 물었는지에 대해서는 성경에 어떤 기록도 남아 있지 않습니다.

헤로데의 조롱

예수님이 행하는 기적을 직접 보고 싶어서 안달이 났던 헤로데는 예수님의 침묵 때문에 매우 서운해하며 분노하였습니다. 헤로데가 분노한 틈을 타서 수석 사제들과 율법 학자들은 헤로데의 곁에 서서 예수님을 더욱 신랄하게 고소하였습니다(루카 23,10 참조).

헤로데가 유다인이기 때문에 적대자들의 험담은 카야파에게 내놓았던 것과 비슷하였을 것입니다. 특히 예수님의 죄목으로 스스로 하느님의 아들이라고 주장했다는 사실을 강하게 내세웠을 것입니다.

헤로데의 기대와는 반대로 예수님은 그의 호기심을 조금도 만족시켜 주지 않았기 때문에 헤로데는 예수님께 조롱으로 앙갚음을 하였습니다. 그는 유다인의 임금이라고 한 예수님을 미치광이나 몽상가로 다루었습니다. 헤로데는 이 점에 대해서 빌라도와 같은 의견이었기 때문에 이 몽상가를 농락하려고 화려한 옷을 입혔습니다(루카 23,11 참조). 예수님의 태도가 헤로데의 오만을 꺾었기 때문에 헤로데는 예수님을 멸시함으로써 보복한 것입니다.

헤로데는 빌라도에게서 받은 호의만으로도 만족하였습니다. 그래서 예수님을 판결하지 않고 빌라도에게 돌려보냈습니다. 아마 헤로데는 빌라도와 마찬가지로 예수님의 주장이 사회 질서를 위협하는 것이 아니라고 느꼈을 것입니다.

빌라도와 헤로데의 화해

갈릴래아 사람들은 열광적인 기질을 타고났습니다. 특히 갈릴래아 지방 출신 열혈당원들은 독립투사들이었습니다. 그들은 로마 식민지 정책에 거부하여 독립을 추구하며 로마 군대를 괴롭혔습니다. 이스라엘 민족이 모이는 축제 때마다 성전 뜰에서 독립을 추구하는 유다인들이 폭동을 일으켜 크고 작은 소요 사태가 빈번히 일어났습니다. 그래서 성전 뜰이 내려다보이는 안토니아 요새에 폭동 진압을 위한 로마 군대가 언제나 대기하고 있었습니다. 폭동의 기미가 보이면 로마 군대는 즉각 출동해 무자비하게 진압하곤 하였습니다(요세푸스 플라비우스 저, 《유대 고대사 Antiquitates Judaicae》 참조).

어느 축제 때 갈릴래아 사람들이 예루살렘 성전 뜰에서 폭동을 일으켰습니다. 안토니아 요새에서 예루살렘 성전 뜰을 내려다보면서 감시하고 있던 로마 군사들이 즉시 출동하여 폭도들을 단번에 진압하고 모조리 학살하였습니다. 그 때문에 성전에서 봉헌하려던 희생 제물의 피와 살해된

폭도들의 피가 뒤섞이게 된 적이 있었습니다.

이 사건 때문에 갈릴래아 영주인 헤로데와 로마 총독인 빌라도 사이가 크게 어긋나 원수 사이가 되었습니다(루카 13,1 참조). 그랬던 두 사람이 빌라도가 예수님을 헤로데에게 보내 준 호의를 계기로 화해하여 친구가 되었습니다(루카 23,12 참조).

루카 복음서에만 기록된 내용

빌라도가 예수님을 헤로데에게 보낸 사건과 예수님을 석방하려 한 사건은 루카 복음서에만 기록되어 있습니다(루카 23,4-16 참조). 루카 복음사가는 이러한 사실을 전승(傳承)으로 알았습니다. 루카 복음사가는 다른 복음사가들보다 헤로데에 대한 기록을 자세하게 남겼습니다(루카 9,7-9; 13,31 참조). 이러한 일들에 관한 이야기는 헤로데의 집사 쿠자스의 아내 요안나에게서 들었을 것입니다. 그녀는 예수님을 따른 경건한 여인 중의 한 명으로 기록되어 있습니다. 루카 복음사가는 요안나로부터 들은 정보를 토대로 헤로데 영주의 신문에 대하여 상세하게 기록할 수 있었을 것입니다.

4) 축제 때의 죄수 석방(마태 27,15-26; 마르 15,6-15; 루카 23,13-25; 요한 18,39-40)

빌라도가 예수님을 석방하려 함

헤로데가 예수님에 대해서 처결하지 않고 예수님을 빌라도에게 되돌려

보냈습니다. 그러자 유다인 지도자들과 군중이 다시 총독 관저로 모여들었습니다. 그들이 씩씩거리면서 험악한 얼굴로 빌라도에게 몰려오자 빌라도는 다시 난감한 처지가 되었습니다.

빌라도는 이미 신문 중에 예수님의 무죄를 확신하고 이를 선언한 바 있습니다(루카 23,4 참조). 빌라도는 유다인 지도자들과 군중에게 "당신들이 예수를 선동자로서 고발하여 내가 신문하였으나 예수의 유죄를 확인하지 못하였소."(루카 23,14 참조)라고 말하였습니다. 또한 "헤로데도 예수를 처벌하지 않고 돌려보낸 것을 보면 피고인 예수는 죽을죄를 짓지 않았음이 분명하오."(루카 23,15 참조) 하고 말하였습니다. 빌라도는 고소인들의 요구를 기각하고, 피고인 예수님을 석방하려고 결심하였습니다.

그런데 유다인들의 격렬한 저항을 두려워하고 있던 빌라도는 예수님의 완전한 무죄를 주장할 용기가 없었습니다. 그래서 고소인들의 입장도 생각하여 피고인을 놓아주기 전에 매질을 할 생각이었습니다(루카 23,16 참조). 매질은 보통 사형수에게 내리는 벌이지만 경우에 따라서 다른 죄인에게도 적용되었습니다.

빌라도는 예수님께 사형을 내릴 만한 범죄가 없음을 인정하였으나 아마도 그분의 꼿꼿한 자세에 약간 거만한 데가 있다고 생각하였을 것입니다. 그래서 징계로써 매질을 할 생각이었습니다. 결국 빌라도는 예수님에 대한 유다인들의 고소가 시기와 질투에 따른 증오 때문일 뿐이고 합법적 근거가 없다는 것을 알았던 것 같습니다. 빌라도가 예수님께 '매질'의 형벌을 내린 속마음은 예수님을 풀어 주기 위한 조치였습니다.

축제 때 특별 사면

유다 지방에는 명절이 되면 로마 총독이 군중의 요구대로 죄수 하나를 놓아주는 관례가 있었습니다(마태 27,15; 마르 15,6 참조). 파스카 축제 때의 이 특별 사면은 유다인의 편에서 볼 때 이집트의 종살이에서 풀려난 민족 해방을 연상하게 하였을 것입니다. 석방할 죄수를 선택하는 것은 백성들의 권리였습니다.

유다인 지도자들은 예수님에 대한 시기와 질투에서 예수님을 고소하였습니다. 그러나 그와는 달리 유다 백성들은 어제까지 예수님을 '메시아'나 '임금'이라고 환영한 점으로 미루어 보아, 빌라도는 군중이 예수님을 동정하고 그의 석방을 요구할 것이라고 안이하게 예상하였습니다.

빌라도 총독의 아내

빌라도는 안토니아 요새 앞마당에서 예수님 사건을 재판하고 있었습니다. 그가 재판석에 앉아 있는데 그의 아내가 사람을 보내어 "당신은 그 무죄한 사람의 일에 관여하지 마십시오. 간밤에 저는 그 사람의 일로 꿈자리가 몹시 사나웠습니다."(마태 27,19 참조)라고 남편에게 하기 어려운 말을 전하였습니다.

빌라도의 아내는 어떻게 예수님이 죄가 없는 분임을 알 수 있었을까요? 그녀도 남편처럼 예수님의 기적이나 설교의 소문을 듣고 있었을 것입니다. 그러나 그녀가 이런 말을 전한 것은 예수님에 관한 괴로운 꿈을 꾸었기 때문이었습니다. 빌라도의 아내는 그날 아침에 남편이 예수님을 재판하러 나갔다는 말을 듣고 꿈이 사실과 맞아떨어진 것을 알고 굉장히 놀랐을 것입니다.

　로마인은 꿈을 몹시 중요시하는 미신가迷信家들이었습니다. 미신을 믿지 않는 사람일지라도 이상한 꿈을 꾸게 되면 보통 근심에 휩싸입니다. 그래서 그녀는 서둘러 남편에게 예수님의 죽음에 대한 책임을 지지 말라고 전한 것입니다. 빌라도는 자기의 예상대로 예수님이 석방될 것이라고 믿었습니다. 그래서 아내에게 걱정하지 말라고 회답을 하였을 것입니다.

　전승에 따르면 빌라도의 아내 클라우디아 프로클라는 후에 그리스도교로 개종했고, 동방 정교회의 성인록에 그 이름이 실려 있다고 합니다.

예수냐? 바라빠냐?

　빌라도는 유다인들이 얼마나 간절하게 메시아를 기다리고 있는지 알고 있었습니다. 또 며칠 전까지만 해도 예수님이 유다인들에게 얼마나 열광적인 환영을 받았는지도 알고 있었습니다. 그리고 예수님을 헤로데에게 보낸 그 시간을 이용하여 예수님에 관해서 여러 가지를 조사해 보았을 것입니다.

　마침 그때에 바라빠라는 이름난 죄수가 잡혀 있었습니다. 바라빠는 폭동 중에 사람을 죽인 죄로 투옥되어 있었습니다. 바라빠는 로마 군대에 대항하는 반란군이었다고 합니다(마태 27,16; 마르 15,7 참조). 그래서 빌라도는 군중이 석방의 대상으로 예수님을 선택할 수 있게 유명한 범죄자인 바라빠와 예수님을 함께 세웠습니다. 그래서 군중이 둘 중에 한 사람을 선택하여 석방하도록 제안할 생각이었습니다.

　연중행사인 특별 사면을 청하려고 군중이 안토니아 요새로 모여왔을 때 빌라도가 그들에게 "누구를 풀어 주면 좋겠소? 바라빠요? 아니면 메시아라고 하는 예수요?"(마태 27,17 참조) 하고 물었습니다. 빌라도는 자기 예상대로 군중이 예수님을 선택할 것이라고 낙관하고 있었습니다.

빌라도의 빗나간 예상

빌라도는 유다인 군중에게 이런 비참한 꼴을 한 죄수를 메시아라고 소개하는 것이 하느님 백성으로 자부하는 민족의 자존심과 메시아에 대한 지극한 기대감에 얼마나 큰 모욕이 되는지 너무나 무신경하였습니다. 이렇게 비참한 모습의 예수님을 유다인들의 메시아라고 부른 것은 민족 감정을 건드리는 큰 잘못이었습니다.

유다인의 자존심을 건드리는 빌라도의 졸렬한 처사를 틈타서 수석 사제들이 군중을 선동할 기회를 잡았습니다. 수석 사제들과 원로들은 군중에게 바라빠를 석방해 주고 예수님을 죽여 달라고 요구하도록 선동하였습니다(마태 27,20; 마르 15,11 참조).

유다인들은 비참한 꼴을 하고 죄수로 잡혀 있는 예수님을 결코 민족을 해방시킬 메시아로 인정할 수 없었습니다. 따라서 그들은 민족을 구원할 강력한 메시아로 인정할 수 없는 예수님을 석방 대상으로 선택할 리가 없었습니다.

오합지졸인 군중은 줏대 없이 선동이나 강요에 쉽게 휘둘리기 마련입니다. 일요일에 예수님의 예루살렘 입성을 열광적으로 환호했던 군중은 손바닥을 뒤집듯 변심하였습니다. 그리고 수석 사제들의 선동에 비이성적으로 변한 군중은 빌라도의 질문에 최면술에 걸린 사람들처럼 바라빠를

이 사람을 보라 Ecce homo
안토니오 치세리(Antonio Ciseri, 1821~1891년), 1891년,
캔버스에 유채, 피렌체 현대 미술관, 피렌체, 이탈리아.

석방하라고 소리쳤습니다(마태 27,21; 요한 18,40 참조).

이렇게 예수님 사건은 비극적인 결말을 향해 치달았습니다.

"십자가에 못 박으시오!"라고 외치는 군중

예수님을 석방하려는 빌라도의 계획은 또 실패하였습니다. 유다인들은 처참한 모습을 한 예수님을 보고서 연민이나 낭패를 느끼기보다는 오히려 메시아에 대한 기대를 뒤엎은 모습 때문에 더 분노하였습니다.

빌라도의 기대와 정반대로 일이 걷잡을 수 없게 파탄에 이르자 난처한 빌라도는 다시 서툰 제안을 하였습니다. "그러면 여러분이 유다인의 임금이라고 부르는 이 사람은 어떻게 하면 좋겠소?"(마르 15,12 참조) 하고 얼빠진 재판관이 흥분한 군중에게 물었습니다. 이것은 '나는 너희의 임금을 어떻게든지 처리할 수 있다.'라고 조롱하는 발언으로 해석될 수 있는 말이었습니다. 빌라도의 이 말을 자신들을 경멸하는 말투로 알아들은 유다인들은 자존심이 극도로 상하였습니다. 어떤 재판관이 판결을 내리지 못하고 군중에게 결정을 미룬단 말입니까? 빌라도의 한마디는 군중의 흥분을 가라앉히려다가 오히려 군중의 분노에 부채질하는 격이 되었습니다.

그때에 수석 사제들과 성전 경비병들은 "십자가에 못 박으시오!" 하고 외쳤습니다(요한 19,6 참조). 수석 사제들의 선동에 부화뇌동附和雷同하는 군중이 걷잡을 수 없이 격분하여 일제히 소리쳤습니다. "십자가에 못 박으시오!"(요한 19,6) 그때부터 군중의 외침은 이 한마디뿐이었습니다. 그들은 처음에 예사로운 말투로, 그다음에는 큰 소리로, 그다음에는 큰 소란을 피우며 울부짖듯 외쳐 댔습니다(마르 15,14 참조).

폭동을 일으킬 듯이 외치는 군중의 기세에 눌린 빌라도는 차차 움츠러들었습니다. 그러면서도 빌라도는 예수님을 변호하는 말투로 "도대체 그가 무슨 나쁜 짓을 하였다는 말이오?"(마태 27,23; 마르 15,14) 하면서 군중이 이성을 되찾길 원하였습니다. 그러나 군중 심리에 휩쓸린 어리석은 군중은 냉정을 되찾기는커녕 총독의 말을 오히려 역겨워하면서 더 크게 예수님을 죽이라고 외쳤습니다(마태 27,23 참조).

어깃장으로 역습하는 빌라도

빌라도는 예수님이 무죄하다고 확신하였습니다. 빌라도는 예수님을 도저히 처형할 수가 없어서 날뛰는 군중을 향하여 마지막 타협안을 제시하였습니다. "예수에게는 사형할 만한 죄가 없기 때문에 매질이나 하여 풀어 주겠소."(루카 23,22 참조) 그러나 이 담판으로 빌라도는 오히려 제 약점을 드러낸 셈이 되었습니다. 빌라도의 속셈을 눈치챈 유다인 지도자들은 그들의 소원이 성공할 기미를 알아챘습니다. 한 번만 더 억세게 밀고 나가면 빌라도도 결국 항복할 것임을 확인한 그들은 기세가 더 올랐습니다.

그들은 더욱 악을 써 가며, 예수님을 십자가에 못 박으라고 소리쳤습니다(루카 23,23 참조). 결국 군중의 소동과 격분은 로마 황제의 권위를 대행하는 빌라도의 의지를 꺾고 말았습니다. 감정에 격앙된 군중은 피를 요구했고, 군중의 외침과 요구는 점차 명령하는 말투로 변해 갔습니다.

마침내 빌라도가 "여러분이 데려다가 십자가에 못 박으시오. 나는 이 사람에게서 죄목을 찾지 못하겠소."(요한 19,6) 하고 선언하였습니다. 이 선언으로 유다인들과 빌라도의 치열한 싸움은 절정에 이르렀습니다. 빌라도는 유다인들의 고집에 대하여 야유와 멸시를 가지고 응대하였습니다. '만일 너희들에게 강행할 용기가 있다면, 너희가 데려다가 너희의 손으로 십자가에 못 박아라. 나는 그에게서 아무 죄목도 찾아내지 못하였다.'

이것으로 유다인들이 빌라도에게서 이러한 선언을 받은 것이 세 번째였습니다. 유다인들은 빌라도의 말을 듣자, 자신들의 교활한 술책을 빌라도가 꿰뚫어 보고 있음을 알아챘을 것입니다. 이미 정해 놓은 자기네의 사형 선고를 어떻게 해서든지 총독이 승인하도록 해야 되는데 빌라도가 도

무지 속아 넘어가지 않은 것입니다.

  4복음사가들은 모두 빌라도와 군중 사이에 오간 말을 자세하게 전하면서 두 가지 점을 강조하였습니다. 첫째, 유다인들이 예수님을 임금으로 받아들이기를 거부하였다는 사실과 둘째, 예수님을 무죄 석방시키려는 빌라도의 노력이 수포로 돌아갔다는 점을 동시에 부각한 것입니다.

교활한 유다인 지도자들의 책략

  빌라도가 선심을 쓰듯이 유다인들에게 예수님에 대한 처벌 선고권을 위임하는 듯한 말을 하였으나 유다인 지도자들은 빌라도의 말에 넘어가지 않았습니다.

  유다인 지도자들은 자기들에게 사형 선고권과 집행권이 없다는 것, 그리고 빌라도가 사형 선고권을 자신들에게 넘겨줄 리가 없다는 것을 너무나 잘 알고 있었습니다.

  유다인 지도자들은 빌라도가 자기네를 바보로 여기고 농락하고 있음을 알아챘습니다. 예수님을 반드시 죽이려고 내세운 정치적 구실도 실패로 끝나 가고 있습니다. 교활한 그들은 다시 한 번 계획을 바꾸어 빌라도를 설득시킬 묘책을 찾을 궁리를 하였습니다. 그들끼리 작은 소리로 "불리한 정치 문제에서는 한 걸음 물러나고, 종교적인 고발을 내놓고 밀고 나가는 것이 좋지 않을까?" 하며 소곤댔을 것입니다.

  로마인들은 그들이 지배하고 있는 여러 민족의 풍속과 종교 문제에는 간섭하지 않고 오히려 보호해 주는 입장에 서 있었으며 그것을 자랑으로 여겼습니다. 유다인들도 그 점을 방패 삼아 계략을 바꾸어 실행하려고 하였습니다. 유다인 지도자들은 크나큰 범죄를 저지르고 있었지만 그 점은 전혀 마음에 주지 않았습니다. 그리하여 다시 외치기 시작하였습니다. "우리에게는 율법이 있소. 이 율법에 따르면 그자는 죽어 마땅하오. 자기가 하느님의 아들이라고 자처하였기 때문이오."(요한 19,7) 예수님의 적들이 예수님을 이 죄목으로 고발하였음을 모든 공관 복음사가들이 기록하였습니다(마태 26,63-66; 마르 14,61-64; 루카 22,67-71 참조).

이로써 고발의 내용이 "유다인들의 임금"이라는 정치적 차원에서, "하느님의 아들"이라는 종교적 차원으로 넘어갑니다. 자기가 하느님의 아들이라고 함은 하느님을 모독하는 것으로 간주되고, 이러한 범행을 저지르는 자는 율법에 따라 사형에 처해야 한다는 것입니다(레위 24,16 참조).

"하느님의 아들"이라는 말은 문자 그대로의 뜻으로 알아들어야 할 것입니다. 유다인들은 이러한 구세주의 자칭에 대하여 참뜻을 알고 있었습니다. 그렇지 않았다면 예수님을 신성 모독 죄인으로 고소하지는 않았을 것입니다. 그들의 말도 이것을 증언합니다. 구약 성경에 보면 신성 모독 죄인은 돌로 때려 죽여야 한다고 규정되어 있습니다(레위 24,16 참조).

예수님의 정체를 궁금해하는 빌라도

예수님이 "하느님의 아들이라고 자칭한 자"라는 말을 듣고 빌라도는 더욱 두려운 생각이 들었습니다(요한 19,8 참조). 겸손하면서도 존엄하신 예수님의 태도 때문에 무엇인가 신성한 공포감을 느낀 빌라도는 충격을 받았습니다. 회의론자였던 빌라도도 미신적인 공포를 무시할 수 없었을 것입니다. 또한 종교 문제에 관하여 유다인 지도자들과 충돌한다면 그들의 광적인 분격으로 보복을 받게 될 염려도 있었습니다.

빌라도는 예수님이 "나는 진리를 증언하려고 태어났으며, 진리를 증언하려고 세상에 왔다. 진리에 속한 사람은 누구나 내 목소리를 듣는다."(요한 18,37) 하고 선언하신 말씀을 회상하였을 것입니다. 빌라도는 인간의 범주를 초월하는 위험한 일에 직면하고 있음을 절감하여 전율을 느낍니다.

예수님의 정체에 대하여 신비감에 휩싸인 빌라도는 다시 총독 관저 안뜰로 돌아와 예수님께 "당신은 어디서 왔소?"(요한 19,9) 하고 물었습니다. 이 질문에는 깊은 의미가 내포되어 있었습니다. 예수님이 갈릴래아에서 왔다는 것은 널리 알려진 사실이었기 때문에 빌라도의 질문은 진짜 출신지가 어디냐고 물은 것입니다. 기원이나 출신을 알아야 정체를 정확히 알 수 있기 때문입니다.

예수님이 자신을 하느님 아들이라고 주장하기 때문에 빌라도는 예수님의 천상적 기원을 생각하지 않을 수 없습니다. 총독의 질문은 직무라기보다는 일종의 호기심에서 나온 것이었습니다. 따라서 그에게는 믿음에 앞서 요구되는 합당한 준비가 없었습니다. 단순한 종교적 호기심에서 나온 질문에 대답하신 일이 일찍이 없으신 예수님은 그저 침묵만을 지키셨습니다. 예수님이 무슨 대답을 하시든 빌라도에게는 참믿음과 참깨달음을 위한 전제 조건이 결여되어 있었습니다. 어떠한 말로도 그 조건을 채워 줄 수 없었기 때문에 빌라도에게 예수님이 대답하지 않으신 것입니다(요한 19,9 참조).

권력의 근원

예수님의 침묵은 빌라도를 분노하게 만들었습니다. 빌라도는 지금까지 어느 피고인에게서도 이러한 태도를 본 적이 없었습니다. 예수님의 침묵에 답답해진 빌라도가 자신의 막강한 권력을 내세우며 예수님의 대답을 재촉하였습니다. "나에게 말을 하지 않을 작정이오? 나는 당신을 풀어 줄 권한도 있고 당신을 십자가에 못 박을 권한도 있다는 것을 모르시오?"(요한 19,10)

어떠한 위협을 받아도 언제나 침착하신 예수님은 빌라도를 바른 정신으로 돌아오게 하려고 하셨습니다. 빌라도는 자신이 사람을 살리거나 죽이는 권한을 가지고 있음을 과시하였으나, 중요한 진리는 모르고 있었습니다. 빌라도는 하느님에 대하여 모르기 때문에 자기가 절대적이라 믿는 권력에 대해서도 잘못 생각하고 있었습니다. 사실 그가 가진 권한은 하느님의 높은 뜻에 따라 그에게 부여된 것입니다(요한 10,18 참조).

예수님은 "네가 위로부터 받지 않았으면 나에 대해 아무런 권한도 없었을 것이다. 그러므로 나를 너에게 넘긴 자의 죄가 더 크다."(요한 19,11) 하고 대답하셨습니다. 인간에 대한 진정한 권위를 가지신 분은 하느님뿐입니다. 만약 그가 피고인 예수님에 대하여 권한을 위에서부터 받지 않았다면, 예수님에 대하여 아무런 조치도 행하지 못하였을 것입니다. 인간이 그 권위의 한 부분을 가지고 있다면 그것은 하느님의 대리자로서 가지는 것입니다. 빌라도에게는 양심의 올바른 판단을 거슬러 하느님의 법을 위반할 권력이 전혀 없습니다.

황제의 친구가 아니라는 협박

하느님이 권력의 근원임을 설명하신 예수님의 대답을 들은 빌라도는 예수님을 석방해야 한다는 생각이 더욱 확고해졌습니다. 빌라도는 다시 총독 관저 문밖에 나와 유다인들을 대면하였습니다. 그때 빌라도는 어떤 수단을 써서라도 피고인 예수님을 석방하려고 결심하였습니다. 그러나 빌라도의 속셈을 눈치챈 예수님의 적들은 마지막 카드를 내놓았습니다. 그들은 종교적 범죄에는 관심이 없는 빌라도에게 "그 사람을 풀어 주면 총독께서는 황제의 친구가 아니오. 예수가 임금이라고 주장하였소. 누구든지 자기가 임금이라고 자처하는 자는 황제에게 대항하는 것이오."(요한 19,12 참조) 하고 정치적으로 협박하였습니다.

"황제의 친구"는 황제를 위하여 특별한 공을 세운 이들에게 부여되는 명예로운 칭호입니다. 유다인들은 여기에서 빌라도가 바로 이 칭호를 받은 사실을 지적하는 것 같습니다. 예수님 사건을 다시 정치적 차원으로 몰아가 빌라도가 처한 상황을 상기시키면서 그에게 선택을 강요하였습니다. 그래서 예수님의 무죄가 이미 여러 차례에 걸쳐 인정됨에도 불구하고 지극히 불의한 결말이 합의된 것이나 마찬가지가 되었습니다.

로마 제국의 관리들에게 황제의 충신이냐 아니냐 하는 것은 매우 중대한 문제였습니다. 당시 황제에 대한 불경죄不敬罪는 특히나 무거웠습니다. 예수님 시대의 로마 황제는 티베리우스(AD 14~37년)였습니다.

만일 빌라도가 예수님을 석방하려는 의견을 굽히지 않았다면 예수님의 적들인 유다인 지도자들에 의하여 심히 위험한 범죄자로 황제에게 고발을 당할 위험이 컸습니다. 교활한 유다인 지도자들은 로마 총독의 사소한 일에 관해서도 황제에게 고발하는 행동을 서슴지 않았습니다. 빌라도는 스스로 황제의 친구가 아니라고 하는 누명을 벗어나야 할 필요를 느꼈습니다.

바라빠의 석방

군중은 반란군으로 잡혀 십자가형으로 처벌될 바라빠에게는 자유를 주고, 구세주인 예수님께는 반란군에게 적용되는 형벌을 내리라고 요구하였습니다. 마침내 빌라도는 군중의 요구를 들어주기로 결정하였습니다. 그리하여 그는 반란과 살인으로 감옥에 갇혀 있던 바라빠를 군중이 요구하는 대로 풀어 주었습니다(루카 23,24-25 참조). 바라빠는 풀려날 가능성이 전혀 없던 자신이 엉뚱하게도 파스카 축제일 전날 석방되자 기쁨에 겨워 얼이 빠질 지경이었습니다.

빌라도는 처벌해야 마땅할 강도를 풀어 주고, 메시아 예수님을 유다인들의 잔인한 손에 넘겼습니다. 구세주를 사형에 처한 판결은 참으로 인류 역사에 전환점이 된 중대한 사건입니다. 증오 때문에 눈이 멀어 앞뒤 구분을 못하게 된 유다인들이 예수님의 사형을 요구한 것도 큰 범죄이지만, 그들의 불의한 요구를 받아들인 빌라도의 책임과 비겁함도 돋보이는 사건입니다. 빌라도는 로마 총독으로서의 사회 질서 유지와 정의 구현의 책임을 회피하고 유다인 군중의 비이성적인 요구에 굴복한 것입니다.

5) 가시관을 쓰신 예수님(마태 27,27-31; 마르 15,16-20; 요한 19,1-15)

로마 군사들의 희롱

파스카 축제 때 치안 유지를 위하여 빌라도가 예루살렘에 데리고 온 총독 친위대는 육백 명쯤으로 편성된 부대였습니다. 빌라도의 군사들이 예수님을 총독 관저 뜰 안으로 데리고 들어가서 예수님 둘레에 모여들었습니다(마태 27,27 참조).

로마 군사들은 새벽부터 유다인들의 입을 통해서나 혹은 빌라도의 입을 통해서 예수님이 자칭 임금이라는 말을 계속 듣고 있었습니다. 그래서 그들은 예수님이 광신자이거나 공상가로서 임금이라고 자칭한다면 이 기회에 그를 임금처럼 꾸미고 놀려 주자고 의논하였습니다.

옷이 벗겨진 채 채찍질을 당한 예수님은 다시 옷을 입고 계셨습니다. 채찍질을 당하면서 흐른 피 때문에 옷이 피부에 들러붙어 있었습니다. 짓궂은 군사들이 예수님을 임금처럼 꾸미려고 예수님이 입고 있던 옷을 벗기기 시작하였습니다(마태 27,28 참조). 군사들이 인정사정없이 예수님께 덤벼들어 그분의 고통 따위는 아랑곳하지도 않고 피부에 붙어 있는 옷을 난폭하게 벗겼습니다. 그 때문에 피부가 찢어져서 피가 흘렀습니다. 그러고는 예수님께 임금의 옷이라고 하면서 군사용 자주색 외투를 입혔습니다.

팔레스티나에 흔히 자라는 갈대는 막대기처럼 생겨서 로마 군사들이 장작 대신 썼기 때문에 막사에 늘 상비되어 있었습니다. 병사 하나가 갈대를 왕홀王笏이라고 하면서 예수님 손에 쥐어 주었습니다. 그리고 가시나무로 만든 관을 왕관이라고 하면서 예수님의 머리에 눌러 씌웠습니다(마태 27,29 참조).

가시관 씌우기
두초 디 부오닌세냐(Duccio di Buoninsegna, 1255?~1315년), 1308~1311년,
목판에 템페라, 시에나 대성당 박물관, 시에나, 이탈리아.

예수님을 의자에 앉히고 한바탕 깔깔대고 웃으면서 조롱하였습니다(마르 15,17-18 참조). 군사들이 로마 황제에게 인사하는 말을 흉내 내어 "유다인의 임금께 인사를 올리나이다." 하고 예수님 앞에 무릎을 꿇고 절을 하였습니다. 또 "유다인들의 임금님, 만세!" 하고 조롱하며 예수님의 뺨을 때렸습니다(요한 19,3 참조).

지루한 재판에 짜증이 나던 군사들이 재미있는 놀이를 벌인다는 이야기를 듣고 다른 병사들도 구경하려고 모여들었을 것입니다. 어떤 군사는 예수님 얼굴에 침을 뱉었습니다. 어떤 군사는 예수님 손에 잡고 있던 갈대를 빼앗아 가지고 가시관이 피부를 뚫고 머리에 박히도록 힘껏 내리쳤습니다. 어떤 군사는 엎드려 절하는 흉내를 냈습니다(마태 27,30; 마르 15,19 참조). 잔인하고 역겨운 병사들의 만행은 차마 눈뜨고 보기 힘들 정도였을 것입니다. 이러한 대우를 받은 예수님의 모습은 얼마나 처참하였을까요?

일부 군사들이 십자가형 집행을 준비하는 동안에 수형자인 예수님은 비열하기 짝이 없는 로마 군사들의 농락거리가 되었습니다. 예수님의 육신은 더 이상 사람의 면모를 찾아볼 수 없을 정도로 참혹해졌습니다. 그들에게 괴로움을 받는 예수님은 한낱 장난감에 불과하였습니다.

보라, 이 사람을

예수님을 처참한 임금으로 분장시키고 무자비하게 조롱한 병사들의 만행은 총독이 명령한 것이 아니었습니다. 그러나 병사들은 지나치게 무례한 행동을 서슴지 않았고 가짜 임금으로 분장한 예수님을 빌라도 앞으로 끌어냈습니다.

빌라도는 유다인들의 압박에 밀리면서도 유다인들에게 경멸과 야유를 던지지 않을 수 없었습니다. 피투성이가 된 보기 흉한 예수님을 총독 관저 대문 밖에 모여 있는 유다인들 앞으로 끌고 나가도록 빌라도가 군사들에게 명령하였습니다. 빌라도는 예수님보다 앞서 관저 대문 밖으로 나갔습니다. 빌라도가 유다인들에게 "죄수를 여러분 앞으로 끌고 오겠소. 내가 그에게서 아무런 혐의도 찾아내지 못했다는 것을 여러분도 보면 알 것이오."(요한 19,4 참조)라고 말하였습니다. 그리고 손으로 예수님을 가리켰습니다. "자, 이 사람이오."(요한 19,5)

빌라도는 속으로 '보라, 이 불쌍한 사람을! 이제 억지 부리지 마라. 이처럼 처참한 모습을 보고서도 너희가 죽이라고 소리치는 것은 얼마나 몰인정하고 어리석은 짓인가! 공중 질서의 책임을 지고 있는 내가 만일 예수가 참으로 폭동자라고 생각한다면, 이 정도의 벌로 사건을 수습하려 할 까닭이 있겠는가? 이런 문제를 가지고 비극을 벌이기보다는 이 정도로 타협하고 수습하는 것이 좋지 않겠는가?' 하고 중얼거렸습니다. 그리고 예수님을 고소한 자들이 예수님의 처참한 모습을 보고 고소를 취하하기를 은근히 바랐을 것입니다. 그러나 악마에게 매수된 수석 사제들의 반응은 빌라도의 바람과는 정반대로 나타났습니다.

우리 임금은 황제뿐이오

빌라도가 말했습니다. "보시오, 여러분의 임금이오."(요한 19,14) 이러한 빌라도의 말은 유다인들의 체면을 깎는 모욕적인 말이었습니다. 유다인들은 더욱더 날뛰었습니다. "죽이시오. 죽이시오. 십자기에 못 박아 죽이시오!"(요한 19,15 참조) 그러나 빌라도는 유다인의 그런 외침조차도 야유의 씨앗으로 이용하였습니다. 그들의 상처를 건드리는 것을 즐기기라도 하듯이 한마디 던집니다. "여러분의 임금을 나더러 십자가에 못 박으라는 말이오?"(요한 19,15 참조) 유다인들은 더욱더 길길이 날뛰었습니다. 하지만 빌라도의 이러한 야유는 유다인들에게 던진 일종의 앙갚음이기도 하였습니다.

빌라도의 야유를 받고 흥분한 수석 사제들이 이성을 잃고 "우리 임금은 황제뿐이오."(요한 19,15) 하고 말하였습니다. 이 말은 이스라엘 민족이 하느님의 선민임을 부정하는 중대한 반역 행위였습니다. 이스라엘은 하느님이 통치하는 신정 제도神政制度였습니다. 유다인들의 자랑은 자신들의 통치자가 하느님이라는 것이었습니다. 유다인들에게는 하느님만이 자신들의 임금님이라는 것이 그들만의 특권이자 가장 깨끗하고 숭고한 영광이었습니다(판관 8,23 참조). 그러나 이 모든 것이 야수적인 분노를 터뜨린 이 순간에 사라지고 말았습니다. 아무런 주저 없이 유다인 지도자들은 영광스러운 하느님의 백성으로서의 모든 것을 단 한마디로 거침없이 부인한 것입니다. 이렇게 유다인 지도자들은 예수님을 배척하면서 하느님의 백성임을 부정하였습니다. 동시에 로마 황제의 권위를 절대적이고 독점적인 것으로 인정한 것입니다. 그리하여 이 결정적인 순간에 유다인 지도자들은 이스라엘에 대한 하느님의 절대적인 통치를 공식적으로 부인하는 꼴이 되었습니다.

빌라도가 처참한 모습을 한 예수님을 군중 앞에 보였을 때 예수님을 동정하는 소리는 한마디도 없었습니다(요한 19,5-6 참조). 유다인들이라면 누구나 민족에게 행복과 번영을 가져다줄 강력한 메시아만 기대하고 있었을 것입니다. 피투성이가 된 처참한 모습의 무력한 메시아는 전혀 상상할 수 없었을 것입니다. 이 광경은 민족적인 교만과 수석 사제들의 선동으로 말미암아, 군중이 모든 인간적인 정감을 빼앗기고 잔인성만 남은 채 날뛰고 있음을 보여 줍니다.

재판석에 앉은 빌라도

드디어 유다인들의 책략이 효과를 거두었습니다. 유다인들이 찌른 창

끝이 빌라도의 방패를 뚫고 말았습니다. 빌라도는 양심을 거슬리는 선고를 내리지 않을 수 없는 입장에 빠지게 되었습니다. 빌라도는 어쩔 수 없이 예수님께 사형을 내리게 되었습니다. 그러나 그 주요한 책임은 유다인들에게 있습니다. 빌라도는 예수님을 데리고 총독 관저 밖의 마당인 돌을 깔아 놓은 광장에 설치된 재판석에 앉았습니다(요한 19,13 참조).

형사 재판의 경우 판결은 재판석에 앉아서 선고하여야 합니다. 이 자리는 나무로 만든 단이라 쉽게 움직일 수 있었습니다. 빌라도는 그 위에 있는 의자에 앉았습니다. 예수님은 그 재판석 앞에 섰고, 군중은 여전히 관저 대문 밖에서 버럭버럭 소리치면서 소란을 피우고 있었습니다.

손을 씻는 빌라도

빌라도는 폭동이 일어나려는 조짐을 보고 더 이상 예수님을 석방할 수가 없었습니다. 무죄가 확실한 예수님께 사형을 선고하게 된 빌라도는 매우 심한 양심의 가책을 느꼈습니다. 더구나 아내의 꿈 이야기를 듣고 두려워한 그는, 자기가 의인을 죽임으로써 불의한 살인자가 될까 봐 두려웠습니다. 그래서 그는 물을 받아 군중 앞에서 손을 씻으며 "나는 이 사람의 피에 책임이 없소. 이것은 여러분의 일이오."(마태 27,24) 하고 말하였습니다. 빌라도의 이런 행동은 "무죄한 사람이 억울하게 흘리는 피는 하늘의 복수를 외칠 것이다."라는 로마인들의 믿음 때문이었습니다. 그래서 불의한 살인범을 벌하는 신들의 처벌을 면하려고 손을 씻은 것입니다. 꼼짝없이 미신에 매인 로마인은 손을 씻어 그 복수를 피하려고 하였습니다.

또한 빌라도는 손을 씻음으로써 유다인들에게 자기 책임이 없음을 보여 주었다고 자위하였을 것입니다. 구약 성경에 보면 원로들은 자기의 무죄를 증명하기 위하여 피살자의 시신 앞에서 손을 씻어야 한다고 언급되어 있습니다(신명 21,6-8 참조). 그러한 관습이 라틴인에게도, 그리스인에게도 알려져 있었습니다. 빌라도는 로마인이었으나 유다인들의 그러한 관습을 알고 있었다고 짐작됩니다. 빌라도가 손을 씻은 행위의 의미는 자신은 예수님의 죽음에 책임이 없다고 선언하는 뜻이었을 것입니다.

유다인들의 반응

빌라도의 행동을 이해한 군중은 곧 반응을 보였습니다. "그 사람의 피에 대한 책임은 우리와 우리 자손들이 질 것이오."(마태 27,25) 유다 지방에는 "수탉이 울기 전에 목을 맨 사람의 피는 그 사람 머리 위에 있다."라는 말이 있습니다. 즉 자신의 행동에 대한 책임을 자신이 져야 한다는 뜻입니다. 또 "밤중에 마시는 사람의 피는 그 사람 머리 위에 있다."라는 속담도 있습니다. 이 또한 자신의 잘못에 대한 책임을 져야 한다는 뜻입니다.

유다인들이 빌라도에게 한 대답은 예수님이 흘릴 피의 책임을 자신들과 후대가 지겠다는 뜻입니다. 예수님과 관련하여 유다인들이 어떠한 정치적 입장을 취하였든 그들은 종교적으로 양자택일을 하지 않을 수 없게 됩니다. 예수님을 하느님이 약속하신 메시아로 인정하거나 또는 하느님을 모독한 자로서 그에 따른 사형을 요구하는 것입니다.

하여간 예수님의 피에 대한 책임은 유다인 지도자들에게만 있다고 할 수 없습니다. 빌라도도 그 책임의 반을 지지 않으면 안 됩니다. 그러나 예수님은 빌라도보다 유다인들의 죄가 더 크다고 말씀하셨습니다(요한 19,11 참조).

에수님에 대한 사형 선고

빌라도의 결정은 곧 실천으로 옮겨 갔습니다. 빌라도는 무죄임을 확신하는 분에게 십자가형을 선고하는 비겁한 판결을 내리고 예수님을 십자가에 못 박으라고 유다인들에게 넘겨주었습니다(요한 19,16 참조).

그 당시 로마 제국의 사법 절차에 따르면, 사형 선고는 서면으로 작성한 다음, 그것을 낭독하게 되어 있었습니다. 사형 선고를 서면으로 작성하지 않고 말로만 선고하면 그 판결은 무효였습니다.

페르시아 제국에서 유래된 십자가 사형 제도를 로마 제국에서도 채택하였습니다. 로마 제국에서는 이 형벌을 절도, 살인, 반역, 반란죄를 범한 죄인을 처벌하는 가장 잔혹하고 수치스러운 형벌로 사용하였습니다. 이 형벌은 너무나 잔인하여 로마 시민에게는 적용되지 않았습니다.

채찍질

역사가 요세푸스에 따르면, 사형수를 십자가에 못 박기 전에 쇠약하게 만들어 십자가에서 빨리 죽게 하려고 먼저 채찍질을 하게 되어 있었습니다. 이러한 태형은 로마에서 유래하는데 예수님 시대에는 유다인들에게도 적용한 것으로 보입니다(마태 27,26; 마르 15,15 참조). 이처럼 잔인한 채찍질은 노예들에게만 가해졌을 뿐 로마 시민에게는 금지되어 있었습니다(사도 22,25 참조). 로마 제국에서는, 자유인에 대해서는 가느다란 채찍이나, 납덩어리가 달린 채찍으로 때렸습니다. 예수님께는 납덩어리를 단 채찍으로 때렸던 것 같습니다.

유다법에 따르면 태형은 마흔 번 때리는 벌로 정해져 있었으나 실수할까 봐 서른아홉 번만 쳤습니다(2코린 11,24 참조). 로마법에는 마흔 번이라는 제한이 없었습니다(《유다 전기》, II, XIV, 9 참조). 따라서 예수님의 경우에는 몇 번을 쳤는지 알 길이 없습니다.

빌라도의 병사들이 예수님을 총독 관저로 끌고 갔습니다. 안토니아 요새의 바깥뜰에 모여 있는 군중 앞에서 예수님은 옷이 벗겨진 채로 낮은 기둥에 묶여 채찍질을 당하셨습니다. 군사들이 있는 힘을 다하여 예수님을 사정없이 내리쳤습니다. 예수님의 육체는 긴 가죽 끈에 매달린 납덩어리에 의해 피부가 찢어져 피투성이가 되었습니다.

빌라도가 예수님을 석방할 목적으로 채찍질을 하여 유다인들의 마음에 동정심을 일으키려고 하였지만 실패하였습니다. 그러나 십자가형을 선고한 다음에 때린 채찍질은 인정사정이 없었습니다. 이런 고난은 채찍질을 하는 손이 지쳤을 때나 총독이 그만하라고 명령할 때에야 끝나게 되어 있었습니다. 아마도 예수님이 기절하신 뒤에야 그 고난이 끝났을 것입니다. 피투성이가 된 예수님의 처참한 몰골은 도저히 말로 형언할 수 없는 지경이었을 것입니다.

4복음서의 기록

마태오 복음서와 마르코 복음서에는 예수님이 사형 선고를 받으신 다음에 채찍질과 모욕을 당하셨다고 쓰여 있습니다. 루카 복음서에는 빌라도가 예수님을 매질이나 하고 그냥 풀어 주려고 하였다고 쓰여 있습니다(루카 23,16 참조). 요한 복음서에는 빌라도가 예수님의 적들에게 보여 주려는 목적으로 예수님께 채찍질과 모욕을 받게 한 것처럼 기록되어 있습니다(요한 19,5 참조).

채찍질을 당하여 처참한 몰골에 가시관을 왕관이랍시고 쓰고, 곤룡포랍시고 자주색 옷을 걸친 우스꽝스러운 모습을 한 사람이 아무리 임금으로 자처한다 하여도 허황되어 보입니다. 물론 요한 복음사가는 이러한 사건도 전혀 다른 관점으로 고찰하였습니다. 바로 이러한 굴욕과 겸손 중에 메시아 나라를 시작하시는 예수님을 볼 수 있음을 시사한 것입니다.

예수님이 당하신 수난과 모욕의 장면을 4복음사가들이 매우 자세히 기록한 것을 보면 이러한 모욕적인 조롱이 한동안 계속된 것으로 짐작됩니다. 그 애처로운 장면을 목격하거나 누군가에게 전해 들은 복음사가들의 마음에 뼈아픈 회상이 사무쳐 있었을 것입니다.

예수님의 죽음에 대한 책임이 있는 자

예수님은 빌라도에게 "나를 너에게 넘긴 자의 죄가 더 크다."(요한 19,11)라고 말씀하셨습니다. 예수님의 죽음에 대하여 사형을 선고한 빌라도보다 더 큰 죄를 지은 자가 누구일까요? 카야파일까요? 유다인 지도자들일까요? 유다스일까요? 배반자 유다 이스카리옷은 물론이고 유다인 지도자들도 예수님의 정체를 인식할 수 있는 기회가 많이 있었음에도 불구하고 그들은 끝까지 예수님을 잘못 알고 있었습니다.

요한 복음서에는 유다스가 배신자의 전형으로 묘사되어 있습니다. 유다스는 최고 심판자이신 하느님을 배반하였습니다. 빌라도가 직책상 어쩔 수 없이 이 문제에 말려든 것과는 달리, 유다스는 자발적으로 스승을 배반하였기 때문에 그 책임이 더욱 무겁습니다. 유다스는 예수님이 최고 의회에서 유죄 판결을 받으시자 즉시 최고 의회에 가서 예수님을 팔아넘겼을 때 받았던 은돈 서른 세켈을 되돌려주면서 자기의 배반을 후회하였습니다. 그 반면에 카야파를 비롯한 최고 의회 의원들은 빌라도의 거듭된 예수님 석방 시도를 적극적으로 저지하여 예수님의 십자가형을 관철시켰습니다. 그러니까 예수님의 죽음에 대한 가장 큰 책임은 카야파와 최고 의회 의원들이 져야 합니다. 대사제인 카야파는 민족의 최고 지도자의 자격으로 백성 전체가 살기 위해서 예수님이 죽어야 한다고 말한 자입니다.

구전에 의하면 훗날 총독 직책을 떠난 빌라도는 자기 아내와 더불어 예수님을 믿는 신자가 되었다고 합니다.

예수님이 사형 선고를 받은 총독 관저

사도들 시대 이후 초창기 그리스도교 신자들은 빌라도가 예수님을 재판하고 사형을 선고한 장소를 알면, 예수님이 십자가를 지고 골고타로 가신 길도 알 수 있을 것이라는 생각에 그 장소를 찾았습니다.

역사가들은 그곳이 얏파문에서 가까운 헤로데 대왕의 궁전 안 별채였다고도 하고, 또는 티로포에온 골짜기에 있는 메헤게메(민사재판소)라고도 하고, 또는 성전 대광장 북쪽에 있던 안토니아 요새라고도 하였습니다. 마지막 장소가 가장 유력한 것 같습니다. 1858년에 예루살렘 도성에서 실시된 발굴 조사 결과, 안토니아 요새에 이어져 있는 돌을 깐 광장이 시온 수도회의 엑체 호모Ecce Homo 수녀원 지하에서 발굴되었습니다. 바로 이 광장이 빌라도가 예수님께 사형을 선고한 자리임이 확인되었습니다.

로마 총독 관저, 즉 그리스어로는 '프라이토리온πραιτωριον'이고, 라틴어로는 '프래토리움praetorium'이라는 단어는 일시적으로라도 총독이 살거나 재판하는 곳을 뜻하는 말입니다. 빌라도는 평상시에는 지중해 해변의 카이사리아 성읍에 살았기 때문에 예루살렘에는 총독 관저라는 건물이 없었습니다. 파스카 축제 때 치안 유지를 위해 군대를 대동하고 예루살렘에 온 로마 총독은 자신과 군대가 머물 장소가 필요하였습니다. 안토니아 요새는 성전 뜰이 환히 내려다보여서 유다인들의 동태를 살피는데 가장 편리한 곳이었습니다. 그래서 그곳에 머물렀을 것입니다.

6) 십자가의 길 (마태 27,31-34; 마르 15,20-23; 루카 23,26-32; 요한 19,17)

십자가의 길 출발점

로마 군사들이 예수님을 유다인들의 임금이라고 조롱하며 입혔던 자주색 군사 외투를 벗기고 다시 예수님의 겉옷을 입혔습니다(마태 27,31; 마르 15,20 참조). 그리고 예수님을 십자가에 못 박으려고 총독 관저를 나와 예루살렘 성 밖으로 끌고 나갔습니다. 안토니아 요새는 예수님이 십자가를 지고 골고타로 가신 길의 출발점이었습니다.

사형수는 자기의 형구인 십자가 전체 또는 적어도 십자가의 가로대만이라도 지고 가야 했습니다. 예수님이 몸소 십자가를 지시고 상당한 거리를 걸어서 도성 문 가까이까지 가셨습니다(요한 19,17 참조). 그때 예수님의 육신이 더 이상 견딜 수 없을 만큼 쇠진한 것을 로마 군사들이 눈치챘습니다. 예수님의 경우처럼 십자가를 지고 가는 사형수가 너무 쇠진한 경우에는 로마 군대의 사령관이 지나가는 사람을 징발하여 죄인 대신 십자가를

십자가를 지시다
안드레아 다 피렌체(Andrea da Firenze, 1343~1377년), 1366~1367년,
프레스코, 산타 마리아 노벨라 대성당, 피렌체, 이탈리아.

짊어지게 할 수 있었습니다.

키레네 사람 시몬

로마 군대의 사령관은 공익을 위해서라면 어느 식민지 백성이든지 징용할 권리를 가지고 있었습니다. 십자가를 지고 가시는 예수님의 지친 모습을 본 백인대장은 시골에서 온 시몬이라는 키레네 사람을 붙잡아 예수님이 지고 가시던 십자가를 대신 지게 하였습니다(루카 23,26 참조). 십자가를 지고 예수님의 뒤를 따른 시몬이 오늘날 그리스도를 따르는 제자들의 본

보기로 제시되고 있습니다(루카 9,23; 14,27 참조).

키레네는 북아프리카 해안 지방의 식민지였습니다. 그 땅에 많은 유다인들이 이주하여 살았고(사도 2,10; 11,20 참조), 여러 가지 특권을 누리고 있었습니다. 시몬은 이미 키레네를 떠나 조국으로 돌아와 예루살렘 도성이나 그 근처에 살고 있던 사람인 듯합니다. 마르코 복음사가는 시몬이 알렉산드로스와 루포스의 아버지였다는 사실을 기록하였습니다(마르 15,21 참조). 키레네 출신인 시몬의 신원을 애써 밝힌 것을 보면, 그의 아들들이 초창기 교회에 잘 알려진 인물이었음을 짐작할 수 있습니다(로마 16,13 참조).

예루살렘 여인들을 위로하시는 예수님(루카 23,27-29)

십자가를 지고 가시는 예수님을 많은 군중이 따라갔습니다. 그 군중 대다수는 예수님의 사형 집행을 구경거리로 생각하고 호기심에 따라나섰습니다. 그러나 소수이지만 끝까지 예수님께 충실하며 근심과 슬픔 속에서 사형이 끝나기를 기다리는 사람들도 있었습니다. 그 무리 가운데 예루살렘 도성에 사는 여인들도 섞여 있었습니다(루카 23,27 참조). 그 여인들은 차마 눈뜨고 볼 수 없는 예수님의 고통을 애절한 마음으로 슬퍼하고 있었습니다. 예루살렘 여인들이 예수님 때문에 가슴을 치며 통곡하는 모습은 즈카르야서 12장 10절의 내용을 연상하게 합니다.

"나는 다윗 집안과 예루살렘 주민들 위에 은총과 자비를 구하는 영을 부어 주겠다. 그리하여 그들은 나를, 곧 자기들이 찌른 이를 바라보며, 외아들을 잃고 곡하듯이 그를 위하여 곡하고, 맏아들을 잃고 슬피 울듯이 그를 위하여 슬피 울 것이다."

예수님은 여인들의 눈물을 보시고 감동하셨습니다. 십자가형 사형수에게는 약간의 자유가 허용되어 있었습니다. 그 관습을 이용하시어 예수님은 당신을 위해 눈물을 흘리는 여인들을 보시고 잠시 당신의 죽음과 고통을 잊으신 채 그 여인들에게 자애로운 말씀을 해 주셨습니다. 예수님은 머지않아 그 여인들과 자녀들을 휩쓸 큰 재난만을 생각하셨습니다. 만일 여인들이 자기들에게 어떤 재난이 임박하고 있는지를 알았다면 오히려 자기네의 신세 때문에 울었을 것입니다.

예수님이 사도들에게 예언하신 대로 예루살렘이 멸망할 큰 재난이 머지않아 닥칠 것입니다(루카 21,20-24 참조). 지금까지 예루살렘에 사는 유다인들에게는 자녀를 낳는다는 것이 하느님의 큰 축복을 의미하였습니다. 그러나 지금은 여인들 자신뿐만 아니라 젖을 먹는 갓난아기와 자녀들을 위해 근심해야 할 때입니다(루카 23,28-29 참조).

골고타 즉 해골 터

빌라도가 예수님께 십자가 사형을 선고하였던 안토니아 요새에서 사형장인 골고타까지의 거리는 약 600미터쯤 됩니다. 예수님은 채찍으로 심하게 맞아 여기저기에서 피가 흐르는 몸으로 무거운 십자가를 지고 가셨기 때문에 지쳐서 세 번씩이나 넘어지시면서 십자가의 길을 가셨습니다. 마침내 예수님이 십자가를 지고 골고타에 도착하셨습니다(마르 15,22 참조).

'해골'을 뜻하는 아람어 '굴갈타'를 히브리어로 음역한 것이 '골고타'입니다(요한 19,17 참조). 라틴어로는 '갈바리아calvaria'라고 합니다. 해골 터는 예루살렘 성벽 밖으로 조금 떨어진 곳에 있던 바위가 많은 작은 언덕입니다.

몰약을 탄 포도주

예수님은 십자가를 지고 세 번이나 쓰러지시면서 골고타까지 가셨기 때문에 갈증이 심하셨습니다. 로마 군사들이 예수님의 갈증을 풀어 주는 동시에 또 이제부터 받을 새로운 고난을 견딜 수 있도록 진통제 역할을 하는 '몰약을 탄 포도주'를 마시게 하였습니다.

마태오 복음사가는 시편 69편 22절의 예언이 성취되었음을 나타내려고 "쓸개즙을 섞은 포도주"를 예수님께 드렸다고 기록하였습니다(마태 27,34 참조). 마태오 복음사가는 병사들의 행동이 예수님의 고통을 덜어 주려는 동정심이 아니라, 마실 수 없는 음료를 권하여 예수님을 다시 한 번 놀리려는 악의임을 강조하는 듯합니다.

예수님은 그 음료를 맛보고서 거절하셨습니다(마태 27,34 참조). 끝까지 모든 고통을 참아 내려고 하셨던 것입니다. 십자가에 못 박힌 다음에 로마 군사가 예수님께 드린 초와 이 음료는 서로 다른 것입니다.

7) 십자가에 못 박히시다(마태 27,35-44; 마르 15,24-32; 루카 23,33-43; 요한 19,18-27)

십자가에 못 박히심

복음사가들은 예수님을 십자가에 못 박는 광경을 상세하게 기록하지 않고, 십자가에 못 박았다고만 기록하였습니다. 따라서 십자가에 못 박는 광경을 자세히 알려면 당시의 관습과 옛 문헌을 참고할 수밖에 없습니다.

십자가에 어떻게 사형수를 못 박았는지도 분명하지 않습니다. 로마인들은 흔히 기둥을 먼저 세우고 땅에 놓았던 가름대에 죄수의 양팔을 벌려, 양손에 못을 박고 나서 그것을 들어서 기둥에 달았습니다. 그리고 아래로 쳐진 발에 못을 박습니다. 오른발, 왼발 따로따로 못 박았을 것입니다.

부활하신 예수님은 못 박힌 자국이 있는 손과 발을 토마스와 제자들에게 보여 주셨습니다(루카 24,39-40; 요한 20,27 참조). 이것을 볼 때, 예수님을 십자가에 매어 단 것이 아니라 못을 박았다는 사실은 확실합니다. 두 발을 못 하나로 박은 십자가는 12세기 이후에 만든 십자고상에만 표현되어 있습니다.

유다인들은 특히 체면을 엄격하게 지켰으므로 사형수의 경우에도 겉옷만 벗기고, 허리에 걸친 속옷은 벗기지 않았습니다. 그러나 로마인들의 관습은 사형수의 속옷까지 모두 벗기고 처형하였습니다. 예수님은 로마 군사에 의해 십자가에 못 박혔기 때문에 옷이 전부 벗겨진 채 십자가에 못 박히셨을 것입니다.

의복이 귀했던 고대에는 전투 중에 전사한 병사나 사형수가 입었던 옷을 벗겨서 승리자들이 나누어 가질 권리가 있었습니다. 예수님이 입었던 옷을 사형 집행자들이 나누어 가졌다고 4복음서에 기록되어 있습니다. 마르코와 요한 복음서의 기록을 종합하면 예수님의 겉옷은 네 몫으로 나누어 네 명의 병사들이 한몫씩 차지하였습니다. 예수님의 속옷은 솔기가 없이 통으로 짠 것이어서 찢어 나누지 않고 제비를 뽑아 한 사람이 다 가져갔습니다(요한 19,23-24 참조). 그리하여 구약 성경에 기록된 예언이 이루어졌습니다(시편 22,19 참조). 그리고 예수님이 머리에 썼던 두건과 신발도 나누어 가졌을 것입니다.

십자가의 명패

예수님을 못 박은 십자가에는 "유다인들의 임금 나자렛 사람 예수"(요한 19,19)라는 명패가 걸렸습니다. 이러한 명패는 형벌의 일부에 속하였습니다. '유다인들의 임금 나자렛 사람 예수'라는 명패는 아마도 빌라도가 고심하며 생각해 낸 죄명이었을 것입니다. 우선 유다인들의 임금이 이렇게 창피한 형벌을 받는다고 유다인 전체를 야유하면서도, 동시에 빌라도 자신이 유다인의 임금까지도 처벌할 권위가 있음을 자랑스럽게 나타내기 위하여 생각해 낸 죄명이었습니다. 이 명패는 어느 나라 사람이든지 다 읽을 수 있도록 히브리어, 라틴어, 그리스어로 쓰여 있었습니다. 그래서 십자가 아래를 지나가는 어느 나라 사람이든지 예수님의 이름과 죄목을 읽을 수 있었습니다(마태 27,37; 마르 15,26; 루카 23,38; 요한 19,19-20 참조).

"유다인들의 임금"이라는 이 명패를 본 예수님의 적대자들은 모욕을 느끼고 분개하였습니다. 그래서 그들은 빌라도에게 가서 '유다인들의 임금'이라 쓰지 말고 '자칭 유다인들의 임금'이라고 써 붙여야 한다고 강력히 요구하였습니다. 그러나 빌라도는 자기의 나약한 의지를 약점으로 잡고 양심이 허락하지 않는 판결을 내리도록 협박한 유다인 지도자들에게 복수할 수 있는 계기가 왔다고 흐뭇해하였습니다. 그래서 단호하게 "한번 썼으면 그만이오." 하고 그들의 요구를 한마디로 거절하였습니다(요한 19,19-22 참조).

이러한 빌라도의 태도로 미루어 볼 때 위에서 말한 대로 예수님의 사형 판결문을 서류로 작성하는 법률적인 절차를 거쳤음이 확실합니다. 만일

십자가
프라 안젤리코(Fra Angelico, 1395~1455년), 1420~1423?년,
목판에 템페라, 메트로폴리탄 미술관, 뉴욕, 미국.

명패를 바꾼다면 이미 잘 써 놓은 사형 판결문을 다시 새로 작성해야 할 것입니다. 이처럼 귀찮은 일을 빌라도가 다시 할 필요가 어디 있겠습니까? 사실 예수님은 빌라도의 자발적인 의지에 의한 정식 재판으로 사형이 선고되었다기보다는, 최고 의회의 횡포에 가까운 강압에 따른 음모 때문에 사형이 선고된 것입니다. 사형을 집행한 로마 군사들은 과격하고 맹목적인 증오로 가득 찬 유다인들의 심부름꾼에 불과했던 것입니다.

요한 복음사가는 이 명패의 상징적인 성격을 강조하였습니다. 십자가를 통하여 예수님은 자동적으로 메시아이자 임금으로 만천하에 선포되신 것입니다(요한 10,14-16; 11,50-52; 12,31-33 참조). 빌라도는 다시 한 번 자기도 모르는 사이에 예수님을 임금으로 표현함으로써 예언자의 역할을 대행한 셈입니다.

십자가에 걸린 라틴어 명패는 "IESUS NAZARENUS REX IUDAEORUM"(유다인들의 임금 나자렛 사람 예수)(요한 19,19)이었습니다. 오늘날 모든 성당과 신자 가정에 걸려 있는 십자고상에는 예수님의 머리 위에 "IESUS NAZARENUS REX IUDAEORUM"의 앞 철자만 따서 "INRI"라고 쓰여 있습니다.

함께 처형된 두 죄수

유다인들의 율법에 따르면 같은 날 두 사람 이상 사형을 집행하는 것을 금지하고 있었습니다. 그러나 예수님이 처형되신 때 예수님과 함께 두 죄수도 사형장에 끌려갔습니다. 두 죄수는 예수님의 오른편과 왼편 십자가에 달렸습니다(루카 23,32-33 참조). 요세푸스의 역사서에 보면 로마 정부가 유다인들에게 집단 사형을 여러 차례 집행하였다고 기록되어 있습니다. 빌라도가 죄수 세 명을 같은 날에 사형을 집행시킨 것은 그러한 관례가 있었기 때문일 것입니다.

빌라도는 교만한 유다인 지도자들에게 반격하는 의도로 유다인 최고 의회가 떠들썩하게 요란을 떨 만큼 영향력이 큰 예수님을 두 죄수 가운데 끼워 처형함으로써, 그분을 임금이라 부르던 유다인들의 콧대를 꺾으려고 했던 것일 수도 있습니다.

이 두 죄수의 죄목이 무엇인지는 명백하지 않습니다. 루카 복음서에는 죄수라고만 기록되어 있습니다. 마태오와 마르코 복음서에는 그들을 강도, 곧 흉기를 가지고 약탈과 도둑질을 한 자라고 기록되어 있습니다.

빌라도가 중죄를 범한 무법자들 가운데 하나로 예수님을 처벌함으로써 자기도 모르는 사이에 "그는 죽음에 이르기까지 자신을 버리고 무법자들 가운데 하나로 헤아려졌다."(이사 53,12 참조)라는 이사야 예언서의 예언을 실현시켰습니다(마르 15,28; 루카 22,37 참조).

행인들의 조롱

예수님이 못 박히신 십자가 아래를 지나가는 사람들이 모두가 한통속이 되어 예수님을 조롱하였습니다. 행인들은 목요일 밤 카야파가 주재한 광적인 재판 과정에서 예수님의 성전 파괴에 대한 말씀을 곡해한 증언이 나왔다는 소문을 듣고 수군거렸습니다.

그 소문은 예수님이 성전에서 소란스럽게 장사하는 잡상인들을 쫓아내면서 성전을 정화하셨을 때 언급하신 것입니다. 예수님은 자신의 권리를 시비하는 유다인들의 비난에 대하여 "이 성전을 허물어라. 그러면 내가 사흘 안에 다시 세우겠다."(요한 2,19) 하고 대답하신 적이 있습니다. 파괴된 성전을 사흘 안에 다시 짓겠다는 말씀은 돌아가시고 사흘 만에 부활할 당신의 몸을 두고 예언하신 것입니다(요한 2,21 참조). 사실 예수님은 당신이 성전을 파괴한다는 말씀을 한 번도 하신 적이 없습니다. 다만 성전이 파괴될 것임을 예언하셨을 뿐입니다(마르 13,2 참조). 그리고 당신이 "하느님의 성전"의 주인이라고 과감히 선언하시어 예수님의 유일무이한 존엄성을 부각시키셨을 뿐입니다. 그런데 이러한 소문이 와전되어 예수님이 카야파의 신문을 받으셨을 때 거짓 증인들이 예수님을 고발하는 빌미가 된 것입니다.

지나가던 사람들이 예수님을 모욕하는 몸짓으로 머리를 흔들며 조롱하였습니다. "만일 네가 성전을 헐고 사흘 만에 다시 세울 힘이 있다면 그 힘을 써서 십자가에서 내려와 네 목숨이나 건져라. 정말 하느님의 아들이거든 어서 십자가에서 내려와 보아라. 그러면 생명을 구할 뿐만 아니라 네 말이 신성 모독이 아니었다는 증명도 될 것이다."(마태 27,39-41 참조).

빌라도는 예수님이 임금이라는 점에 주목하였으나, 대사제와 수석 사제들을 비롯한 유다인 지도자들이 문제 삼은 것은 예수님의 신성 모독 죄에 관한 것이었습니다. 그래서 십자가 아래를 지나가던 행인들도 유다인 지도자들을 따라서 맹목적으로 예수님을 조롱하는 말을 한 것입니다.

좁은 의미의 '신성 모독'은 직접적으로 하느님이나, 그분의 이름과 권능 그리고 특권을 모욕하는 행위를 뜻합니다. 넓은 의미의 '신성 모독'은 하느님에게서 사명을 부여받은 사람이나 거룩한 제도, 성전을 모욕하는 행위도 포함됩니다.

수난 전날, 목요일 밤 예수님은 최고 의회 의원들 앞에서 자신이 하느님의 아들이라고 선언하셨습니다. 그래서 행인들이 십자가에 달리신 예수님에게 "네가 정말 하느님의 아들이거든 어서 십자가에서 내려와 보아라." 하고 모욕한 것입니다. 이때 예수님이 군중의 모욕에 대응하지 않으시고 십자가에서 내려오지 않으셨습니다. 우리는 이 점을 깊이 묵상해야 할 것입니다.

군사들의 조롱

예수님이 숨을 거두시기 직전에 "엘리 엘리 레마 사박타니?"(마태 27,46) 하고 외쳤을 때, 한 병사가 십자가에 달려 몹시 괴로워하는 예수님을 동정하여 신 포도주를 주었습니다(마태 27,48; 마르 15,36 참조).

초를 탄 신 포도주는 로마 군사들의 음료였습니다. 병사는 "만일 임금이라는 칭호를 가지고 있으면서도 죽음을 피할 수가 없다면 그 엄청난 칭호가 무슨 소용이 있나." 하고 중얼거렸습니다. 외견상 이 착한 행실도 그의 중얼거림 때문에 조롱의 표시가 되었습니다. 결국 그는 예수님의 임금이라는 칭호를 비웃은 것입니다.

빌라도가 예수님의 죄목으로 정한 "유다인들의 임금"이라는 죄목 때문에 빌라도의 명령에 따라 예수님을 십자가에 매단 로마 군사들도 예수님을 빈정거린 것입니다(루카 23,36-37 참조).

예수님의 적대자들의 악담

사두가이파 수석 사제들과 바리사이파 율법 학자들, 원로들인 최고 의회 의원들이 어수룩한 백성을 선동하여 예수님을 죽음으로 몰아세운 주동자들입니다. 적어도 2년 전부터 예수님을 제거할 기회를 노리던 그들은 승리의 쾌감을 즐기려고 십자가 주변에 모두 모여들었습니다.

그들의 조롱은 백성들의 모욕보다 더 심한 악담이었습니다. "남을 살리면서 자기는 못 살리는구나. 태생 소경을 눈 뜨게 하고, 죽은 라자로를 되살린 예수가 자기 자신을 구할 수 없으니 참으로 한심하구나!"(마태 27,42 참조) 하고 비웃었습니다. 그들은 예수님이 여러 사람들에게 베풀어 주신 여러 가지 사랑까지도 조롱감으로 삼고 있지만, 오히려 역설적으로 예수님의 기적을 선전하고 있는 셈입니다.

예수님의 적대자들은 하루 전, 목요일까지만 해도 예수님의 기적의 힘이 두려워 예수님을 체포하기 위해 무장한 군사들까지 동원하였습니다. 그들이 이제는 예수님의 무기력한 모습을 보고 아무것도 두려울 것이 없다고 안하무인의 태도를 보입니다. "저 사람이 이스라엘의 임금이래. 십자가에서 한번 내려와 보시지! 그러면 우리가 믿고말고!" 하고 빈정거렸습니다. 예수님의 적대자들은 예수님이 행하셨던 굉장한 기적들을 여러 번 목격한 자들이었습니다. 예수님의 엄청난 능력에 기가 질려 왔던 그들이 이제 예수님이 무능력자로 보이자 예수님께 앙갚음을 하는 것입니다.

"저 사람이 하느님을 믿고 또 자기가 하느님의 아들이라고 했으니, 하느님께서 저자가 마음에 드시면 어디 살려 보시라지!"(마태 27,43 참조)라고 하면서 하느님도 조롱하였습니다. 무슨 뜻인지조차 모르는 오만불손한 언사를 서슴없이 지껄이는 그들에게 하느님이 응답하실 리 만무합니다. 예수님의 기적을 다시 한 번 돌아본다면 제멋대로 하느님께 기적을 요구하지는 못할 것입니다.

그들은 예수님이 만일 지금 당장 십자가에서 내려온다면 자기들이 예수님을 믿겠다고 말하였습니다. 그러나 이렇게 말하는 것은 진심으로 그럴 마음이 있어서가 아닙니다. 잡히신 순간부터 완전히 무력하게 보이는 예수님이 기적을 행할 힘이 없다고 믿고 경멸하는 말입니다. 바야흐로 암흑의 세력이 지배하는 때가 오고 있습니다.

오른쪽 강도와 왼쪽 강도

예수님과 함께 십자가에 달린 강도들도 지나가던 행인들과 마찬가지로 예수님께 비아냥거렸습니다(마태 27,44; 마르 15,32 참조). 루카 복음사가는 확실한 전통에 근거하여 예수님과 함께 십자가에 처형된 두 강도들 중 한 사람이 "당신은 메시아가 아니시오? 당신 자신과 우리를 구원해 보시오."(루카 23,39) 하고 예수님을 모욕한 것을 기록하였습니다.

자기의 일생을 반성하고 있던 다른 강도는 같이 사형을 받은 강도가 예수님께 모욕하는 말을 던지자 참을 수 없었습니다. 죽음을 앞둔 지금 늦게나마 하느님을 두려워하고 과거의 죄를 뉘우쳐야 할 때라고 여긴 회심한 강도는 하느님 앞에 참회하고 있었습니다. 그런데 함께 처형되는 강도가 예수님을 모욕하니 그를 꾸짖을 수밖에 없었습니다.

"같이 처형을 받는 주제에 너는 하느님이 두렵지도 않으냐? 우리야 당연히 우리가 저지른 짓에 합당한 벌을 받지만, 이분은 아무런 잘못도 하지 않으셨다."(루카 23,40-41) 예수님의 인내와 자비에 감동을 받은 회심한 강도는 예수님으로부터 "오늘 네가 정녕 나와 함께 낙원에 들어가게 될 것이다."(루카 23,43 참조)라는 은총의 말씀을 듣게 됩니다.

이 이야기 외에도 예수님의 말씀에 죄인이 회개하는 여러 가지 이야기들은 루카 복음서에만 쓰여 있습니다(루카 7,36-50; 19,1-10 참조).

뉘우치는 강도

회심한 강도는 틀림없이 유다인이었을 것입니다. 그는 자기의 죄과를 후회하면서 사형 처분을 당연하게 여기고 있었습니다. 이것은 이미 그의 회개를 볼 수 있는 부분입니다. 그리고 지금 자기와 같이 십자가에 달린 예수님은 사형을 받을 만한 죄를 짓지 않으셨음을 확신하고 있었습니다. 함께 사형을 당하고 있는 처지에서 예수님의 무죄를 확신한다는 것은 회심한 강도에게 확고한 믿음이 있었음을 증명합니다. 그의 회개와 믿음은 그의 구원의 시작이 되었습니다.

예수님의 축복을 받은 강도에 관하여 신기한 이야기가 전설처럼 전해지고 있습니다. 동방 박사들로부터 아기 예수님의 탄생을 전해 들은 헤로데는 자기의 왕권의 위협을 느껴 베들레헴 근처에 사는 두 살 이하의 남자 아기들을 모조리 학살하였습니다. 헤로데 임금의 학살을 피하라는 천사의 지시를 받은 요셉 성인이 성모님과 아기 예수님을 데리고 이집트로 피난하였습니다. 그 도중에 사막에 있는 여관에 머물렀을 때 성모님이 그 여관 여주인에게 물을 청하여 아기 예수님을 목욕시켰습니다. 여관 여주인은 아기 예수님이 몸을 담갔던 물에 나병을 앓고 있던 자기 아기를 씻졌으면 좋겠다고 청했답니다.

아기 예수님의 현존으로 거룩하게 된 물에 그 여주인의 아기가 닿자마자 그 아기의 나병이 깨끗이 낳았다고 합니다. 그 아기는 무탈하게 자랐지만, 잘못된 길로 빠져 강도가 되었는데 바로 그가 예수님의 오른편 십자가에 못 박힌 자라고 합니다. 그 강도는 지금 자기 곁에 못 박힌 예수님을 바라보면서 그의 어머니가 들려주었던 어릴 적 이야기를 떠올렸을 것입니다.

한 가지 이야기가 더 전해집니다. 예수님이 군중에게 착한 사마리아인의 비유를 말씀하고 계시던 날이었습니다. 우연하게 그 강도가 그 곁을 지나다가 예수님의 비유 이야기를 듣게 되었습니다. 어떤 사람이 예루살렘에서 예리코로 가던 도중에 강도들에게 반죽음을 당했다는 예수님의 비유 이야기를 들으면서 강도인 그는 심한 양심의 가책을 느꼈습니다. 바로 그날이 그가 예수님을 처음으로 가까이 뵌 날이었을 것입니다.

그리고 구세주와 함께 십자가형을 받으면서 "유다인들의 임금 나자렛 예수"라는 명패를 읽었을 때 바로 이분이 예수님이심을 알아보았을 것입니다. 그는 예수님이 외형상 죄수의 신분으로 십자가에 달려 계시지만 실상은 왕좌에 계신 임금이시라는 것을 알아보았습니다. 오른편 십자가에 못 박힌 그 강도의 영혼은 예수님의 입에서 사랑과 자비의 불꽃이 일어나는 그 순간, 신앙의 불꽃이 불붙을 준비가 되어 있었습니다.

뉘우치는 죄인의 축복

자기의 죄를 뉘우치는 회심한 강도는 뉘우칠 줄 모르는 완고한 죄수를 꾸짖고 나서 "예수님, 선생님의 나라에 들어가실 때 저를 기억해 주십시오."(루카 23,42) 하고 직접 예수님께 청원하였습니다. 착한 죄수는 당시의 보통 유다인들처럼 예수님의 지상적 메시아니즘을 믿고 있었습니다. 그는 예수님이 부활하신 다음 세우실 나라의 왕권을 가지고 계심을 믿었습니다. 그는 "살려주십시오."라거나 "구해 주십시오."라고 하면서 현세의 삶을 청하지 않았습니다. 단지 예수님이 임금이 되어 오실 때에 자신을 기억해 달라고 간청하였습니다. 자기도 그 나라에 가고 싶었던 것입니다.

뉘우치는 죄수의 신앙 고백을 들은 예수님은 그에게 "오늘 너는 정녕 나와 함께 낙원에 들어가게 될 것이다."(루카 23,43 참조)라고 자비롭게 응답하셨습니다. 죽는 자리에서 진정으로 뉘우치며 주님께 의탁함으로써 구원받은 도둑의 이름은 '디스마'라고 전해지고 있습니다.

회심한 강도가 말한 "선생님의 나라에 들어가실 때"는 초창기 신자들의 믿음대로 예수님이 영광 중에 임금으로 재림하시는 모습을 말하는 것으로 이해됩니다(루카 24,26 참조).

낙원

구약 성경에 그리스어로 기록되어 있는 '낙원'이라는 단어는, 온갖 즐거움을 누릴 수 있는 나무가 우거진 행복한 공원을 뜻합니다(아가 4,13; 코헬 2,5-6 참조). 신약 성경에서는 이 단어가 두 번 더 나옵니다(2코린 12,4; 묵시 2,7 참조).

교부들은 '낙원'이라는 말을 하늘나라나 에덴동산을 뜻하는 것으로 이해하였습니다. 이와는 달리 어느 성서학자는 이렇게 설명하였습니다. "낙원이라고 한 곳은 구약 시대의 고성소를 가리킨다. 그리스도께서 돌아가신 다음 구약 시대의 다른 영혼들과 마찬가지로 고성소로 가셨다. 거기에서 회심한 강도는 예수님과 함께 있게 되므로 역시 행복할 것이다." 그러나 암브로시오 성인은 "참생명은 그리스도와 함께 사는 것이므로 그리스도께서 계신 곳에 생명도 있고, 그곳이 하느님 나라다."라고 설명하였습니다.

그 당시의 일부 유다인들에 따르면 '낙원'은 죽은 의인들이 부활을 기다리던 곳이었습니다. '낙원'이라는 말이 명시되지는 않지만 루카 복음사가는 부자와 라자로의 비유에서 아브라함이 있는 곳을 낙원으로 암시하였습니다(루카 16,19-31 참조).

8) 예수님이 돌아가심

(1) 예수님이 숨을 거두심(마태 27,50; 마르 15,37; 루카 23,46)

예수님은 십자가에 못 박히신 지 세 시간쯤 지나서 "아버지, '제 영을 아버지 손에 맡깁니다.'"(루카 23,46) 하고 말씀하시며 숨을 거두셨습니다. 예수님은 시편 31편 6절의 말씀으로 기도하신 것입니다. 그리고 이 기도도 다른 모든 경우와 마찬가지로 "아버지"를 부르는 것으로 시작됩니다(루카 10,21; 22,42; 23,34 참조). 그래서 예수님의 십자가 상 마지막 말씀도 '아버지'로 시작됩니다.

어느 누가 자기가 원하는 시각에 죽을 수 있습니까? 자기 마음대로 생사를 정할 수 있는 사람이 어디 있습니까? 그러나 예수님은 당신의 사명을 완수해 나아가시면서 숨을 거두는 순간까지, 당신의 의지로 모든 것을 완벽히 주재하시는 모습을 보여 주셨습니다.

극심한 고통 중에도 품격 높은 자세를 조금도 흐트러뜨리지 않으시던 예수님은 섭리의 때가 오자, 당신의 영혼을 아버지의 손에 맡기셨습니다. "숨을 거두셨다."라는 말은 성부께 목숨을 돌려 드리면서 평화로이 그분께 돌아가심을 뜻합니다.

금요일 오후 세 시쯤 성전에서는 파스카 축제를 준비하는 행사가 거행되고 있었습니다. 이집트 노예살이에서 해방되었음을 기념하는 파스카 어린양들이 수천 마리나 도살되고 있었습니다. 바로 그 시각에 인류를 죄의 노예에서 해방시키는 하느님의 어린양이신 예수님은, 골고타에서 당신의 거룩하고 깨끗한 희생을 인류의 대속代贖 제물로서 바치셨던 것입니다(1코린 5,7 참조).

성전 휘장이 찢어짐

예수님이 숨을 거두시자 성전 휘장이 위에서 아래까지 두 갈래로 찢어졌습니다(마태 27,51; 마르 15,38; 루카 23,45 참조). 이 현장을 목격한 사제들은 놀라 쓰러졌습니다. 나중에 그리스도교를 믿게 된 사제들이 이 사건을 신자들에게 알려 주었을 것입니다(사도 6,7 참조).

성전의 휘장은 두 군데 있었습니다. 하나는 성전 앞에 또 하나는 지성소 앞에 친 것이었습니다(탈출 26,33; 히브 9,3 참조).

성전 앞에 친 휘장은 성전 건물과 뜰을 구분하는 것이었습니다. 다른 민족들은 그 휘장 앞 이방인의 뜰까지만 들어갈 수 있었습니다. 이 휘장이 찢어졌다는 것은 예수님의 속죄의 죽음으로써 이제 이민족들도 하느님이 현존하시는 곳으로 들어갈 수 있게 되었음을 의미합니다.

지성소 앞의 휘장은 사제가 아닌 사람들은 들어갈 수 없음을 표시한 것입니다. 휘장은 죄 많은 인간들은 원칙적으로 거룩하신 하느님께 다가갈 수 없음을 상기시켜 왔습니다. 그런데 이 휘장이 찢어짐으로써 예수님의 속죄의 죽음으로 하느님께 가는 '길'이 영원히 열렸다는 것을 나타냅니다. 이는 곧 옛 성전과 옛 사제직의 종말을 상징합니다.

복음서에는 어느 휘장이 찢어졌는지 뚜렷하게 쓰여 있지 않습니다. 대다수의 학자들은 예수님이 숨을 거두실 때 찢어진 휘장은 지성소 앞에 쳐져 있던 휘장이었다고 설명합니다. 유다교의 중심인 지성소의 휘장이 찢어졌을 것이라는 말입니다. 이는 그리스도의 속죄적인 죽음으로 구약의 율법이 폐지되었음을 뜻하는 것입니다.

땅이 흔들림

마태오 복음사가는 예수님이 숨을 거두실 때 땅이 흔들리며 지진이 있었다고 기록하였습니다(마태 27,51 참조). 아마 일부 지역에서 지진이 일어났을 것입니다. AD 4세기에 예루살렘의 치릴로 성인은 갈바리아 언덕 바위에 갈라진 틈이 이 지진 때문에 생긴 것이라고 말하였습니다. 신비스럽게 세로로 갈라진 이 틈은 폭 15센티미터, 길이 2미터나 되는 것으로 지금도 볼 수 있습니다.

예수님이 돌아가셨을 때 일어난 신비로운 사건 가운데 가장 진귀한 것은 성도들이 부활한 것이었습니다. 지진 때문에 바위가 갈라지고 무덤이 열렸습니다(마태 27,52-53 참조). 그러나 무덤에서 옛 성도들이 나온 것은 예수님 부활 후의 일이었습니다. "그리스도께서는 죽은 자들 가운데서 다시 살아나셔서 죽었다가 부활한 첫 사람이 되셨습니다."(1코린 15,20 참조)

(2) 십자가 아래 서 있던 사람들(마태 27,54-56; 마르 15,39-41; 루카 23,47-49)

백인대장의 신앙 고백

로마법에 따라 사형을 집행한 이들은 말을 탄 지휘관인 백인대장과 병사 네 명이었습니다. 이 병사들은 그리스도의 죽음으로 회개한 최초의 사람들로 보입니다. 그들은 목요일부터 줄곧 최고 의회 의원들의 증오, 예수님의 인내, 빌라도의 낭패, 예수님의 명패, 대낮의 어두움, 예수님의 십자가 상 외침, 지진 등을 듣고 보았습니다. 그들은 종교적 공포를 신앙 고백으로 바꾸었습니다.

골고타 언덕에서 이루어진 신비로운 현상과 예수님의 말씀은 사형 집행관인 백인대장의 마음에 예수님이 하느님의 참된 아드님이란 확신을 심어 주었습니다. 그는 빌라도와 같이 예수님의 무죄를 인정하였을 뿐만 아니라 예수님이 죄 없는 사람 곧 의인이심을 알았습니다. 예수님이 최고 의회 의원과 빌라도 앞에서 그분의 사명과 신성神性에 대하여 하셨던 선언도 진리였다고 믿게 되었습니다. 예수님이 자신이 하느님의 아드님 그리스도라고 하신 말씀은 거짓이 아니었습니다. 백인대장은 지금 이 죄 없으신 분에 대한 하느님의 명백한 섭리를 보았습니다.

마태오와 마르코 복음서에는 백인대장이 "이 사람이야말로 정말 하느님의 아드님이었구나!"(마태 27,56; 마르 15,39) 하고 말하였다고 기록되어 있습니다. 백인대장 곁에 있던 병사들도 그렇게 느꼈을 것입니다. 그들은 총독 관저에서 그리고 십자가 아래에서 유다인들이 예수님을 '하느님의 아들'이라며 야유하던 말을 들었습니다. 그런 이유로 예수님이 잡히시어 십자가에 달리셨다고 알 수 있었을 것입니다. 그들이 그 깊은 뜻을 다 깨닫지는 못하였을지 모르나 십자가에 못 박히신 분이 '죄 없는 사람'이고 '하느님의 아드님'이심을 공감하고 있었습니다.

AD 4세기 이전부터 전해 오는 전설에 따르면, 이 백인대장은 후일에 그리스도교에 입교하여 순교한 론지노 성인이라고 전해지고 있습니다.

십자가 아래 서 있던 군중의 감동

루카 복음사가는 예수님의 죽음을 목격한 사람들의 모습을 자세히 기록하였습니다. 십자가 아래 서 있던 군중은 가슴을 치며 자기들이 범한 과오를 뉘우쳤습니다. 군중은 빌라도가 재판할 때 불타는 듯한 증오를 보였으나 예수님이 십자가에 달렸을 때 묵묵히 쳐다보고 있었습니다. 그러나 지금은 회개하였습니다. 그들은 더 이상 최고 의회 의원들의 조종에 놀아나지 않습니다.

예수님이 수난과 죽음을 견디어 내시는 초연한 자세, 그분의 용서의 말씀, 하느님께 자신을 속죄의 제물로 바치시는 마음 그리고 눈앞에 벌어진 하늘의 징조를 통하여 십자가 아래에 서 있던 군중은 자신들의 잘못을 깨달았습니다. 어떤 말보다도 명백하게, 가슴을 치면서 떠나가는 이 군중의 뉘우치는 태도는 참된 회개와 공포를 나타냅니다(루카 23,48 참조). 그들은 그 자리에 나타났던 신비로운 표징이 하느님의 아드님을 죽인 범죄 때문에 시작되는 하느님의 응징이 아닌가 하고 두려워했던 것 같습니다.

예수님을 십자가에 달아 죽인 적들은 예수님을 없애 버렸다고 만족하였을 것입니다. 그러나 그들이 예수님을 못 박은 십자가는 그리스도가 세우실 나라의 왕좌가 될 것입니다.

십자가 아래 서 있던 여인들

십자가 아래에는 예수님에 대한 충실과 사랑에 이끌려 그분을 따랐던 거룩한 여인들이 많이 와 있었습니다(루카 23,49 참조). "그들 가운데에는 마리아 막달레나, 작은 야고보와 요세의 어머니 마리아, 그리고 살로메가 있었다. 그들은 예수님께서 갈릴래아에 계실 때에 그분을 따르며 시중들던 여자들이었다. 그 밖에도 예수님과 함께 예루살렘에 올라온 다른 여자들도 많이 있었다."(마르 15,40-41)

인류를 대표하여 십자가 아래에 서 있는, 깊은 신앙과 따뜻한 사랑으로 가득 찬 여인들에게 찬사와 감사를 드립니다. 그 여인들은 잘 알려진 이들이었습니다. 티베리아스 호수 서쪽 해변가에서 온 마리아 막달레나는 예수님이 일곱 마귀를 쫓아내어 주셨던 여인입니다(마르 16,9; 루카 8,2 참조). 작은 야고보와 요세의 어머니 마리아는 알패오 클레오파스의 아내이며 시몬과 유다의 어머니이기도 합니다(마르 15,47; 16,1; 루카 24,10 참조). 마태오 복음사가는 이 여인을 "다른 마리아"라고 설명하였습니다(마태 27,61; 28,1 참조). 예수님의 어머니 마리아 또 베타니아의 마리아 그리고 마리아 막달레나는 서로 구별되는 이들입니다. 마지막으로 살로메는 제베대오의 아들들의 어머니였습니다(마태 27,56 참조). 이 경건한 여인들은 예수님이 공생활을 하실 때 자신들의 재산으로 예수님과 제자들을 도왔고, 또 그들과 함께 파스카 축제를 경축하기 위해 예루살렘으로 올라온 사람들이었습니다. 이 여인들과 함께 다른 여인들도 있었습니다.

앞의 여인들의 이름을 나열한 것은 그들이 잘 알려진 사람들이었기 때문입니다. 이름이 알려지지 않은 다른 여인들도 모두 경건한 여인들이었습니다.

(3) 군사가 예수님의 옆구리를 창으로 찌르다(요한 19,31-37)

로마인들에게는 십자가 사형수의 고통을 덜어 주는 관습이 없었습니다. 그러나 다리를 꺾는 것으로 형벌이 빨리 끝날 수 있게 하는 관습은 있었습니다. 또한 팔레스티나에서는 신명기의 규정을 지키기 위하여 밤에 사형수의 시신이 나무에 매달려 있지 않도록 하는 관습이 있었습니다(신명 21,22-23 참조).

예수님이 십자가에 못 박히신 날은 금요일이었습니다. 날이 저물면 안식일이 시작됩니다. 또 그해에는 공교롭게도 누룩 없는 빵을 먹는 무교절의 첫날이었습니다. 이날 예루살렘 도성은 각지에서 몰려든 순례자들로 가득 찼을 것입니다.

이전에 예루살렘에 로마 군대의 깃발이 휘날렸다는 것만으로 유다인들이 폭동을 일으켰습니다. 하물며 신명기의 엄격한 율법 규정을 거스르고 십자가에서 죽은 사형수의 시신이 밤새도록 공개되어 있는 모습을 예루살렘 도성을 꽉 메운 유다인들이 본다면, 틀림없이 걷잡을 수 없는 폭동이 일어나고야 말 것입니다.

마음이 조급해진 유다인 지도자들은 서둘러 빌라도에게 가서 사형수들이 빨리 죽을 수 있도록 조치를 취할 것을 요청하였습니다(요한 19,31 참조). 해가 지기 전에 죄수들이 죽는다면 그 시신을 십자가에서 내려 율법의 규정을 지킬 수 있었기 때문입니다. 빌라도는 이 정당하고 반가운 요구에 반대할 이유가 없었습니다, 오히려 이 귀찮은 문제를 될 수 있는 대로 말끔히 정리하려던 참이었습니다.

로마 군사들이 필요한 연장들을 가지고 갈바리아 언덕으로 파견되어 예수님 좌우의 두 강도들을 먼저 처리하였습니다. 십자가에 달려 있는 죄수의 목숨이 아직도 붙어 있다면 그 죄수들을 빨리 죽게 하기 위하여 다리를 쇠곤봉 같은 것으로 무자비하게 부러뜨리는 조치입니다.

로마 군사들이 예수님 앞에 가 보니 벌써 그분은 숨을 거두셨습니다. 그래서 다리를 꺾을 필요는 없었지만 죽음을 확인하려고 로마 군사 한 명이 예수님의 옆구리를 창으로 찔렀습니다.

피와 물

로마 군사가 찌른 그 상처에서 피와 물이 흘러나왔습니다(요한 19,34 참조). 모진 수난을 당하셨기 때문에 예수님의 늑막에 피와 물이 고여 있었는데, 이 늑막을 창으로 찌르니까 피와 함께 물이 나왔다고 설명하는 의학자도 있습니다. 목격자인 요한 사도의 증언이 자세하고 정확하였음을 알 수 있습니다. "피와 물이 흘러나왔다."라는 것은 우선 자연적인 현상으로 설명될 수 있습니다. 사망 직후에 피와 함께 흘러나오는 물은 늑막에서 나오는 림프액일 수 있습니다. 그러나 성경에서는 더 깊은 뜻이 담겨

십자가형
페테르 파울 루벤스(Peter Paul Rubens, 1577~1640년), 1620?년, 캔버스에 유채, 안트베르펜 왕립 미술관, 안트베르펜, 벨기에.

있을 것입니다.

라삐들의 전통에 따르면 사람의 몸은 물과 피로 구성되어 있어서 이 두 요소가 흘러나왔다는 것은 실체적인 죽음을 나타낸다고 합니다. 이로써 예수님이 외관상으로만 돌아가셨다는 초기 교회 시대의 이단자들이 주장한 가현설假現說의 해석은 틀린 것입니다.

예수님의 옆구리에서 흘러나온 피와 물의 상징적인 뜻이 전통적으로 중요시되어 왔습니다. 바오로 사도와 요한 사도는 피를 보속의 수단으로 보았습니다(로마 3,25; 1요한 1,7 참조). 물은 예수님의 십자가 희생의 효과로 말미암은 세례성사의 요소입니다(요한 3,5 참조).

요한 복음사가는 예수님이 피와 물을 흘리셨다는 사실을 성령의 오심을 가리키는 표징으로 간주한 듯합니다. 많은 학자들은 한 걸음 더 나아가 성사를 가리키는 상징으로 보기도 합니다. 곧 물은 세례성사를, 피는 성체성사를 뜻한다는 것입니다.

히에라폴리스의 주교 아뽈리나리스 성인은 피와 물을 정화淨化의 수단으로 보았습니다. 이러한 관념으로부터 새 아담이신 예수님의 옆구리에서 새로운 하와인 교회가 솟아났다는 신학에까지 이르렀습니다. 그리하여 차츰 이러한 신학 개념이 보급되어 아우구스티노 성인을 비롯한 여러 교부들도 동의하였습니다.

요한 복음사가는 이 사건을 매우 중요시하였습니다. 그는 복음서에 이렇게 보증하였습니다. "이것은 자기 눈으로 직접 본 사람의 증언입니다. 그러므로 이 증언은 참되며 이 증언을 하는 사람은 자기 말이 틀림없는 사실이라는 것을 잘 알고 있습니다."(요한 19,35 참조)

예언들의 성취

예수님의 죽음으로 두 가지 예언이 성취되었습니다(요한 19,36-37 참조).

첫 번째로는 "그의 뼈가 하나도 부러지지 않으리라."(시편 34,21 참조)라는 시편의 예언이 이루어졌습니다. 이것은 예수님이 백성을 위하여 희생이 되신 하느님의 어린양이심을 뜻합니다(1코린 5,7; 묵시 5,6.12 참조). 예수님을 예표한 파스카 어린양은 희생될 때 뼈를 부러뜨리지 않습니다(탈출 12,46; 민수 9,12 참조). 파스카 어린양에 관한 규정은 그리스도를 향한 신비적이고 영적인 뜻의 예언이었습니다.

두 번째로는 "그들은 자기들이 찌른 이를 바라볼 것이다."(즈카 12,10 참조)라는 즈카르야서의 예언이 실현되었습니다. 즈카르야서의 예언은 메시아에 관한 예언이며, 메시아 시대에 유다인들이 큰 범죄의 짐을 질 것이라고 일러 왔습니다. 그 범죄는 확실히 메시아의 살해를 뜻하는 것이었습니다. 그리스도를 찌른 것은 로마 군사였으나 사형에 대한 모든 책임은 유다인들에게 있기 때문입니다.

9) 예수님의 장례

(1) 아리마태아 출신 요셉(마태 27,57-58; 마르 15,42-45; 루카 23,50-52; 요한 19,38)

예수님의 시신을 지킨 제자

예수님이 십자가에 달리신 날이 저물어 가자, 여러 가지 일들이 서둘러 치러졌습니다. 첫째 유다인들이 빌라도에게 가서 안식일에 시신이 십자가에 달려 있지 않게 해 달라고 교섭한 일, 둘째 빌라도가 로마 군사들에게 수형자들의 다리를 부러뜨리고 옆구리를 찌르라는 명령을 내려 수행하게 한 일, 셋째 아리마태아 출신 요셉이 예수님의 시신을 내어 달라고 한 일, 넷째 빌라도의 허가를 받고 십자가에서 예수님의 시신을 내린 일, 다섯째 예수님을 무덤에 모신 일 등은 모두 오후 세 시에서부터 여섯 시 사이에 일어난 사건이었습니다. 날이 저물면 파스카 축제일 첫날 겸 안식일이 시작되기 때문에 모든 일을 서둘렀습니다(마르 15,42 참조).

금요일의 해가 이미 저물었습니다. 그날 밤 특별한 안식일이 시작되었습니다. 그 안식일이 파스카 축제일이었기 때문입니다(요한 19,31 참조). 시신은 부정한 것이므로 그날로 묻어야 했습니다(신명 21,22-23 참조). 율법을 형식적으로만 해석하고 지키는 데 관심을 가졌던 예수님의 적들은 수형자들의 죽음을 재촉하였습니다. 그날 밤 안식일이 시작되기 전에 시신을 묻어야 했기 때문입니다. 만일 아무도 예수님의 시신을 돌보지 않는다면 유다인 지도자들이 두 강도와 함께 예수님을 치워 버렸을 것입니다.

빌라도에게 예수님의 시신을 달라고 청함

다행히 예수님의 한 제자가 예수님의 시신을 지키고 있었습니다. 이 제자는 아리마태아라는 마을 출신의 요셉이라는 사람입니다. 이 사람에 대한 4복음서의 기록은 대체로 일치합니다.

마태오 복음서에는 그가 예수님의 제자였다고 기록되어 있고(마태 27,57 참조), 마르코 복음서에는 그가 명망 있는 최고 의회 의원으로서 하느님의 나라를 열심히 기다리던 사람이었다고 기록되어 있습니다(마르 15,43 참조).

그는 최고 의회의 의원으로서, 그날 아침 예수님의 재판에도 참가하였을 것입니다.

루카 복음서에는 요셉이 최고 의회 의원이며 착하고 의로운 사람이라고 기록되어 있습니다. 그는 하느님의 나라를 기다리는 사람으로서, 예수님의 처벌과 그분을 빌라도에게 넘기는 일을 동의하지 않았습니다(루카 23,50-51 참조).

요한 복음서에는 예수님의 제자였지만 유다인들이 두려워 그 사실을 숨기고 있던 사람으로 쓰여 있습니다(요한 19,38 참조). 아마 요셉은 예수님의 선교와 기적을 보고 크게 감동을 받았지만 모든 것을 버리고 예수님을 따라나설 결정적인 용기가 부족했던 모양입니다. 도덕적인 자격에서 보면 덕망이 있는 사람이요, 하느님을 충실히 섬긴 면에서 보면 올바른 사람이었습니다.

아리마태아 요셉의 용기

그러나 그는 예수님의 수난과 십자가에서 숨을 거두시는 사건을 목격하고, 예수님의 제자임을 용감히 드러내게 되었습니다. 예수님이 십자가에서 숨을 거두시자 정중하게 장례를 치루어 드리려고 결심하였습니다. 예수님에 대한 존경과 사랑 때문에 평소의 소심한 성격을 떨치고 용감히 예수님의 장례를 도맡을 결심을 하게 된 것입니다.

그는 사도들이 모두 도망친 상황에서 빌라도에게 예수님의 시신을 달라고 청할 만한 사람이 자기밖에 없음을 자각하였습니다. 물론 비상한 용기가 필요한 일이었으나 그는 평소에 예수님께 송구스럽던 마음을 속죄하는 뜻으로 용기를 내었습니다. 그는 자기 목숨을 내걸고 빌라도에게 예수님의 시신을 달라고 용감히 청하였습니다. 사형된 사람의 시신을 청하는 것은 목숨을 내거는 용감한 행위입니다. 사형수와의 연관성이 폭로되는 확실한 증거가 되기 때문입니다.

최고 의회에서 탄핵을 받고 또 백성들에게 마저 버림을 받은 이 수형자의 시신을 내어 달라고 말한 것은, 요셉에게는 자기 목숨을 담보로 순교까지도 무릅써야 하는 일이었습니다.

그 위험을 극복한 용감한 행위의 공로는 예수님이 살아 계실 때 유다인들이 두려워 숨어 다니는 제자였다는 수치도 상쇄할 만한 큰 업적입니다. 인간적으로 말하면 그는 돌아가신 예수님으로부터 아무 보상도 바랄 수가 없는 처지였지만, 예수님의 죽음이 그에게 최초의 은혜가 되었습니다. 요셉은 사람들이 자기를 어떻게 평가하든 개의치 않고 십자가에 달린 예수님의 제자라고 고백할 용기를 얻게 된 것입니다. 그리고 이것은 최고 의회 의원으로서 누리는 모든 기득권을 포기한다는 뜻입니다.

로마 총독이 예수님의 시신을 내어 줌

로마법에는 수형자의 시신이 썩을 때까지 또는 들짐승이 뜯어 먹을 때까지 형틀에 남겨 두도록 되어 있었습니다, 그러나 만일 수형자의 시체를 매장하기 위하여 가족이나 친구들이 시신을 청할 경우에는 큰 이유가 없는 한 그것을 거부할 수 없었습니다. 로마법은 "수형자를 묻기 위하여 시신을 요청하면 사람들에게 넘겨주어야 한다."라고 명시하고 있었습니다. 예수님은 로마법에 따라 사형되었으므로 그 장례식도 로마법에 따라야 했습니다. 따라서 아리마태아 요셉의 요청은 매우 합법적인 요청이었습니다.

요셉은 최고 의회의 의원으로 유력한 인사였기 때문에 빌라도와 교섭할 자격이 있었습니다. 그러나 요셉은 내심 두려웠을 것입니다. 빌라도가 혹시라도 요셉에게 "네가 예수의 제자냐? 또는 친척이냐?" 하고 물으면 무어라고 대답할지 고민했을 것입니다. 또 빌라도가 "네가 친척도 아니고 제자도 아니라면 왜 시신을 달라고 하느냐?" 하고 물으면 거기에 합당한 대답을 어떻게 해야 할지 여러 가지로 궁리하면서도 적합한 대답이 생각나지 않아서 속으로 애태우고 있었을 것입니다. 만일 요셉이 예수님의 제자임이 발각되면 예수님을 필사적으로 죽이려 덤볐던 유다인 지도자들은 물론이고 로마 총독 빌라도로부터 어떤 처벌을 받게 될지 두려웠습니다.

빌라도의 승낙 여부를 초조하게 기다리는 요셉은 빌라도의 입술을 내내 주시하고 있었습니다. 빌라도가 혹시라도 난감한 질문을 하면 어떻게 대답할지 요셉의 머리로는 대답할 말이 생각이 나지 않았습니다. 결국 하느님이 영감을 주시는 대로 대답할 수밖에 없다고 생각하였습니다.

예수님의 시신을 넘겨받음

빌라도는 백인대장을 불러 예수님이 죽은 지 얼마나 되었냐고 물었습니다(마르 15,44 참조). 아리마태아 요셉은 빌라도가 백인대장에게 질문하는 것을 보면서 빌라도가 자기에게 무슨 질문을 할까 봐 바짝 마른 입술에 침을 바르면서 조마조마하며 마음을 졸이고 있었습니다.

십자가에 달린 죄수들은 이틀 정도 살아 있는 것이 보통이었습니다. 그런데 예수님의 경우에는 십자가에 못 박은 지 겨우 서너 시간 지났을 뿐이었습니다. 그래서 빌라도가 '예수가 벌써 죽었을까?' 하고 의아하게 생각하였습니다. 그래서 빌라도가 예수님의 사형을 집행한 백인대장을 불러 예수님의 죽음을 확인한 것입니다(요한 19,31-37 참조). 이로써 예수님의 죽음이 공식적으로 인정되고 법적으로 선언된 것입니다.

빌라도는 백인대장에게서 예수님의 사망을 확인한 후, 예수님의 시신을 청하는 요셉이 고위층 인사임을 알아보고는 군소리 없이 내주었습니다(마르 15,45 참조). 빌라도는 백인대장에게 십자가에 달려 있는 예수님의 시신을 요셉에게 인도하라고 명하였습니다.

뜻밖에도 빌라도가 별다른 질문 없이 예수님의 시신을 내어 준다고 하니까, 요셉은 자기도 모르게 안도의 한숨을 길게 내쉬었습니다. 그리고 자신의 속옷이 진땀으로 흠뻑 젖어 있음을 그때서야 느꼈습니다.

(2) 예수님이 묻히심 (마태 27,59-61; 마르 15,46-47; 루카 23,55-56; 요한 19,39-42)

몰약을 가지고 온 니코데모

남모르게 예수님의 제자가 되어 있던 니코데모가 장례에 필요한 값비싼 침향을 섞은 몰약을 백 리트라쯤 가지고 예수님의 십자가 아래에 도착하였습니다(요한 19,39 참조).

니코데모는 매장에 필요한 몰약을 충분히 쓰고도 남을 만큼 넉넉히 가지고 왔습니다. 일종의 아라비아 고무인 몰약은 부자나 고귀한 사람들의 시신을 매장할 때 사용되었습니다. 나르드, 사프란, 창포, 계수나무 같은 향나무의 분말을 섞어서 몰약을 시신에 발랐는데, 이러한 관습은 구약 시대에서부터 보편적이어서 성경에 자주 언급되어 있습니다.

최고 의회 의원인 니코데모는 예수님의 공생활 첫해 파스카 축제 기간에 예루살렘에 와 계시던 예수님을 밤에 몰래 찾아가서 예수님의 제자가 된 사람입니다(요한 3,1-21 참조). 요한 복음사가는 니코데모가 밤에 예수님을 찾아가 대화한 이야기를 자세히 썼기 때문에 이 대목에서 니코데모를 새삼스럽게 소개하지 않았습니다.

예수님의 시신을 내주라는 빌라도의 허가를 받은 요셉은 니코데모와 함께 예수님의 시신을 십자가에서 내리려고 했으나 힘이 딸렸을 것입니다. 두 사람 모두 최고 의회 의원이어서 연세가 꽤 지긋하였던 까닭입니다. 그래서 부득이 예수님의 시신을 십자가에서 내릴 때 건장한 종들의 도움을 받아가면서 내렸을 것입니다.

안식일 직전에 서둘러 치른 장례

예수님의 시신을 십자가에서 내릴 때 해가 지고 있었습니다. 니코데모와 요셉은 안식일이 시작되기 전에 예수님의 장례를 마치기 위해 서둘러야 했습니다.

니코데모와 요셉은 예수님의 시신을 내리고 유다인 관습대로 염습하였습니다. 시신에 묻은 피를 깨끗이 씻어 낸 다음에 고운 아마포로 감쌌습니다(마태 27,59 참조). 라자로의 경우처럼 시신에 향료가 배도록 하기 위하여 가는 끈으로 묶어 놓았을 것입니다(요한 11,44 참조).

안식일이 시작되고 있었으므로 격식을 차릴 겨를이 없어 예수님의 시신에 향료를 충분히 발라 드리지 못하였을 수도 있습니다. 그래서 안식일이 지난 후 완전히 예식을 갖추어 묻어 드리려고 하였을 것입니다. 예수님의 염습은 임시적인 것이었다고 말할 수는 없지만 어쨌든 서둘러 처리되었습니다. 해가 저물기 전 여섯 시까지는 매장을 마쳐야 하기 때문에 서둘러야만 하였습니다.

갈릴래아에서부터 예수님을 따라온 경건한 여인들은 아리마태아 요셉과 니코데모를 도와 예수님의 시신을 염습하고 그 무덤이 있는 곳을 확인하고 기억해 두었습니다.

요셉은 자기의 무덤으로 준비해 두었던 새 무덤에 예수님을 모셨습니다(마태 27,60 참조). 그는 예루살렘에 무덤을 가지고 있었던 것으로 보아 예루살렘에 사는 부유층이었을 것입니다. 그 무덤은 사형장에서 겨우 39미터 떨어진 곳입니다.

율법에 따르면 성읍 안에는 무덤을 만들 수가 없었고, 성읍에서 최소한 25미터의 거리를 두어야 했습니다. 돈 많은 유다인들은 자기 소유인 동산에 무덤을 만들었습니다. 하느님의 섭리일까요? 아리마태아 요셉의 무덤은 갈바리아 언덕에서 30미터가량밖에 떨어져 있지 않았습니다. 동굴처럼 바위를 판 무덤이며 복도와 같은 통로와 매장 장소가 있었습니다. 복도는 약 2~3미터였고, 그 막다른 곳에 낮은 문이 있으며 그 안쪽에 매장 장소가 있습니다. 매장 장소는 2미터쯤 되는 사각형 방이었습니다. 예수님의 시신은 오른편에 있는 대석臺石 위에 모셨습니다. 유다인의 무덤은 좁은 입구 앞에 얕은 홈을 만들고 연자방아 맷돌 같은 것을 굴려다 입구를 막게 되어 있었습니다. 예수님의 무덤에도 장례에 참석한 사람들이 큰 돌을 굴려 무덤 입구를 막아 놓고 집으로 돌아갔습니다(마태 27,60 참조). 그들은 안식일 계명에 따라 토요일은 아무런 일도 하지 않고 쉬었습니다.

주님 무덤 성당은 이 무덤과 갈바리아 언덕 위에 높이 솟아 있습니다.

아리마태아 요셉의 행실은 예수님의 거룩하신 인성人性을 존경한 목동들, 동방 박사들, 베타니아의 친지들과 함께 후세의 많은 신앙인들에게 감사의 대상이 되었습니다.

예수님의 수난 시간표

요한 복음서에 따르면 카야파와 수석 사제들 일당이 예수님을 총독 관저로 끌고 간 것은 파스카 축제 준비일인 금요일의 이른 아침이었습니다. 그들은 부정을 타서 파스카 음식을 먹지 못할까 봐 두려워 총독 관저 안으로 들어가지 않았습니다(요한 18,28 참조). 예수님에 대한 형사 재판은 거듭된 심문의 중단과 고소장의 변경 때문에 이른 아침부터 대낮까지 계속되어 제6시경에 빌라도가 예수님께 사형을 선고하였습니다(요한 19,13-14 참조).

한편 성전에서는 예수님이 사형 선고를 받은 파스카 축제 준비일 정오경부터 대사제와 수석 사제들과 사제들을 위하여 파스카 음식으로 먹을 어린양들을 잡기 시작하였습니다. 카야파를 비롯한 수석 사제들과 사제들은 예수님이 무덤에 묻히신 시각에 파스카 만찬을 먹었을 것입니다. 예수님이 인류의 죄를 없애시는 어린양으로서 사형되신 날과 파스카 축제일이 같다는 점이 상징적 의미를 지닙니다. 요한 복음사가는 이 점을 부각하였습니다. 파스카 축제일은 이스라엘 민족이 노예에서 해방된 기념일이고, 예수님이 십자가에 처형되신 것은 인류를 죄에서 해방시키신 사

그리스도의 장사葬事, Entombment
프라 안젤리코 (Fra Angelico, 1395~1455년), 1438~1440년,
목판에 템페라, 뮌헨 알테 피나코텍, 뮌헨, 독일.

건입니다(요한 1,29; 19,36 참조).

유다인들의 시간 계산법에 따르면 이른 아침 다음이 제3시입니다. 현대의 시간으로 환산하면 제3시는, 오전 9시에서 12시까지이고, 제6시는 12시에서 오후 3시까지이며, 제9시는 오후 3시부터 오후 6시까지입니다. 그리고 오후 6시 이후가 저녁입니다.

마르코 복음서에는 제3시에 예수님이 십자가에 못 박혔다고 기록되어 있습니다(마르 15,25 참조). 그 반면에 요한 복음서에는 빌라도가 예수님에게 제6시에 사형을 선고하였다고 쓰여 있습니다(요한 19,14 참조). 두 복음서의 기록을 종합해 보면 예수님이 십자가에 못 박히신 시간은 제3시의 끝과 제6시의 시작쯤이었다고 추정할 수 있습니다. 곧 예수님은 11시나 정오쯤에 십자가에 못 박히셨습니다.

그때부터 갑자기 온 땅에 어두움이 덮였는데 예수님이 숨을 거두시는 제9시까지 세 시간 동안 계속 어두웠습니다(마르 15,33 참조). 대낮에 느닷없이 태양이 가려진 것은 빛이신 메시아가 세상을 떠나심을 상징한 아모스서의 말씀이 성취된 것입니다(아모 8,9-10 참조).

마르코 복음사가는 예수님이 돌아가신 금요일 오전 6시부터 오후 6시까지 예수님이 당하신 수난 사건을 세 시간 간격으로 현대의 신문 기사처럼 꼼꼼하게 기록하였습니다. 금요일 아침이 되자 수석 사제들과 원로들과 율법 학자들은 예수님을 결박하여 빌라도의 법정으로 끌고 갔습니다(마르 15,1 참조). 예수님이 못 박히신 때는 제3시였습니다(마르 15,25 참조). 제6시에 어둠이 온 땅을 덮어 제9시까지 계속되었습니다(마르 15,33 참조). 제9시에 예수님이 숨을 거두셨습니다(마르 15,34-37 참조). 저녁 때 아리마태아 요셉이 빌라도의 허가를 받아 예수님의 시신을 바위 무덤에 모셨습니다(마르 15,42-46 참조).

마르코 복음사가는 예수님의 처형을 기록하면서 전통적인 기도 시간인 제3시, 제6시, 제9시를 언급하였습니다. 가톨릭교회의 유구한 전통에 따라 성직자들과 수도자들은 제3시경, 제6시경, 제9시경의 낮 기도를 매일 바칩니다. 유다교와 이슬람교에서도 같은 시간에 기도를 바칩니다.

7. 십자가 상 일곱 말씀

십자가 처형을 받는 죄수들은 모두 예외 없이 울부짖었습니다. 십자가의 극형을 받고 죽어 가는 중죄인은 우선 사형 집행사들에게 더 할 수 없는 욕을 퍼붓고 심지어는 자기의 처형을 쳐다보고 있는 이들에게 침까지 뱉었다고 합니다. 그다음에 자기가 태어난 날을 저주하고, 자기를 낳아 준 어머니에게도 원망하는 것이 상례였습니다.

때로는 십자가에 처형되는 죄수들의 입에서 나오는 무시무시한 저주를 멈추게 하려고 그들의 혓바닥을 잘라 버려야 했을 때도 있었다고 합니다. 그래서 예수님의 사형 집행자들도 예수님이 그 이전의 수형자들처럼 울부짖을 것이라고 예상하였습니다.

예수님을 죽음으로 몰아간 유다인 지도자들은 예수님이 생전에 "원수를 사랑하라. 너를 미워하는 사람에게 좋게 응답하라."(루카 6,27 참조) 하고 설교하신 것을 잘 기억하고 있었습니다. 그들은 예수님이 십자가에 손과 발이 못 박히는 극진한 고통 중에는 그 복음 설교를 잊어버릴 것이라고 생각하였습니다. 아무리 훌륭한 인격자라도, 체면을 지키려는 결심이 확고한 자라도, 십자가 처형이라는 참기 어려운 극도의 고통 앞에서는 그 결심을 완전히 잊어버릴 것이라고 여기고 있었습니다.

십자가 아래에 서 있던 여러 부류의 사람들은 각자가 살아온 인생이 각양각색이었지만, 몸부림치는 사형수의 마지막 울부짖음은 모두가 똑같이 예상하였습니다. 그러나 십자가 아래 서 있던 모든 사람들은 전혀 예상하지 못했던 기도 소리를 들었습니다.

1) 첫 번째 말씀: "아버지, 저들을 용서해 주십시오."(루카 23,34)

마치 향나무에 도끼질을 할 때 향기가 뿜어져 나오듯, 사랑의 나무 위에 달리신 예수님께서는 위대한 성심의 심연에서 솟아나는 기도 소리가 울려 나왔습니다. "아버지, 저들을 용서해 주십시오. 저들은 자기들이 무슨 일을 하는지 모릅니다."(루카 23,34)

십자가에 못 박히신 예수님의 이 기도는 루카 복음서에만 기록되어 있습니다. 빌라도의 판결을 집행하는 로마 군사들은 예수님의 죽음에 대한 책임이 거의 없었습니다. 예수님을 죽인 범죄에 책임을 져야 할 사람은 유다인 특히 그들의 지도자들이었습니다. 예수님은 하느님 아버지께 그들을 변호해 주셨습니다.

예수님은 누구를 용서해 달라고 하느님 아버지께 기도하신 것일까요? 최고 의회를 소집하여 예수님을 죽이려고 결정한 대사제 카야파를 위해서일까요? 아니면 수석 사제들과 율법 학자들의 악랄한 모략에 떠밀려 로마 황제의 호감을 유지하려고 구세주를 유죄로 선고한 빌라도를 위해서일까요? 그것도 아니라면 만왕의 왕이시자 참지혜이신 예수님을 조롱하려고, 화려한 옷을 입혀 빌라도에게 다시 돌려보낸 헤로데를 위해서일까요?

예수님이 이들을 용서해 달라고 기도하신 이유는 무엇일까요? 그것은 바로 그들이 자기 스스로 무슨 짓을 하고 있는지 모른다는 것을 예수님이 아시기 때문입니다.

만일 그들이 생명이신 예수님께 사형을 선고하는 것이 얼마나 끔찍한 범죄를 저지르는 것인지 알았더라면, 예수님 대신에 바라빠를 석방하라고 외침으로써 '정의'가 전복되었음을 알았더라면, 인류를 구원하려고 사방을 돌아다녀 부르튼 예수님의 발을 십자가에 못 박음으로써 얼마나 잔혹한 죄를 저지른 것인지 알았더라면, 그들이 흘리게 한 예수님의 피가 그들을 구원할 수 있다는 사실을 알았더라면 그들은 결코 구원받지 못하였을 것입니다. 그들이 그리스도를 십자가에 못 박음으로써 얼마나 무서운 짓을 하고 있는지를 자각하지 못했기 때문이 아니라면 그들은 분명 단죄받았을 것입니다.

그들의 큰 죄에 대한 무지가 십자가에서 들려온 용서의 자비를 들을 수 있는 울타리 안으로 그들을 데려올 수 있는 것입니다.

그들은 편견의 노예가 되어, 예수님을 백성을 선동하는 자라고 몰아 죽일 작정이었습니다. 그들의 행위는 자기들이 무슨 일을 하는지 모르는 무지 때문이었습니다(사도 3,17; 13,27; 1코린 2,8 참조). 그러나 그들에게는 이 무지와 맹목에 대한 책임이 있습니다. 그들은 예수님의 행동으로 나타난 하느님의 일을 이해하려고 하지 않았습니다. 적에 대한 사랑과 모욕에 대한 사면赦免, 이 찬양할 만한 모범을 보일 수 있는 분은 오직 사람이 되신 하느님뿐입니다. 예수님은 "원수까지도 사랑하라." 하며 제자들에게 가르쳐 주신 교훈을 몸소 실천하신 것입니다.

십자가 아래 서 계시던 성모님과 요한 사도, 마리아 막달레나는 십자가에 못 박히신 예수님의 첫 번째 말씀을 듣고 큰 감동을 받았습니다.

기도

만일 우리가 하느님의 자녀로 다시 태어난 후에도 생명으로 가는 길에서 탈선하는 삶을 산다면, 만일 우리가 고해성사에 지극히 큰 자비가 있는지 알면서도 하늘에서나 땅에서나 죄의 굴레를 벗겨 줄 권한을 가진 손을 잡으려 하지 않고 겸손하게 무릎 꿇기를 거부한다면, 우리가 구세주의 강생이 지극한 사랑임을 알면서도 그분을 생명의 빵으로 내 안에 받아들이길 거부한다면, 성체 안에 지극히 큰 생명이 깃들어 있는 줄 알면서도 영원한 생명의 양식을 받아먹기를 거부한다면, 십자가의 희생이 지극한 사랑임을 알면서도 그 사랑으로 우리 마음의 잔을 채우기를 거부한다면, 그리스도의 신비체인 교회 안에 모든 진리가 있음을 알면서도 빌라도처럼 등을 돌린다면, 이 모든 것을 알면서도 그리스도와 그분의 교회를 멀리한다면 우리는 영원한 생명으로 가는 길을 잃을 것입니다.

반면에 하느님이 얼마나 좋은 분이신지를 깨닫는다면 성인이 될 것입니다. 다만 그 진리를 모르는 무지만이 성인이 되지 못한 변명이 될 수 있습니다.

2) 두 번째 말씀: "이 사람이 어머니의 아들입니다. 이분이 네 어머니시다."(요한 19,26-27)

예수님의 십자가 곁에는 그분의 어머니와 이모, 클로파스의 아내 마리아와 마리아 막달레나가 서 있었습니다. 특히 예수님은 당신의 어머니와 그 곁에 선 사랑하는 제자를 보시고, 어머니에게 "이 사람이 어머니의 아들입니다."(요한 19,26) 하고 말씀하셨습니다. 이어서 그 제자에게 "이분이 네 어머니시다."(요한 19,27) 하고 말씀하셨습니다.

광명의 옥좌에서 파견된 빛의 천사가 이 세상에 내려와 큰 왕국의 공주들을 제쳐 놓고 나자렛의 작은 마을에서 겸손하게 무릎 꿇고 기도하고 있는 가난한 처녀에게 나타났습니다. 그리고 "은총이 가득하신 분이여, 기뻐하소서!"(루카 1,28 참조) 하고 인사하였습니다. 이것은 단순한 인사말이 아니라 하느님이 사람으로 오심을 예고한 말씀이었습니다.

9개월이 지난 후 광명의 옥좌에서 다시 파견된 천사가 유다 지방 산 언덕에서 양 떼를 치던 목동들에게 나타나 "지극히 높은 곳에서는 하느님께 영광"(루카 2,14)이라는 기쁜 소식을 알려 주며 포대기에 싸여 외양간 구유에 누워 있는 아기 예수님을 경배하도록 인도하였습니다. 영원하신 하느님이 시간에 속박을 받는 인간으로 탄생하셨고, 목동들은 전능하신 하느님을 포대기에 싸여 있는 아기의 모습으로 본 것입니다.

성모님은 아기 예수님을 성전에 봉헌할 때 시메온이 예언하는 말을 듣고 섬뜩한 심정이 들었을 것입니다. 시메온이 아기의 부모를 축복하고 나서 "보십시오, 이 아기는 이스라엘에서 많은 사람을 쓰러지게도 하고 일어나게도 하며, 또 반대를 받는 표징이 되도록 정해졌습니다. 그리하여 당신의 영혼이 칼에 꿰찔리는 가운데, 많은 사람의 마음속 생각이 드러날 것입니다."(루카 2,34-35) 하고 말하였기 때문입니다. 성모님의 마음에 이 말씀이 각인되어 평생토록 지워지지 않았을 것입니다.

예수님은 소년이었을 때 나자렛 마을의 목수인 아버지 요셉 성인에게서 목수 일을 배웠습니다. 청년이 되어서는 목수로서 고달픈 하루를 보낸 후 저녁때마다 지친 두 팔을 펼쳐 기지개를 켜면서 피로를 푸셨을 것입니다. 그때 성모님은 서산에 저무는 해가 맞은편 동쪽 담벼락에 그리는 십자가 형상의 그림자를 눈여겨보았을 것입니다.

마침내 우주를 창조한 하느님의 말씀이신 예수님을 잔인한 인간들이 갈바리아 언덕에서 십자가에 못 박았습니다. 성모님은 외아들이 죽어 가는 처참한 광경을 목격하게 되었습니다. 단란했던 나자렛 성가정의 행복이 십자가의 처참한 비극으로 변하였고, 시메온의 예언이 인간의 악의惡意로써 실현되었습니다. 예수님은 이미 당신의 피를 교회에 맡겼고, 입었던 옷은 사형 집행자들에게 분배되었으며, 회심한 강도에게는 낙원을 주셨습니다. 그리고 잠시 후 그분의 육신은 무덤에 줄 것이고, 그분의 영혼은 하느님 아버지께 드릴 것입니다.

이제 예수님께서는 당신의 가장 소중한 보물만 남았습니다. 그분이 어느 누구보다도 가장 사랑하는 두 사람, 성모님과 요한 사도를 누구에게 주실 수 있겠습니까? 예수님은 이 두 사람을 아무에게도 줄 수 없었습니다. 그래서 두 분을 서로에게 유증遺贈하셨습니다. 당신 어머니에게는 아들을 주시고, 당신 애제자에게는 어머니를 맡기셨습니다.

참으로 감동적이며 더욱이 심오한 교훈을 내포한 장면이 이제부터 전개됩니다. 예수님이 십자가 아래에 사랑하는 어머니와 제자를 보시고 자신에게 휘몰아쳐 온 고통도 잊은 채 죽은 후에 이 사랑하는 두 사람의 앞날이 어떻게 될 것인가 염려하셨습니다. 그리하여 십자가 위에서 어머니를 내려다보며 요한 사도를 맡기셨습니다. 성모님은 이제부터 그를 아들로 생각해야 합니다. 그리고 요한 사도에게는 당신의 어머니 마리아를 어머니로 모시라고 말씀하셨습니다. 이때부터 같은 생각과 같은 사랑으로 밀접하게 맺어져 성모님과 요한 사도는 늘 한집에서 살게 됩니다.

이때 예수님은 어머니를 "여인이시여" 하고 부르셨습니다. 천사가 마리아에게 아기 예수님의 잉태를 예고하였을 때의 그 호칭입니다. 예수님의 부름은 두 번째의 아들 탄생 예고입니다. 성모님이 첫 번째 아들 탄생 예고를 받았을 때에는 고요한 방에서 황홀한 심정으로 기도에 열중하던 중이었습니다. 지금은 소란스러운 갈바리아 언덕 사형장에서 대낮인데도 캄캄한 하늘 아래 외아드님의 처참한 죽음의 현장에서 듣는 두 번째 아들의 탄생 예고입니다. 맏아들 예수님의 탄생 예고는 천사가 알려 주었

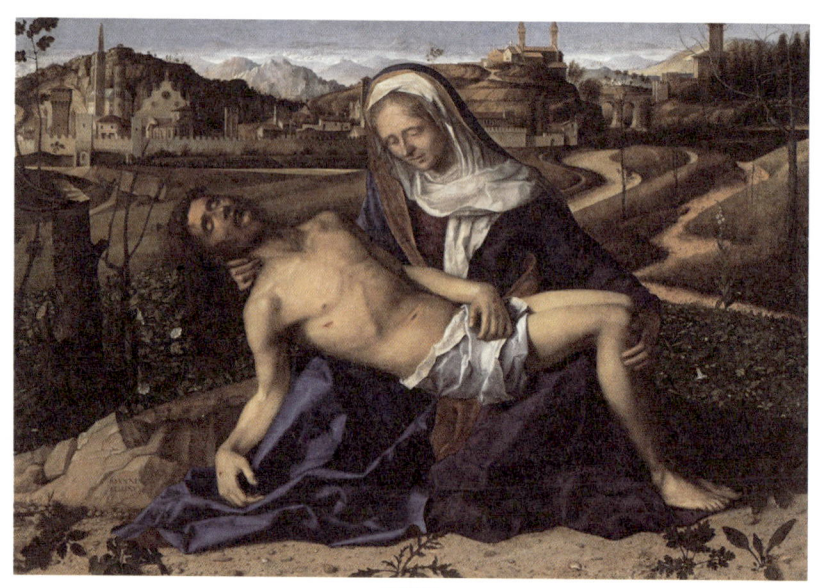

피에타
조반니 벨리니(Giovanni Bellini, 1430~1516년), 1500?년,
목판에 유채, 베니스 아카데미아 미술관, 베니스, 이탈리아.

지만, 두 번째 아들 탄생 예고는 하느님이신 예수님이 감미로운 목소리로 알려 주셨습니다. "이 사람이 어머니의 아들입니다." 외아들을 잃고 비탄에 잠겨 있는 어머니에게 이 얼마나 크나큰 위안의 말씀입니까?

원죄 없으신 성모님은 맏아들을 베들레헴에서 산고 없이 낳았습니다. 이제 둘째 아들 요한 사도는 십자가의 극심한 고통 중에 낳고 있습니다. 그제서야 성모님은 아기를 낳는 극도의 산고를 치르시게 된 것입니다. 두 번째 아들은 요한뿐만 아니라 십수억 명의 그리스도교인들이 바로 성모님의 자녀들입니다.

이제야 우리는 왜 성경에서 예수님을 "맏아들"이라고 썼는지 그 이유를 이해할 수 있습니다. 성모님이 살과 피로 다른 많은 자녀들을 낳았다는 의미가 아니라 마음의 피로 다른 자녀들을 많이 낳는다는 의미입니다. 진실로 원죄를 범한 하와에게 산고의 벌을 주신 하느님이 새 하와인 성모님에게 십자가 아래에서 지극한 고통 중에 아들을 낳게 하시는 산고를 주신 것입니다. 따라서 성모님은 우리 주 예수 그리스도의 모친일 뿐만이 아니라 우리의 어머니이시기도 합니다. 그리고 이 칭호는 법률에 의해서만 인정되는 명의상의 칭호가 아니라 십자가 아래에서 지극한 고통 중에 출산한 권리에 의한 참의미의 칭호입니다.

마음이 약한 하와는 마귀의 유혹에 넘어가 선악과나무 아래에서 그 열매를 따 먹었을 때 하느님에 대한 불순종이라는 이유로 모든 생명의 모친이라는 명예의 칭호를 잃었습니다. 그런데 성모님은 십자가 아래에서 희생을 치르면서 하느님에 대한 순명으로써 우리를 위하여 모든 생명의 모친이라는 영예로운 칭호를 얻으셨습니다.

하느님의 모친을 '나의 어머니'로 모시고, 예수님을 '나의 형제'로 모시는 이 특은이 얼마나 감격스러운 하느님의 섭리이겠습니까?

기도

자애로우신 성모님, 당신은 육신으로 예수님을 맏아들로 낳으셨습니다. 우리들은 당신이 영적으로 낳으신 둘째 자녀들입니다. 그리하여 하느님을 아버지로 모시고, 예수님을 형제로 모시며, 성모님을 우리 어머니로 모시는 영적 인연을 맺는 새 세상에서 우리를 새로 태어나게 하셨습니다. 세상의 어머니들이 자기 몸에서 태어난 아기를 결코 잊지 아니하듯이 성모님도 자녀들인 우리를 잊지 않으실 것입니다. 성모님이 영원한 생명의 은총을 회복하시는 구세주의 구속 사업에 협조하셨으니, 그 은총을 분배하시는 일에도 참여하실 것입니다. 그분은 무슨 일이든지 하실 수 있는 구세주의 모친이기 때문입니다. 예수님이 카나의 혼인 잔치 때에 성모님의 청을 거절하지 않으셨듯이 천상 잔치에서도 성모님의 청을 거절하지 않으실 것입니다. 성모님은 하늘나라에서 천사들과 성인들의 모후로 왕관을 받으셨습니다.

성모님, 예수님이 카나의 혼인 잔치 때처럼 저의 유약한 마음의 물을 굳센 마음의 포도주로 변화시켜 주시도록 청하여 주십시오. 성모님은 죄인들의 피난처이십니다. 십자가의 발치에 엎드려 청하는 저희를 위하여 예수님께 기도하여 주십시오. 천주의 모친 성모 마리아님, 이제와 저희 죽을 때에 저희 죄인들을 위하여 기도해 주십시오. 아멘.

3) 세 번째 말씀: "너는 오늘 나와 함께 낙원에 있을 것이다."(루카 23,43)

십자가 아래에서 하느님께 반역하는 무리가 외치는 모독과 저주 소리 외에는 찬미와 감사의 소리가 전혀 들리지 않았습니다. 그런 와중에 드디어 주님께 본 칭호로 부르는 소리가 들려왔습니다. 예수님의 오른편 십자가에 못 박힌 죄수가 "예수님, 선생님의 나라에 들어가실 때 저를 기억해 주십시오."(루카 23,42) 하고 뉘우치는 소리였습니다. 이 소리야 말로 모든 이에게 버림받은 주님에 대한 신앙의 외침이었습니다. 그런데 그 외침은 하필이면 강도의 입에서 나온 고백이었습니다.

만일 나인 지방에서 죽었다가 살아난 과부의 아들이 자기 왕국을 잃은 듯이 보이는 분의 참왕국에 대한 믿음의 말을 외쳤다면, 예수님이 거룩한 모습을 보여 주신 산에서 눈처럼 흰옷을 입은 주님의 얼굴이 해처럼 빛나는 것을 목격하고 예수님을 알아보았던 베드로의 증언이었다면, 하느님의 빛으로 시력을 되찾은 예리코의 소경이 하느님의 자비를 외쳤다면 아무도 놀라지 않을 것입니다.

이처럼 만일 주님께 은혜를 받은 사람 중 한 명이 예수님을 알아보는 소리를 외쳤다면 겁먹은 제자들과 친구들이 합심하였을 것이고, 율법 학자들과 바리사이들도 믿었을 것입니다. 그러나 주님의 죽음이 임박한 그 순간에, 실패가 얼굴에 가득 찬 그 순간에, 예수님을 그 왕국의 임금으로 또 모든 영혼들의 영도자로 인정한 사람은, 십자가 아래 서 있던 소수의 가족들 외에는 오직 예수님의 오른편에 못 박혀 있던 죄수뿐이었습니다.

예수님 오른편 십자가에 못 박힌 죄수가 주님을 구세주로 증언한 바로 그 순간, 주님은 역사상 어느 누구보다도 더 큰 승리를 거두셨고 폭포수보다 더 큰 에너지를 발휘하고 있었습니다.

주님은 당신의 생명을 잃으시면서 한 사람의 영혼을 구하셨습니다. 헤로데와 그의 궁전 대신들 전체가 주님의 입을 열게 할 수 없었습니다. 예루살렘의 권력 전체가 주님을 십자가에서 내려오게 하지 못했고, 궁전 안뜰에서의 불의한 고발도 주님의 침묵을 깨지 못하였습니다. 군중이 "남은 구하면서 자기 자신은 구하지 못하는 구나." 하고 빈정거려도 주님의 불타는 입술에서 앙갚음하는 말 한마디를 나오게 할 수 없었습니다.

그런데 주님이 그 무거운 입을 여셨습니다. 주님은 오른편 십자가에 못 박혀 꺼져 가는 죄수의 생명을 구하셨습니다. "너는 오늘 나와 함께 낙원에 있을 것이다."(루카 23,43) 하고 응답하신 것입니다. 어느 누구도 그러한 약속을 받은 적이 없었습니다. 모세도, 요한 사도도, 심지어는 막달레나 성모님도 그런 약속을 받은 적이 없습니다.

예수님께 자신을 기억해 달라는 강도의 청원은 그의 마지막 기도였습니다. 그리고 그것은 아마도 그가 처음으로 했던 기도였을 것입니다. 그는 단 한 번 주님을 찾았고, 단 한 번에 모든 것을 청하여 모든 것을 얻은 것입니다. 우리의 영이 파트모스 섬에서 요한 사도와 함께 서 있다면, 흰옷을 입은 하늘의 군대가 개선하는 그리스도를 옹위하는 광경을 볼 수 있을 것입니다. 우리의 영이 갈바리아 언덕에서 루카 복음사가와 함께 서 있다면 십자가를 지고 앞장서 가시는 예수님을 볼 수 있을 것입니다. 그리스도는 가난한 분이시지만 부자로 돌아가셨습니다. 주님의 손은 십자가에 못 박혀 있지만 낙원의 문을 열고 한 영혼이 들어가게 하셨습니다. 주님의 천국 입성을 회심한 죄수가 수행하고 있습니다. 그가 낙원을 훔쳤기 때문에 도둑으로 죽었다고 말할 수는 없지 않겠습니까?

하느님 자비의 세상에 이보다 더 큰 보장이 무엇이겠습니까? 잃어버린 양, 탕자, 회개하는 베드로 사도, 십자가에서 용서받은 죄수가 하느님 자비의 보장입니다.

하느님은 우리 자신이 구원받기를 원하는 것 이상으로 우리를 구원하시려 애태우십니다.

히브리어로 쓰인 성경을 라틴어로 번역한 위대한 성서학자인 예로니모 성인에게 어느 날 주님이 발현하셔서 "나에게 무엇을 주겠느냐?" 하고 물으셨습니다. 예로니모 성인이 "제가 온 정성과 피땀을 흘려 정성껏 쓴 글을 드리겠습니다." 하고 대답하였습니다. 그러자 주님이 "그것만으로는 부족하다." 하고 말씀하셨습니다. 그러자 예로니모 성인이 "그럼 무엇을 드려야 하겠습니까? 제가 성경을 번역하느라 동굴에 살면서 죄를 뉘우치며 실천하고 있는 고신극기苦身克己를 드리겠습니다." 하고 대답하였습니다. 주님은 "그것으로도 부족하다." 하고 다시 말씀하셨습니다. 그래서 예로니모 성인이 답답한 마음에 "이미 제가 드릴 수 있는 것은 다 드렸는데, 아직도 제가 더 드릴 것이 남아 있다는 말씀입니까?" 하고 여쭈었습니다. 그러자 주님이 "너는 너의 죄까지 나에게 줄 수 있다." 하고 대답하셨다는 이야기가 전해지고 있습니다.

기도

오 예수님, 회심한 죄수에 대한 주님의 친절은 이사야 예언자의 말씀을 회상하게 합니다. "너희의 죄가 진홍빛 같아도 눈같이 희어지고 다홍같이 붉어도 양털같이 되리라."(이사 1,18) 회개하는 죄수를 용서하는 주님의 말씀에서 "나는 의인을 부르러 온 것이 아니라 죄인을 부르러 왔다. 건강한 이에게는 의사가 필요치 않으나 병든 이에게는 필요하다."(마르 2,17 참조), "하늘에서는, 회개할 필요가 없는 의인 아흔아홉보다 회개하는 죄인 한 사람 때문에 더 기뻐할 것이다."(루카 15,7)라고 하셨던 말씀의 의미를 이제 이해할 수 있습니다.

베드로 사도가 세 번씩이나 주님을 모른다고 배반한 다음에야 주님의 첫 지상 대리자로 임명된 이유를 이제야 알겠습니다. 바로 베드로가 으뜸이 되어 이끌어 갈 교회가 용서를 영원히 잊지 않도록 하기 위해서였습니다. 예수님, 만일 제가 한 번도 죄를 짓지 않았다면 저는 주님을 구세주라고 부를 수 없었을 것임을 이제야 깨닫기 시작합니다. 주님이 용서하신 죄수만 유일한 죄인이 아니라 저도 죄인입니다. 그러나 주님은 유일한 구세주이십니다.

4) 네 번째 말씀: "저의 하느님, 저의 하느님, 어찌하여 저를 버리셨습니까?"(마태 27,46)

십자가에 못 박히신 주님이 네 번째 말씀을 하셨을 때 대낮인데도 암흑이 온 세상을 뒤덮었습니다. 자연 현상은 인간의 희로애락 감정과는 상관이 없습니다. 한 나라 전체가 기근으로 죽어 가는 때라도 태양은 여전히 온종일 들판을 뜨겁게 달굽니다. 형제가 형제를 거슬러 전쟁을 일으켜서 꽃밭이 피바다로 변하더라도, 총탄과 포탄이 비 오듯 쏟아지더라도 살아남은 새들은 짹짹거리며 평화의 노래를 부릅니다.

사람들의 마음은 친구를 잃은 슬픔으로 터지더라도 하늘을 가로지르는 무지개는 미소와 분노 사이의 소름끼치는 대조를 연출합니다. 그런데 이제 예수님의 십자가에는 태양이 비추기를 거부합니다. 낮을 다스리는 태양 빛이 대낮인데도 인류 역사상 처음이자, 마지막으로 촛불처럼 꺼져 버렸습니다.

우주를 창조하신 주님을 죽이는 인간의 극악한 범죄가 저질러지기 때문에 자연 현상의 반항이 있을 수밖에 없던 것입니다. 만일 하느님의 영혼이 암흑 속에 있다고 가정한다면 그분이 만드신 태양도 암흑 속에 있어야 할 것입니다. 주님은 당신이 최후까지 아끼신 모친과 사랑하는 제자마저 서로에게 주셨습니다. 그런데 마치 지금 하느님 아버지는 예수님을 버리시는 것처럼 보입니다.

오후 세 시쯤, 예수님은 큰 소리로 "저의 하느님, 저의 하느님, 어찌하여 저를 버리셨습니까?"(마태 27,46) 하고 부르짖으셨습니다. 시편 22편 2절의 말씀을 인용하신 것입니다. 예수님의 이 말씀은 메시아의 고통뿐 아니라 그 승리도 예언한 것입니다. 성금요일의 어둠에 이어 곧 예수 부활 주일 아침이 되면 빛나는 새벽이 이어질 것입니다.

예수님은 아버지를 "하느님"이라고 부르셨습니다. 그런데 이 표현은 예수님이 가르쳐 수신 주님의 기도 중 "하늘에 계신 우리 아버지"와 대조가 됩니다.

예수님의 인성人性이 하느님 아버지로부터 분리되지 않으셨으면서도 신묘하고 신비스러운 방법으로 분리되신 것처럼 보인 것입니다.

태양이 하늘 위에 떠 있는 한 구름 때문에 태양의 빛과 열이 완전히 가려질 수 없듯이, 예수님이 세상의 모든 인간의 죄를 대신 짊어지신 끔찍한 순간에 잠시 성부의 얼굴이 가려진 것입니다. 예수님이 우리 인류를 대신해서 고통과 고독을 당하셨습니다. 이것은 인간이 하느님을 떠난다면 하느님으로부터 오는 치유와 위안이 끊어지는 무서운 상황이 된다는 것을 알려 주시기 위함이었습니다. 이것은 세 가지 부류의 사람들, 즉 하느님을 저버린 자들과 하느님의 존재를 의심하는 자들, 하느님께 무관심한 자들의 죗값을 갚는 최상의 속죄 행위였습니다.

예수님은 우선 무신론자들 즉, 대낮인데도 암흑 속에서 하느님을 반쯤 믿는 자들을 위하여 속죄하셨습니다. 예수님은 하느님을 알면서도 그분의 이름을 한 번도 들어 본 적이 없는 것처럼 살아가는 사람들을 위하여서도 속죄하셨습니다. 마음 밭에 하느님의 사랑의 씨가 떨어졌지만, 그 마음이 사람들이 밟고 다니는 길과 같은 사람들, 그 마음이 돌밭 같아서 하느님의 사랑의 씨가 떨어지면 잠깐 기억했다가도 즉시 잊어버리는 사람들, 그 마음이 가시덤불 같아서 하느님의 사랑의 씨가 떨어져도 속세에 대한 집념 때문에 사랑의 씨가 질식해 버리는 사람들을 위하여서도 속죄하셨습니다. 또한 신앙생활을 잘 했었으나 지금은 신앙을 버린 사람들, 한때는 성인이었으나 지금은 죄인으로 타락한 사람들을 위하여서도 속죄하셨습니다. 하느님을 저버린 모든 이들을 위하여 예수님이 대신 속죄하신 것입니다.

인류의 죄를 대신 속죄하신 순간에 예수님은 하느님 아버지로부터 저버림을 당하신 것처럼 느끼신 것입니다. 그때 주님은 우리 인류를 위하여 대신 죗값을 지불하고 하느님으로부터 결코 저버림을 당하지 않는 은총을 인류를 위하여 매입하셨습니다.

또한 하느님의 존재를 부인하는 부류의 사람들을 위해서도 속죄하셨습니다. 하느님이 곁에 계신다는 것을 느끼지 못하는 경우에 절망하여 다시 시작하려는 모든 노력을 포기하는 이들을 위하여서도 속죄하셨습니다.

"하느님이 왜 계명을 지키라고 명하시는가?"라는 질문부터 시작하여 "세상에는 왜 악인들이 많은가?", "하느님은 왜 내 기도를 안 들어주시는가?", "하느님은 왜 나를 괴롭히는 자를 내버려 두시는가?" 등등 이 세상의 온갖 문제에 대한 의문을 계속하는 회의론자를 위한 속죄이기도 하셨습니다.

끝으로 하느님에 대해서 전혀 무관심하게 사는 사람들을 위한 속죄였습니다. 세상이 크리스마스 축제로 떠들썩하여도 전혀 아랑곳하지 않고 도박판에 가서 시간을 보내는 사람들, 성당을 다니는 이들이 주변에 많은데도 종교나 신앙에 대해서 무관심한 사람들 그리고 자기 양심에 따라 선하게 살면 충분하다고 믿고 사는 사람들을 위한 속죄였습니다.

예수님을 경멸하지도 않지만 그렇다고 믿지도 않는 현대인의 신앙에 대한 무관심이 참으로 심각합니다. 현대인의 무관심이 갈바리아 언덕에서 가시관을 쓰시고 손과 발이 십자가에 못 박히신 예수님의 고통보다 더 심각한 고통을 예수님께 드리고 있습니다.

기도

예수님, 주님은 우리가 뜨겁지도 않고 차갑지도 않은 때에 속죄하셨습니다. 천국에 있지도 않고 지상에 있지도 않은 사람들을 위해서도 속죄하셨습니다. 주님은 배척하는 사람들과 배반하는 사람들 사이에서 고통받고 계십니다. 주님은 죄 많은 인류를 포기하지 않으시고 당신을 희생 제물로 바치셨기 때문에 하느님 아버지가 당신으로부터 그 얼굴을 감추셨습니다. 그 때 주님이 하느님 아버지를 포기하려 하지 않으셨기 때문에 죄 많은 인류가 주님께 등을 돌렸지만, 주님은 우리를 하느님 아버지께 결합시키는 거룩한 일치의 길을 찾으셨습니다.

이제 주님이 버림받음을 체험하셨으니 더 이상 아무도 하느님이 버림받은 인간의 쓰라린 고통을 모르신다고 말할 수 없습니다. 이제 주님이 하느님 아버지의 자애로운 현존을 느끼지 못한 때를 경험하셨으니 하느님을 찾지만 그분의 현존을 느끼지 못하는 사람의 아픔을 몰라주신다고 아무도 하느님께 더는 불평할 수 없습니다.

예수님, 이제야 저는 마음의 고통, 육체적 고통 그리고 버림받은 그 심정을 이해합니다. 태양에도 일식日蝕이 있음을 알기 때문입니다.

그러나 예수님, 왜 저는 이렇게 아둔합니까? 주님이 스스로 십자가를 만들지 않으셨듯이, 저도 제 십자가를 만들지 못한다는 사실을 가르쳐 주십시오. 주님이 저를 위해 만드신 십자가를 제가 순순히 받아들이도록 가르쳐 주십시오. 저의 의지만 제외하고 이 세상에 모든 것이 주님의 것임을 가르쳐 주십시오.

제가 드릴 수 있는 오직 한 가지 진정한 선물은 저의 자유 의지뿐임을 깨닫게 해 주십시오. 그리하여 "제 뜻이 아니라 주님의 뜻이 이루어지소서." 하고 말하도록 가르쳐 주십시오. 제가 주님을 보지 못하는 때에도 주님을 믿는 은총을 허락해 주소서. 그리고 주님이 저를 죽음으로 이끄시더라도 주님을 끝까지 신뢰하는 은총을 주소서. 주님, 얼마나 오랫동안 주님이 십자가 위에서 몸부림치시도록 제가 모른 척할 것인지 저를 일깨워 주십시오.

5) 다섯 번째 말씀: "목마르다."(요한 19,28)

십자가에 못 박히신 예수님의 일곱 말씀 중 가장 짧은 말씀은 "목마르다."(요한 19,28)입니다. 이것은 당신을 십자가에 못 박는 자에게 저주하는 말씀도 아니고, 겁이 나서 군중 속에 숨어 있는 비겁한 제자들을 나무라시는 말씀도 아니며, 로마 군사들을 견책하는 외침도 아닙니다. 또한 막달레나에게 희망을 주는 말씀도 아니고, 요한 사도에게 사랑을 표시하는 말도 아니었습니다. 또한 사랑하는 어머니에게 작별 인사하는 말씀도 아니며, 하느님에 대한 말씀도 아니었습니다. 그저 바싹 마른 주님의 입술을 통하여 주님의 거룩한 마음속 깊은 샘에서 우러나온 "목마르다."라는 처절한 한마디였습니다. 십자가형을 받는 자에게 가장 큰 고통은 목이 타는 듯한 '갈증'이었기 때문입니다.

우주 공간의 무수하게 많은 별들에게 위치와 궤도를 정해 주신 하느님이면서 사람이 되신 주님이 당신의 사소한 작품에 불과한 사람에게 도움을 청하셨습니다. 창조주가 미소한 피조물에게 "목마르다." 하고 마실 물을 달라고 하신 것입니다. 주님이 청한 물은 이 세상에 흔한 음료수가 아니라 사랑의 물을 의미합니다. 사랑에 목마르다는 뜻입니다.

이것은 하느님에 대한 인간의 갈증과 사람에 대한 하느님의 갈증을 뜻하는 말씀입니다. 목동은 양 없이는 살지 못하고, 창조주는 피조물 없이는 살지 못합니다. 예수님의 목마름은 신자들의 영혼에 대한 갈증입니다. 만일 하느님이 나를 얼마나 사랑하시는 줄 알기만 한다면, 너무나 자주 들으면서도 그 뜻을 이해하지 못하는 '사랑'이라는 말의 깊은 뜻을 깨닫게 될 것입니다.

　사랑은 주는 것입니다. 하느님은 아무것도 아닌 것에 힘을 주셨습니다. 하느님은 암흑에 광명을 주셨고, 혼돈에 질서를 주셨습니다. 이것이 우주 창조입니다.

　사랑은 사랑하는 이에게 비밀을 말해 주는 것입니다. 하느님은 당신 본성의 비밀을 성경을 통하여 우리 인간에게 말씀하셨습니다. 그리고 타락한 인류 원조에게 드높은 희망을 약속하셨습니다. 이것이 하느님이 계시하신 진리입니다.

　사랑은 사랑하는 이를 위하여 고통을 당하는 것입니다. 사랑을 말할 때 상처를 암시하는 사랑의 화살을 언급하는 것은 이 때문입니다. 하느님은 벗을 위하여 목숨을 바치는 것보다 더 큰 사랑 때문에 십자가 위에서 우리를 위하여 고통을 당하셨습니다.

　사랑은 사랑하는 이와 하나가 됨을 뜻합니다. 육체의 일치만이 아니라 영의 일치를 뜻합니다. 우리가 주님 안에 살고 주님이 우리 안에 계실 목적으로 주님은 생명의 빵으로 형언할 수 없는 일치를 이루도록 성체성사를 제정하셨습니다. 사랑은 사랑하는 이와 영원히 하나가 되기를 원합니다. 그래서 주님은 세상이 줄 수 없는 평화와 기쁨이 영원히 넘치는 하느님 아버지의 집인 천국을 우리에게 약속하셨습니다.

　사랑은 몽땅 줍니다. 몽땅 주어 자기를 비웁니다. 주님은 당신의 포도밭을 위하여 아낌없이 몽땅 주셨습니다. 주님은 인간의 바싹 메마른 마음을 적시려고 영원한 사랑의 물을 마지막 한 방울까지 쏟아 부으셨습니다. 그래서 주님은 사랑에 목말라하셨습니다. 만일 사랑이 주고받는 것이라면,

주님은 우리에게 몽땅 주셨으니, 우리의 사랑을 받으실 권리도 확실하게 있으십니다. 그러니 주님의 이 요청에 어찌 응답하지 않을 수 있겠습니까? 하느님의 거룩한 마음이 인간에 대한 갈증 때문에 죽게 내버려 둘 수 있는 핑계가 있겠습니까?

기도

오 예수님, 주님이 저에게 모든 것을 주셨는데 저는 아무것도 드리지 못하였습니다. 주님이 제 영혼의 포도밭에서 포도를 수확하러 자주 오셨지만, 제 포도밭에서 겨우 쭉정이 몇 송이만 따셨습니다. 주님이 제 영혼의 문을 그다지도 자주 두드리셨는데 제 영혼의 문은 언제나 잠겨 있었습니다. 주님이 제게 마실 물 한 모금을 그다지도 자주 청하셨는데, 저는 식초나 쓸개즙만 드렸습니다.

경외하올 예수님, 제가 주님을 모시기를 얼마나 자주 두려워하고 인색하게 굴었는지요. 만일 제가 주님 사랑의 태양을 가지고 있다면 인간 마음의 촛불은 전혀 아쉽지 않을 것입니다.

만일 제가 주님이 주시는 완전한 행복을 누리고 있다면, 저는 이 세상이 주는 한 조각 즐거움에 매달리지 않을 것입니다. 오 예수님, 싸우고 헤어진 마음끼리 서로의 사랑을 회복하고, 서로 화목했을 때로 되돌아가기를 거부하는 서글픈 이야기가 이 세상 사람들의 이야기입니다. 변덕스러운 인간끼리의 선물을 초월하는 주님의 항구한 자비의 선물을 주십시오. 아멘.

6) 여섯 번째 말씀: "다 이루어졌다."(요한 19,30)

영원하신 하느님이 창공을 청색으로 칠하고 지구를 녹색으로 칠하신 위대한 예술가로서, 성자의 모습을 닮은 사람을 창조하셨습니다. 그리고 전능하신 하느님만이 만드실 수 있는 가장 아름다운 정원을 만드시고, 그곳에서 사람을 살게 하셨습니다.

인류의 원조가 마귀의 꼬임에 빠져 하느님을 배반하였습니다. 그 결과 하느님이 인간에게 주신 모습이 더러워지고 파괴되었습니다. 자비로우신 하느님 아버지는 타락한 인간을 본시의 영광스러운 모습으로 회복시켜 주시어 하느님이 본시 의도하셨던 대로 인간의 행복한 삶을 우주 만물이 다시 볼 수 있기를 원하셨습니다. 그리하여 본시 성자의 모습을 따라 인간이 만들어졌기 때문에 인간이 그 본래의 원형을 회복하도록 성자를 이 세상 사람들에게 보내 주시려 하셨습니다.

전능하신 하느님은 하느님의 이 자비로운 계획을 완수하기 위해 승리의 요소와 더불어 패배의 요소도 이용하셨습니다. 하느님의 인류 구원 섭리에 따라 인간의 타락 때에 협력하였던 세 가지 요건이 인간의 구원 때에도 똑같이 필요하였습니다. 아담의 불순종에 대응하여 그리스도의 순종이 필요하였습니다. 하와의 교만에 대응하여 성모님의 겸손이 필요하였습니다. 그리고 에덴동산의 선악과나무에 대응하여 십자가 나무가 필요하였습니다. 이렇게 인류 구원 사업의 세 가지 요건이 충족되었습니다.

성부께서 성자가 수행하도록 하셨던 사명이 이제 완수될 참입니다. 예수님이 죄의 노예로 잡혀 있던 인류를 위해 대가를 지불하고 자유인으로

십자가 위의 그리스도
하르먼스 판 레인 렘브란트(Harmensz van Rijn Rembrandt, 1606~1669년), 1631년,
캔버스에 유채, 성 빈센트 대학, 알프드 오트 프로방스, 프랑스.

속량해 주셨습니다. 예수님이 우리를 위하여 전투에서 이기신 것입니다.

다윗이 다섯 개의 돌멩이로 골리앗을 이긴 것처럼 예수님은 두 손과 두 발과 옆구리에 찔리신 끔찍한 다섯 개의 상처로써 이긴 것입니다. 다윗이 대낮의 태양 아래 번쩍이는 무장을 한 골리앗을 대적한 전투에서 이겼지만, 예수님은 어두워진 하늘 아래 자줏빛 넝마처럼 축 늘어진 살덩이로 인류를 구원하는 전투에서 이기신 것입니다.

다윗은 "때려 부수고 죽여라." 하는 고함 소리가 요란한 전쟁터에서 이겼지만, 예수님은 "아버지 용서하십시오."라는 부드러운 음성이 울리는 전투에서 구세주로 이기신 것입니다.

강철 무기가 부딪치는 것이 아니라 핏방울이 떨어지는 전투에서 예수님이 이기신 것입니다. 예수님은 죽임을 당한 전투에서 구세주로서 이기셨고, 이제 그 싸움이 승리로 끝났습니다.

마지막 세 시간 동안 십자가에 달리신 예수님은 성부께서 맡기신 사명에 종사하셨습니다. 위대한 예술가이신 하느님은 당신의 걸작품에 마지막 붓질을 막 끝내셨습니다. 그리고 개선의 기쁨에 넘쳐 "다 이루어졌다." (요한 19,30)라고 힘차게 노래하신 것입니다.

로마 군사 하나가 신 포도주를 듬뿍 적신 해면을 우슬초 가지에 꽂아 예수님의 입에 갖다 대었습니다. 예수님은 쓰디쓴 음료를 맛보시고 당신의 수난에 대하여 계시된 모든 예언이 성취되고 있음을 아셨습니다. 아버지가 맡겨 주신 사업은 종착역에 가까이 왔습니다. 이제 주님의 사명이 완수되었습니다. 우리 인간이 사명을 실천할 차례가 되었습니다. 인류를 위하여 하느님의 생명을 다시 얻을 수 있게 해 주신 주님의 사업은 끝났습니다. 주님은 갈바리아 언덕에서 이루신 성사적 생명을 저수지에 가득히 채우셨습니다. 이제 그 생명수를 각 사람의 영혼이 분배받는 작업만 남았습니다. 노아의 홍수 때에 물 위에 떠 있도록 네모난 방주를 만들게 하신 하느님이 그 배의 옆면에 출입문을 만드셨던 것처럼, 십자가에 달리신 예수님이 창으로 찔린 옆구리의 상처가 하늘로 들어가는 문이 되었습니다.

이제 각 사람은 그 네모난 방주에 올라타야 살 수 있습니다. 그런데 그 방주의 문을 열 수 있는 문고리는 인간 편에만 있어서 인간 각자만이 그 문을 열 수 있습니다. 주님의 성체는 각 사람이 받아 모셔야 주님과의 친교가 이루어지게 됩니다. 주님의 생명을 언제 받아 모시느냐 하는 문제는 각자에게 달려 있습니다.

예수님의 십자가의 길에 동참해야, 주님이 당신의 수난으로 회복해 주신 생명을 얻을 수 있습니다. 이 일을 방해하는 걸림돌이 각자가 지은 죄악입니다. 우리 각자의 죄가 계속되는 한 우리의 마음 안에서 그리스도의 십자가 처형이 반복되는 것입니다.

기도

예수님, 주님이 인류 구원 사업을 이루셨습니다. 이제 죄를 보상하는 속죄는 제가 할 일입니다. 속죄는 주님과의 일치를 회복하는 것을 뜻합니다. 주님의 생명, 주님의 진리, 주님의 사랑에 다시 참여한다는 뜻입니다.

주님은 우리 죄인을 속량하시는 일을 완수하셨습니다. 그러나 주님은 아직도 십자가에 달려 계십니다. 이제 주님을 십자가에서 내려 드리는 일이 남아 있습니다. 우리 인간 각자가 주님을 십자가에서 내려 드려야 합니다.

주님을 따르는 자라면 각자 자기 육체의 욕정을 십자가에 못 박아야 한다는 주님의 말씀을 바오로 사도가 전해 주었습니다.

그러므로 주님 대신에 제가 십자가에 못 박힐 때까지 제가 할 일이 끝나지 않습니다. 각 사람의 인생에 성금요일의 수난이 없는 한, 부활의 기쁨도 없을 것입니다. 어리석음의 자줏빛 겉옷을 걸치지 않는 한, 지혜의 흰 외투를 입지 못할 것입니다. 머리에 가시관을 쓰지 않는 한, 승리의 화관을 얻을 수 없습니다. 전투가 없는 한, 승리도 없습니다. 십자가가 없는 한, 빈 무덤의 기쁨도 없습니다. 갈증이 없는 한, 천국의 기쁨도 없습니다.

예수님, 이 힘든 작업을 제가 마칠 수 있도록 이끌어 주십시오. 사람의 자녀들이 영광에 들어가려면 수난과 고통을 극복해야 하는 것이 당연하기 때문입니다.

7) 일곱 번째 말씀: "아버지 손에 맡깁니다."(루카 23,46)

아담이 낙원에서 추방되면서 그에게 고달픈 노동이 처벌로 선고되었습니다. 그는 날마다 먹을 양식을 얻기 위하여 이마에 땀방울을 흘리며 일해야 했습니다. 어느 날 아담이 먹을 것을 찾아 들에 나갔다가 카인에게 얻어맞아 쓰러져 있는 아벨에 걸려 넘어졌습니다. 아담이 아벨을 업고 집에 돌아와 하와의 무릎 위에 내려놓았습니다. 아담과 하와가 아벨에게 어찌된 일이냐고 물었으나 아무 대답도 하지 않았습니다. 그렇게 아무 반응이 없는 모습은 처음이었습니다. 부모가 안타까운 마음에 아들의 손을 잡아들어 올렸으나 맥없이 축 늘어졌습니다. 그래서 부모가 아들의 눈을 들여다보았더니 유리처럼 차가운 멍한 눈이었습니다. 아들의 그러한 반응도 처음이었습니다. 아직 죽음을 체험해 본 적이 없는 아담과 하와는 아들의 죽음을 이해하지 못하였습니다. 그 순간 아담과 하와가 원죄를 범했던 날 하느님으로부터 받은 벌이 떠올랐습니다.

"이 나무의 열매를 먹지 말라. 이 나무의 열매를 먹으면 반드시 죽는다." 하는 하느님의 말씀이 다시 들려오는 듯했습니다. 카인에 의한 아벨의 죽음은, 이 세상 인간의 첫 죽음이었습니다.

오랜 세월이 지난 후, 카인의 후손들 사이에 벌어지는 형제간의 질투의 결과로 새 아벨인 그리스도가 죽음을 당하시게 되었습니다. 예수님의 일생은 하느님 아버지에 대한 순명의 연속이었습니다. 한없이 깊은 심연에서 솟아오르는 예수님의 순명으로써 이제 인류의 지위가 원상회복이 될 준비를 하고 있는 참이었습니다. 그것은 주님이 십자가 위에서 모든 것이 이루어짐과 성부께서 당신께 맡기신 사명을 이제 마쳤다는 직별 인사를 하신 다음에 이루어질 것입니다.

예수님은 하느님 아버지께 "제 영을 아버지 손에 맡깁니다."(루카 23,46) 하고 천국에 입국하시는 인사 말씀을 하셨습니다.

큰 행성들이 궤도를 한 바퀴 다 돌고 나면 출발 지점에 되돌아오게 됩니다. 천국에서 세상으로 내려오신 주님도 사명을 완수하신 다음, 성부께 귀환하여 "제 영을 아버지 손에 맡깁니다." 하고 인사드리면서 인류를 구원하신 사업 완수를 보고하셨습니다.

아버지의 집으로 돌아가시는 그리스도의 모습에서 탕자가 아버지의 집을 떠났다가 다시 아버지의 집으로 돌아가는 광경이 연상됩니다. 예수님은 33년 전에 영원한 아버지의 집을 떠나 낯선 이 세상에 내려오셨습니다. 그리고 천상적 권능과 지혜의 넘치는 재물을 아낌없이 나누어 주면서 용서와 자비라는 천상적 선물을 죄인들에게 남김없이 베풀어 주셨습니다. 결국 주님은 죄인들과 함께 다니면서 그들을 구원하시려고 당신의 귀중한 피의 마지막 한 방울까지 몽땅 쏟으면서 모든 것을 주셨습니다. 그런데 인간들의 냉소와 배은망덕이라는 초와 쓰디쓴 쓸개즙 밖에는 내어 놓지 않습니다.

주님은 이제 아버지의 집으로 돌아갈 준비를 하십니다. 아버지 집에서 아직 멀찍이 떨어져 있는 곳에서 하느님 아버지의 얼굴을 보게 된 주님은 기력이 다하여 "제 영을 아버지 손에 맡깁니다." 하고 숨을 거두셨습니다.

주님이 십자가에서 일곱 번 말씀을 하시는 동안에 성모님은 십자가 발치 아래 줄곧 서 계셨습니다. 형제들의 질투에 의하여 죽임을 당한 새 아벨이신 주님이, 잠시 후 구원의 교수대인 십자가에서 내려져 새 하와인 성모님의 무릎에 놓이게 됩니다. 이 잔혹한 비극이 연출될 때 성모님의 눈물 고인 눈은 베들레헴을 회상하게 됩니다.

사람은 누구든지 죽음의 자리에서 출생을 회상하게 됩니다. 가시관을 쓴 머리는 십자가라는 베개 외에는 눕힐 곳이 없습니다. 성모님은 눈물로 흐려진 눈으로 예수님의 머리를 가슴에 품고 베들레헴에서 아기 예수님을 안고 있는 환상을 봅니다. 해와 달까지도 어두워지고 있는데 성모님의 눈은 짚을 깐 구유를 봅니다. 못 박힌 그 불쌍한 손과 발이 성모님 눈에는 동방에서 찾아온 세 박사들로부터 황금과 유향과 몰약의 예물을 받고 있는 아기 예수님의 손과 발로 보입니다. 바싹 메말라 갈라진 주님의 입술이 성모님의 눈에는 젖을 빨고 있는 아기 예수님의 발그레한 입술로 보입니다. 상처 외에는 아무것도 남아 있지 않은 주님의 팔이 외양간에서 가축의 머리를 만지려고 길게 뻗은 아기 예수님의 팔로 보입니다. 십자가 아래에서 예수님의 시체를 안고 있는 성모님은 구유 곁에서 아기 예수님을 안고 있는 것처럼 느껴집니다. 성모님은 베들레헴에서 아기 예수님을 안고 있는 기쁨을 잠시 회상합니다.

기도

성모님, 여기는 베들레헴의 구유가 아니고 갈바리아의 십자가입니다. 목동과 세 박사가 함께 있는 탄생의 자리가 아니고, 사형 집행인들과 죄수들이 함께 있는 죽음의 자리입니다. 베들레헴은 죄 없으신 어머니가 예수님을 세상에 낳은 곳이지만, 갈바리아 언덕은 죄 많은 세상이 주님의 시신을 성모님께 되돌려 준 곳입니다. 성모님이 구유에서 아드님을 세상에 낳아 주셨을 때와 십자가에서 아드님을 돌려받으셨을 때 사이에는 저의 죄가 개입되어 있습니다.

성모님, 지금은 성모님의 시간이 아니고 저의 시간입니다. 저의 사악함과 죄악의 시간입니다. 만일 제가 죄를 범하지 않았더라면, 주님의 심홍색 시신 주변에 죽음의 검은 날개가 맴돌지 않았을 것입니다. 만일 제가 교만하지 않았더라면, 속죄의 가시관이 엮어지지 않았을 것입니다. 만일 제가 파멸로 이르는 넓은 길을 걸으면서 반항하는 행위를 덜 했더라면, 주님의 발이 못으로 뚫리지 않았을 것입니다. 만일 제가 가시덤불과 엉겅퀴 속에 사로잡혀 있을 때 주님이 목자로서 불러내시는 음성에 조금 더 순순히 응답했더라면, 주님의 메마른 입술이 불처럼 타지 않았을 것입니다. 만일 제가 조금 더 충실히 살았더라면, 주님의 뺨이 유다스의 입맞춤으로 물집이 생기지 않았을 것입니다.

성모님, 주님의 성탄과 인류를 구원하시는 주님의 임종 사이에는 인류의 죄, 특히 저의 죄가 끼어 있습니다. 성모님, 당신의 팔로 주님을 받아 안으실 때 주님이 성부께로부터 오신 때처럼 순결한 아기의 흰 몸이라고 생각하지 마십시오. 주님이 죄인들, 특히 저에게로부터 오시는 때에는 상처투성이로 피범벅이 된 붉은 몸이십니다. 잠시 후 성모님의 아드님은 그 영혼을 하느님 아버지께 맡겨 드릴 것이고 그 육신은 어머님의 애모하는 손에 맡겨 드릴 것입니다. 이제 마지막 핏방울이 뚝뚝 떨어져 십자가 나무를 적시고 주변 바위를 심홍색으로 물들일 것입니다. 그 피는 단 한 방울이라도 이 세상을 천만 번 구원하기에도 충분할 만큼 귀중한 구세주의 피입니다.

경외하올 성모님, 베들레헴을 갈바리아 언덕으로 바꾼 인류의 죄를 용서하시도록 당신 아드님께 전구하여 주십시오. 당신 아드님이신 주님을 또다시 십자가에 처형하거나 성모님의 거룩한 마음을 날카로운 칼로 일곱 번 찌르는 만행을 저지르는 일이 결코 다시 없도록 이끌어 주십시오. 그리고 죄 많은 우리에게 그러한 은총을 허락해 주시도록 주님의 마지막 임종 때에 간청하여 주시고, 저희 죄인들을 위하여 변호하여 주십시오. 아멘.

8 성주간 토요일

1) 안식일에 수선을 떤 유다인 지도자들

예수님이 무덤에 묻히신 다음 날, 안식일인데도 불구하고 수석 사제들과 바리사이들은 큰일이라도 벌어진 듯이 수선스럽게 빌라도에게 몰려갔습니다(마태 27,62 참조). 수석 사제들과 바리사이들은 안식일을 핑계로 예수님의 선행조차 공격의 빌미로 삼았던 자들입니다.

예수님이 안식일에 병자를 치유하셨을 때마다 바리사이들은 예수님께 시비를 걸었습니다. 안식일에 등 굽은 여자를 치유해 주신 때(루카 13,11-14 참조), 손이 오그라든 사람을 치유해 주신 때(마태 12,9-14; 마르 3,1-6; 루카 6,6-11 참조), 벳자타 못 가에서 병자를 치유해 주신 때(요한 5,5-10 참조), 소경으로 태어난 사람을 치유해 주셨을 때(요한 9,6-16 참조) 바리사이들을 비롯한 유다인 지도자들은 안식일을 위반하는 예수님께 적개심을 품어 왔습니다.

그런 자들이 안식일의 규정을 무시할 만큼 큰일이나 생긴 듯이 수선을 떨면서 빌라도를 찾아가 예수님을 사기꾼으로 모함하는 악한 짓을 서슴없이 감행하였습니다.

유다인 지도자들의 염려와 요청

수석 사제들과 바리사이들은 빌라도에게 호감을 사려고 "나리"라고 부르면서 아부를 하였습니다. 그리고 대뜸 예수님을 사기꾼이라고 부르면서 수다를 떨었습니다. 예수님이 군중을 기만하여 잘못된 길로 이끌 사람이었다는 뜻입니다.

"나리, 그 사기꾼 예수가 생전에 자기는 죽었다가 사흘 만에 다시 살아난다고 선동하였습니다. 혹시라도 제자들이 예수의 시체를 훔쳐다가 감추고 나서 예수가 부활하였다고 속이면 곤란합니다. 예수를 죽이기 전보다 더욱 해로운 사태가 야기될 것입니다. 그러니 예수의 무덤을 지키도록 명령해 주십시오."(마태 27,63-64 참조)

빌라도의 대답

빌라도는 유다인 지도자들에게 빈정거리는 말투로 "당신들에게는 성전 경비병들이 있지 않소?"(마태 27,65 참조) 하고 반문하였습니다. 성전 경비병들로 하여금 예수님의 무덤을 경비하면 될 것을 왜 굳이 나에게 경비를 부탁하냐고 비아냥거린 것입니다. 그러자 교활한 유다인 지도자들은 억지 논리를 펴서 빌라도에게 경비병을 달라고 간청하였습니다.

수석 사제들이 성전 경비병을 쓰려고 했다면 굳이 빌라도의 허가를 받을 필요조차 없었을 것입니다. 그런데도 굳이 로마 경비병을 청했기 때문에 빌라도는 그들의 청을 귀찮게 여겼습니다. 빌라도는 속으로 '너희 생각대로 잘 지켜보아라. 경비병이 필요하다는 것은 저 시신이 무섭단 말인가? 이 교활한 유다 놈들아. 너희들의 악독한 머리를 짜내서 물 샐 틈 없이 엄중하게 지켜보아라!' 하고 말하는 것 같습니다.

빌라도는 유다인들이 무리한 요청을 하는 줄 알고 그들의 마음을 찌르는 야유를 하지 않고는 못 배겨서 심통을 부렸습니다. 빌라도는 속으로 '정말 귀찮게 구는 놈들이구나!' 하고 생각하면서 "경비병을 내줄 터이니 가서 너희 생각대로 잘 지켜보아라." 하고 빈정거리며 그 청을 들어주었을지도 모릅니다.

빌라도가 자기 휘하의 로마 군사들을 내주었는지, 또는 자기 군대를 내주기를 거절하고 성전 경비대가 있으니 경비병들을 이용해도 좋다고 허락한 것인지는 분명하지가 않습니다.

성경에 이후에 어떤 이야기가 오고 갔는지에 대한 기록은 없습니다.

2) 예수님의 무덤 경비

예수님의 무덤을 지키는 유다인들의 경계는 물 샐 틈 없이 삼엄하였습니다. 성경 본문에는 언급되어 있지 않지만 짐작하건데 수석 사제들은 예수님의 무덤에 가서 무덤 속에 시신이 있는지 없는지를 확인한 다음, 입구를 막은 돌을 단단히 봉인하고 경비병들을 세워서 무덤을 지키게 하였을 것입니다.

유다인 지도자들은 자기들 나름대로 철저하게 대책을 세웠으나 오히려 이러한 조치는 예수님의 부활을 입증하는 확실한 증거가 되었습니다.

호수의 폭풍을 잔잔하게 하시고 라자로를 다시 살리셨던 하느님의 아드님 예수님은, 봉인과 경비병에도 아랑곳하지 않으시고 죽음을 이기고 부활하셨습니다. 그때 무덤을 지키던 경비병들이 너무 놀라 혼이 빠져 자빠졌습니다.

마태오 복음서에만 기록되어 있는 성토요일의 이야기는, 유다인들과 초기 그리스도교 신자들 사이에 벌어진 논쟁에 대한 증언입니다(마태 27,62-66 참조).

이 기록의 목적은 유다인들의 거짓 증언을 반박하는 것입니다. 예수님의 적들은 '예수의 제자들이 와서 시체를 훔치고서는, 예수가 부활하였다고 허위 선전하고 있다.'라며 백성들을 속였기 때문입니다. 그런데 실상은 그들이 허위 선전을 했던 것입니다.

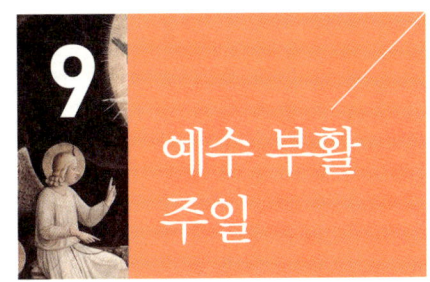

9 예수 부활 주일

1) 주님이 부활하심(마태 28,1-8; 마르 16,1-8; 루카 24,1-12; 요한 20,1-10)

(1) 여인들의 묘소 방문

토요일 해가 저물어 안식일 규정 준수 시각이 끝난 일요일 새벽에 여인들은 예수님의 시신에 발라 드릴 향료를 사려고 뛰어갔습니다. 그리고 해가 떠오를 무렵에 향료를 가지고 예수님의 무덤으로 달려갔습니다(마르 16,2; 루카 24,1 참조). 예수님을 사모하여 무덤에 뛰어간 여인들은 마리아 막달레나와 야고보의 어머니 마리아와 살로메였습니다(마르 16,1 참조). 여인들은 예수님을 어느 누구보다도 지극히 사랑하였지만 약하고 갸날픈 몸이었습니다. 예수님의 무덤은 수석 사제들의 지휘를 받는 경비병들이 입구를 봉인하고 지키고 있었습니다. 그래서 여인들은 서로 마주 보면서 "그 돌을 굴려서 무덤 입구를 열어 줄 사람이 있을까요?"(마르 16,3 참조) 하고 걱정하며 무덤으로 갔습니다. 예수님의 무덤 입구를 봉인하고 있는 큰 돌을 굴려 무덤 입구를 열 힘이 없었기 때문에 무덤을 지키고 있는 경비병들에게 어떻게 부탁해야 할지 막막하였습니다. 그런데 뜻밖에 놀라운 일이 벌어져 이러한 걱정은 부질없는 일이 되었습니다.

빈 무덤

여인들이 예수님의 무덤에 가는 동안 갑자기 큰 지진이 일어났습니다. 지진은 전통적으로 하느님의 현존이 사람들에게 나타날 때 수반되는 현상입니다(탈출 19,18 참조).

여인들이 예수님의 무덤에 도착해서 보니까 입구를 막고 있던 큰 돌이 굴려져 있었습니다(마르 16,4 참조). 여인들이 무덤 안으로 들어가 보니 예수님의 시신이 없었습니다(루카 24,3 참조).

천사의 발현

그때 눈부신 옷을 입은 두 천사가 나타났습니다(루카 24,4 참조). 그들은 무덤으로 다가가 무덤 입구를 막고 있던 큰 돌을 옆으로 굴리고서는 한 천사는 예수님의 시신이 놓였던 자리 머리맡에 있었고 다른 천사는 발치에 있었습니다(요한 20,12 참조). 천사의 모습은 번개 같고 옷은 눈처럼 희었습니다. 무덤을 경비하던 자들은 천사를 보고 두려워 떨다가 까무러쳤습니다(마태 28,2-4 참조).

여인들이 혼겁하여 두 천사의 얼굴을 쳐다보지도 못하고 고개를 숙였습니다(루카 24,5 참조). 그러자 천사가 여인들에게 매우 상냥한 음성으로 말하였습니다. "두려워하지 마라. 너희는 십자가에 못 박히신 나자렛 사람 예수님을 찾고 있지만, 그분께서는 미리 말씀하신 대로 되살아나셨다. 와서 그분께서 누워 계셨던 곳을 보아라! 그분께서는 여기에 계시지 않는다. 살아 계신 분을 왜 죽은 이들 가운데에서 찾고 있느냐?"(마태 28,5-7; 마르 16,6 참조) 그리고 여인들에게 예수님이 갈릴래아에서 하신 말씀을 기억하라고 일러 주었습니다(마태 28,7 참조). 그제서야 여인들은 예수님이 "사람의 아들은 죄인들의 손에 넘겨져 십자가에 못 박혔다가 사흘만에 부활할 것이다."(마태 17,22-23 참조) 하고 예언하셨던 말씀을 기억해 냈습니다.

천사가 여인들에게 "서둘러 그분의 제자들과 베드로에게 가서 일러라. '주님께서는 죽은 이들 가운데에서 부활하셨습니다. 이제 여러분보다 먼저 갈릴래아로 가실 터이니, 여러분은 그분을 거기에서 뵙게 될 것입니다.'"(마태 28,7; 마르 16,7 참조) 하고 말하였습니다.

그리고 여인들은 사도들에게 가서 천사들이 일러준 대로 예수님이 부활하셨다는 소식과 갈릴래아로 가면 예수님을 뵐 수 있다는 소식도 알려 주었습니다. 소식을 알려 준 여인들은 마리아 막달레나, 요안나 그리고 야고보의 어머니 마리아였습니다. 그들과 함께 있던 다른 여인들도 사도들에게 이 일을 이야기 하였습니다(루카 24,10 참조).

그러나 사도들은 여인들이 알려 준 소식을 헛소리로 여겼습니다. 예수님이 살아 계시며 그 여인들에게 나타나셨다는 말을 듣고도 믿지 않았습니다(루카 24,11 참조).

주님이 마리아 막달레나에게 나타나심

주간 첫날 새벽에, 마리아 막달레나는 주님이 무덤에 계시지 않는 것을 알고 무덤 밖에서 울고 있었습니다. 천사들이 마리아 막달레나에게 "여인아, 왜 우느냐?"(요한 20,13) 하고 물었습니다. 마리아 막달레나가 천사들에게 "누군가 저의 주님을 꺼내 갔습니다. 어디에 모셨는지 모르겠습니다."(요한 20,13 참조) 하고 대답하였습니다. 그때 부활하신 예수님이 마리아 막달레나에게 처음으로 나타나셨습니다(마르 16,9 참조).

예수님이 "왜 우느냐? 누구를 찾느냐?"(요한 20,15) 하고 물으셨습니다. 마리아 막달레나는 그분을 정원지기로 착각하고, "선생님, 선생님께서 그분을 옮겨 가셨으면 어디에 모셨는지 저에게 말씀해 주십시오. 제가 모셔 가겠습니다."(요한 20,15) 하고 말하였습니다. 그러자 예수님이 "마리아야!"(요한 20,16) 하고 부르셨습니다. 예수님의 음성을 알아차린 마리아는 돌아서서 히브리말로 "스승님!" 하고 반갑게 소리쳤습니다. 예수님은 평소의 자상한 음성으로 말씀하셨습니다. "내가 아직 아버지께 올라가지 않았으니 나를 더 이상 붙들지 마라. 내 형제들에게 가서, '나는 내 아버지시며 너희의 아버지신 분, 내 하느님이시며 너희의 하느님이신 분께 올라간다.' 하고 전하여라."(요한 20,11-17 참조)

여인들이 사도들에게 알림

예수님이 부활하신 주일 새벽에 주님이 무덤에 계시지 않기 때문에 여

그리스도의 무덤을 찾아간 세 마리아
프라 안젤리코(Fra Angelico, 1395~1455년), 1437~1446?년,
프레스코, 산 마르코 미술관, 피렌체, 이탈리아.

인들이 예수님 무덤 밖에서 "예수님이 어디 가셨을까?" 하고 서성거리고 있었습니다.

그때 갑자기 예수님이 마주 오시면서 그 여인들에게 "평안하냐?"(마태 28,9) 하고 인사하셨습니다. 여인들은 예수님의 목소리를 알아듣고 너무나 반가워 자기들도 모르는 사이에 예수님께 다가가 엎드려 그분의 발을 붙잡고 절하였습니다. 그때에 예수님은 그들에게 "두려워하지 마라. 가서 내 형제들에게 갈릴래아로 가라고 전하여라. 그들은 거기에서 나를 보게 될 것이다."(마태 28,10) 하고 말씀하셨습니다.

베드로와 요한이 무덤으로 달려감

사도들은 삼 년 동안 예수님과 함께 살면서, 예수님이 죽음까지도 통제하시는 분임을 확고히 믿고 있었습니다. 그런데 어이없게도 예수님이 십자가에서 돌아가시고 묻히셨습니다. 그래서 사도들은 하늘이 무너지고 땅이 꺼지는 절망의 나락에 빠졌습니다. 그런데 예수님이 돌아가신 지 사흘째 되는 새벽에 주님을 추종하는 마리아 막달레나와 다른 여인들이 사도들에게 숨차게 달려와 "주님의 무덤이 비어 있고, 천사들이 주님이 부활하셨다고 말했습니다."라고 기쁨에 넘쳐 소리쳤습니다.

처음에 사도들은 여인들의 말을 헛소리로 여겼습니다. 그러다 예수님이 당신이 수난하시고 돌아가신 후, 사흘만에 다시 살아날 것임을 여러 번 예언하셨던 것이 생각났습니다. 베드로와 요한은 여인들의 말을 미심쩍어하면서도 사실을 확인하기 위하여 예수님의 무덤으로 뛰어갔습니다(루카 24,9-12 참조). 사도들이 얼마나 큰 희망을 가지고 주님의 무덤으로 달려

갔겠습니까!

베드로와 요한이 무덤을 향하여 함께 달려갔는데, 젊은 요한이 나이 많은 베드로보다 먼저 무덤에 도착하였습니다(요한 20,4 참조). 예의 바른 요한이 베드로가 도착할 때까지 예수님의 무덤 안에 들어가지 않고 기다렸습니다. 요한이 무덤 입구에서 몸을 굽혀 무덤 안을 들여다보니, 마리아가 말한 것처럼 예수님의 시신을 감쌌던 아마포가 놓여 있는 것이 눈에 띄었습니다(요한 20,5 참조).

이윽고 베드로가 숨을 헐떡이면서 도착하자마자 무덤 안으로 선뜻 들어갔습니다. 베드로의 눈에도 아마포가 놓여 있는 것이 보였습니다. 예수님의 얼굴을 쌌던 수건은 아마포와 함께 놓여 있지 않고, 따로 한곳에 개어져 있었습니다(요한 20,7 참조). 이것은 여인들이 보고하지 않은 사실이었습니다. 만일 예수님의 시신을 누가 훔쳐갔다면 예수님의 시신을 싸매고 있던 아마포까지 함께 들고 갔을 것입니다.

그제야 먼저 도착했던 요한도 무덤 안에 들어가서 모든 것을 보고 예수님의 부활을 믿었습니다. 사실 그들은 예수님이 죽은 이들 가운데에서 다시 살아나셔야 한다는 성경 말씀을 아직 깨닫지 못하고 있었던 것입니다. 그 사도들은 다시 집으로 돌아갔습니다(요한 20,10 참조).

(2) 경비병들의 허위 선전(마태 28,11-15)

예수님의 무덤을 지키던 경비병들은 지진이 일어나고 천사들이 나타나는 바람에 까무러쳤습니다. 까무러쳤던 경비병들이 깨어나서 보니, 사형을 받을 정도로 큰 책망을 들을 만한 사건이 벌어졌음을 깨달았습니다.

그들은 책임을 피할 수 없는 사태를 수습하기 위해서 벌벌 떨면서 살 궁리를 하며 도성 안으로 뛰어갔습니다. 그리고 예수님 무덤에서 일어난 모든 일을 수석 사제들에게 알렸습니다. 경비병들은 지진이 일어났고, 예수님이 부활하시어 무덤을 떠나셨다는 사실과, 천사들이 나타나 무덤 입구에 봉인하여 둔 큰 돌을 옆으로 굴려 무덤을 열었다는 놀라운 사실을 보고하였습니다(마태 28,11 참조).

이 엄청난 보고를 들은 수석 사제들은 원로들과 함께 비상 최고 의회를 소집하였습니다. 전혀 예상하지 못한 돌발 사태에 대한 대책을 의논한 것입니다. 그 결과 경비병들을 매수하기로 하였습니다. 경비병들에게 많은 돈을 주며 무덤에서 일어난 사건을 비밀로 부치고 그 대신에 예수님의 제자들이 예수님의 시신을 훔쳐 갔다고 거짓 선전을 하라는 계략이었습니다. 평소에 매우 교활한 최고 의회 의원들이었음에도 얼마나 당황하였던지 그들이 세운 대책은 지극히 졸렬하였습니다.

그들의 지령은 "예수의 제자들이 밤중에 와서 우리가 잠든 사이에 시체를 훔쳐 갔다."(마태 28,13)라고 선전하라는 것이었습니다. 그리고 이 소식이 총독의 귀에 들어가더라도, 우리가 그를 설득하여 너희가 걱정할 필요가 없게 해 주겠다고 타일렀습니다(마태 28,14 참조). 목숨을 보존하게 된 것만도 감사할 지경이던 경비병들은 돈을 받고 수석 사제들이 시킨 대로 허위 선전을 하였습니다. 그리하여 이 말이 오늘날까지도 유다인들 사이에 퍼져 있습니다(마태 28,15 참조).

주님 부활의 반증

이 이야기는 최고 의회 의원으로서 대책 회의에 참석하여 예수님의 무덤에서 일어난 사건의 진상을 알고 예수님의 부활하심을 믿게 되어 그리스도교 신자로 개종한 사람이 마태오 복음사가에게 전해 주었을 것입니다.

이 이야기는 예수님이 승천하신 뒤 20년쯤 뒤에 쓰인 마태오 복음서에만 기록되어 있습니다. 마태오 복음서가 쓰일 당시에 유다인들이 퍼뜨린 허위 선전에 대응하여 예수님의 제자들이 진실을 알리기 위하여 복음서에 기록한 것입니다. 혹시라도 이 허위 선전에 넘어가 예수님의 시신을 제자들이 훔쳐간 줄로 믿는 사람이 있을까 봐, 예수님의 시신을 제자들이 훔쳤다는 것은 전혀 사실이 아니라는 것을 기록한 것입니다. 마태오 복음서보다 후대에 쓰인 사도행전이나 바오로 사도의 편지들에는 이 거짓 선전에 대해서 언급이 없는 것으로 보아 이 허위 선전은 얼마가지 않아 소멸하고 말았을 것으로 짐작됩니다.

만일 경비병들의 허위 신진처럼 예수님의 제자들이 경비병들이 잠든 시이에 예수님의 시신을 훔쳐 갔다면 잠들어 있던 경비병들이 어떻게 그 사실을 알겠습니까? 또 만일 경비병들이 깨어 있을 때 예수님의 제자들이 시신을 훔쳐갔다면 왜 그런 도둑들을 잡지 않고 내버려 두었다는 말입니까? 경비병들은 틀림없이 경비를 소홀히 한 것에 대하여 문책을 받고 사형을 당하였을 것입니다. 그런데 경비병들이 처벌을 면한 것을 보면 경비병들의 선전이 허위였음을 스스로 자인하는 것입니다. 마태오 복음서의 기록대로 돈 많은 수석 사제들이 경비병들을 매수하여 허위 선전을 하도록 하고 빌라도에게도 뇌물을 바쳐서 사건을 덮었을 것입니다.

제자들은 자신들이 예수님의 시신을 훔쳐가지 않았기 때문에, 유다인들 사이에 퍼져 있는 거짓 소문을 듣고 오히려 예수님의 부활하심을 성전 앞에서 당당하게 선언할 만큼 자신이 생겼습니다(사도 2,32 참조).

2) 엠마오로 가는 두 제자와 동행하신 주님(루카 24,13-35)

예수님이 부활하신 날 제자들 가운데 두 사람이 예루살렘에서 약 11킬로미터쯤 떨어진 엠마오라는 마을로 가고 있었습니다(루카 24,13 참조). 엠마오로 가던 두 제자는 예수님의 소문이나 가르침의 말씀을 전혀 들어 보지도 못한 비신자들이 아니었습니다. 또 예수님의 말씀을 듣고도 메시아의 기쁜 소식을 받아들이지 않은 불신자들도 아니었습니다. 그들은 예수님이 하신 일과 그 가르침을 믿는 제자들이었습니다. 그뿐만 아니라 예수님을 이스라엘을 구원해 줄 구세주로 기대하던 사람들이었습니다.

그들은 성주간 동안 예루살렘에서 일어난 모든 일에 관하여 서로 이야기하면서 걸어가고 있었습니다(루카 24,12 참조). 그들이 이야기하는 데 열중하는 틈에, 예수님이 그들에게 가까이 가시어 그들과 함께 동행하셨습니다(루카 24,15 참조). 하지만 그들은 예수님을 알아보지 못하였습니다(루카 24,16 참조). 그들은 예수님이 파스카 축제 동안 예루살렘 성전을 순례하고 자기들처럼 고향으로 돌아가는 사람인 줄로만 여겼습니다.

예수님이 그들에게 "걸어가면서 무슨 대화에 그렇게 열중하고 있느냐?"(루카 24,17 참조) 하고 물으시자, 그들은 걸음을 멈추고 침통한 표정으로 설명하기 시작하였습니다. 두 사람 중 클레오파스라는 사람이 예수님께, "파스카 축제 동안 예루살렘에 머물렀으면서 그 축제 기간 동안에 일어난 일을 혼자만 모른다는 말입니까?"(루카 24,18 참조) 하고 의아해하는 말투로 물었습니다.

주님을 잃은 서글픈 심정

예수님이 시치미를 떼시고 "무슨 일이 있었다는 말이냐?"(루카 24,19 참조) 하고 반문하셨습니다. 그들이 주님께 "나자렛 사람 예수님에 관한 일입니다. 그분은 하느님과 온 백성 앞에서, 행동과 말씀에 힘이 있는 예언자셨습니다."(루카 24,19) 하고 말하였습니다.

두 제자가 풀이 죽은 음성으로 말을 이어 갔습니다. "수석 사제들과 지도자들이 그분을 빌라도에게 넘겨, 사형 선고를 받아 십자가에 못 박히시게 하였습니다. 우리는 그분이야말로 이스라엘을 해방하실 분이라고 기대하였습니다. 그 일이 일어난 지도 벌써 사흘째가 됩니다. 그런데 우리 가운데 몇몇 여인이 우리를 깜짝 놀라게 하였습니다. 그들이 오늘 새벽에 예수님 무덤으로 갔다가, 그분의 시신을 찾지 못하고 돌아와서 하는 말이, 천사들이 발현하여 예수님께서 살아 계시다고 일러 주더랍니다. 그래서 우리 동료 몇 사람이 무덤에 가서 보니 그 여인들이 말한 그대로였고, 그분은 보지 못하였습니다."(루카 24, 20-24 참조)

예수님을 구세주로 기대하던 제자들은 예수님이 수난하시고 돌아가신 사건을 목격하고서, 예수님에 대한 그들의 믿음이 흔들렸을 뿐만 아니라 아예 잃어버릴 정도가 되었습니다. 그들은 십자가에 못 박히시는 무력하고 무능한 구세주를 이해할 수 없었던 것입니다. 그들은 이 사실을 받아들일 수 없었고 따라서 예수님의 부활 예언을 믿을 수 없게 되었습니다.

예수님이 당신의 수난과 부활을 세 번씩이나 예고하셨음에도 불구하고 주님의 죽음을 목격한 제자들은 그 충격이 너무나 커서 주님의 예언을 까맣게 잊어버린 것입니다. 그들은 예수님의 무덤을 보고 온 여인들의 말을 듣기는 하였으나 도저히 믿을 수가 없었습니다. 십자가라는 현실에 압도된 그들의 마음은 벌써 낙담한 채 구원의 도시인 예루살렘을 떠나 시골로 내려가고 있었습니다.

누구든지 고통을 당하면 신앙의 걸림돌이 생기고 하느님에 대한 믿음의 진정성을 시험당합니다. 사람들은 인생의 시련을 하느님의 섭리와 사랑 안에서 신앙으로 승화시키기를 힘들어합니다. 이처럼 인생의 고통은 우리를 환상적인 신앙에서 힘겨운 생활에 대한 환멸로 이끌어 가고, 결국은 희망이 없는 불신앙으로 떨어지게 합니다.

엠마오로 가는 제자들을 희망의 예루살렘에서 멀리 데려간 그 길은 오늘날의 많은 신자들이 걸어가는 길이기도 합니다.

주님이 이끌어 주시는 신앙생활

제자들의 말을 들으신 예수님은 "아, 어리석은 자들아! 예언자들이 말한 모든 것을 믿는 데에 마음이 어찌 이리 굼뜨냐? 그리스도는 그러한 고난을 겪고서 자기의 영광 속에 들어가야 하는 것이 아니냐?"(루카 24,25-26) 하고 말씀하셨습니다. 그리고 이어서 모세와 모든 예언자로부터 시작하여 성경 전체에 걸쳐 당신에 관한 기록들을 그들에게 설명해 주셨습니다

(루카 24,27 참조).

예수님은 동행하는 제자들에게 하느님께로부터 파견되신 메시아의 죽음과 부활이 하느님의 신비스러운 계획에 따른 것임을 강조하셨습니다. 예수님은 이어서 모세의 율법서와 모든 예언서를 비롯하여, 구약 성경 전체에서 구세주에 관한 기사記事가 메시아에 대한 하느님의 계시임을 분명하게 강조하셨습니다.

그리스도가 고난을 겪고 영광에 들어가신다는 것은 신앙의 신비입니다. 그러므로 그리스도를 중심으로 구약 성경을 설명하는 것은 가장 뛰어난 해석입니다. 구약 성경에 대한 그리스도론적 주석과 그리스도를 중심으로 한 해설은 예수님 자신에 근거하는 것이며, 그분에 의해 그 정당성이 인정되는 것입니다.

예수님의 현존

엠마오 마을에 가까이 이르렀을 때, 예수님은 더 멀리 가려고 하셨습니다. 그러자 제자들은 "저희와 함께 묵으십시오. 저녁때가 되어 가고 날도 이미 저물었습니다."(루카 24,29) 하며 주님을 붙들었습니다. 그래서 예수님은 그들과 함께 묵으시려고 그 집에 들어가셨습니다. 그들과 함께 식탁에 앉으셨을 때, 예수님은 빵을 들고 찬미를 드리신 다음 그것을 떼어 그들에게 나누어 주셨습니다(루카 24,30 참조). 그러자 그들의 눈이 열려 예수님을 알아보았습니다(루카 24,31 참조). 그때 주님은 사라지셨습니다. 그들은 서로 "주님께서 길에서 우리에게 말씀하실 때나 성경을 풀이해 주실 때 우리 마음이 감동하여 속에서 불타오르지 않았던가!"(루카 24,32 참조) 하고 말하였습니다.

　예수님은 당신이 설명해 주신 성경의 주석과 빵을 나누는 신비, 그리고 계시를 통하여 당신 자신을 드러내셨습니다. 그제서야 두 제자는 눈이 열려 예수님을 알아볼 수 있었습니다. 엠마오로 가던 제자들이 예수님을 알아보기도 전에 예수님은 그들 가운데 현존하고 계셨습니다.

　제자들은 "길에서 그분이 우리에게 말씀하실 때나 성경을 설명해 주실 때에 우리가 얼마나 뜨거운 감동을 받았던가!" 하고 감격하였습니다. 그리스도로부터 신비의 불이 솟아나기 때문입니다. 또 그리스도와 결합하면 마음에 열정이 불타오르기 때문이기도 합니다. 그러나 예수님이 없으면 그 마음에는 온기가 꺼지고 차가워집니다.

　엠마오에 도착한 제자들이 예수님께 "저희와 함께 묵으십시오." 하고 예수님을 붙들자, 예수님은 두 제자의 초대에 응하여 그 집에 들어가셨습니다. 이처럼 우리가 예수님을 초대하여 곁에 머무르시도록 청하면 주님은 기쁜 마음으로 우리와 함께하십니다.

　신앙인은 반성하고 연구하고 기도합니다. 이러한 올바른 생활 태도 위에 그리스도가 나타나시면 하느님의 은총이 자리 잡게 됩니다. 주님을 알아보지 못하고 사는 사람은 눈 뜬 장님으로 사는 사람입니다. 주님이 당신 자신을 내어 주시는 성체를 모실 때 엠마오로 가던 제자들처럼 눈이 열려 예수님을 알아보게 됩니다. 성체를 모심은 그리스도와 함께 같은 식탁에 앉는 것입니다. 주님이 초대하여 같은 식탁에 앉아 성스러운 빵인 성체를 받아 모시는 사람만이 주님을 참되게 만날 수 있습니다.

주님과 함께 사는 생활

부활하신 예수님을 알아본 두 제자는 곧바로 일어나 예루살렘으로 돌아가 보니 열한 사도와 동료들이 모여, "정녕 주님께서 되살아나시어 시몬에게 나타나셨다."(루카 24,34) 하고 말하고 있었습니다. 그들도 길에서 겪은 일과 빵을 떼실 때에 주님을 알아보게 된 일을 이야기해 주었습니다(루카 24,35 참조).

제자들이 예수님을 알아본 효과는 즉시 나타났습니다. 예수님의 부활을 확인하고 체험한 제자들은 180도로 완전히 변하였습니다. 그들은 슬픔에서 기쁨으로, 절망에서 희망으로 돌아섰고, 외곽으로의 도피에서 신앙의 중심지를 향해 달려가는 열정이 생긴 것입니다. 그들은 즉시 엠마오를 떠나 실망 대신 기쁨과 신뢰에 가득 차 예루살렘으로 되돌아갔습니다.

엠마오의 제자들에 관한 이야기는 주님을 잃은 서글픈 심정, 주님이 이끌어 주시는 신앙생활, 주님과 함께 사는 행복한 생활, 그리고 주님이 함께 계심으로써 생기는 생활의 변화에 대한 이야기입니다. 빈 무덤을 보고 놀라는 이들에게 주님의 부활을 알리는 천사들의 선언에 뒤이어 참된 완성자로서 부활하신 주님이 발현하셨습니다. 주님은 먼저 시몬에게, 다음에는 엠마오의 두 제자에게 그리고 다음에는 사도들이 함께 모여 있을 때 당신 자신을 나타내셨습니다.

루카 복음서에는 엠마오로 가는 두 제자에게 나타나신 이야기가 예수님이 부활하신 후 최초의 발현으로 기록되어 있습니다. 구세주로 믿고 따르던 예수님이 십자가에서 돌아가심으로써 마치 어버이를 잃고 버려진 고아처럼 희망 없이 좌절감에 젖어 무거운 발걸음으로 걸어가는 제자들의 슬픈 여행에서부터 메시아를 다시 찾은 기쁨에 이르기까지 상세하게 전해 주고 있습니다. 이 여행 이야기는 주님이 부활하신 후 엠마오로 가던 두 제자와 동행한 이야기일 뿐만 아니라, 후대의 모든 신자들과 예수님이 함께 걸어가는 이야기이기도 합니다.

3) 부활하신 주님이 사도들에게 나타나심(루카 24,36-43; 요한 20,19-20)

도망쳐 숨어 있는 사도들

예수님이 목요일 밤에 겟세마니 동산에서 잡히셨을 때, 사도들은 다 흩어져서 도망쳐 최후의 만찬을 했던 집으로 돌아와 숨어 있었습니다. 예수님이 카야파의 저택 안으로 끌려가시자 베드로와 요한은 남몰래 뒤따라 들어갔습니다.

금요일에 예수님이 십자가에 못 박히셨을 때에 사도들 중 요한만이 십자가 아래에서 예수님이 돌아가심을 지켜보았습니다. 성금요일 밤부터 일요일 저녁까지 최후의 만찬을 했던 방에 베드로와 요한까지 합석한 열한 명의 사도가 유다인들이 두려워 문을 잠그고 숨어 지냈습니다.

일요일 이른 새벽에 예수님의 무덤에 갔던 여인들이 사도들에게 뛰어와 예수님의 무덤이 비어 있고, 천사가 "예수님이 부활하셨다."라며 알려 주더라는 말을 하였습니다. 사도들은 여인들의 말을 믿지 않았습니다. 다만 베드로와 요한만이 예수님의 무덤에 가서 여인들의 말이 사실이었음을 확인하였습니다.

내 손과 내 발을 만져 보아라

주님이 부활한 날 저녁에 사도들은 유다인들이 두려워 문을 모두 잠그고 있었습니다. 그때 엠마오에 갔던 두 제자가 돌아와 그날 겪은 일을 사도들에게 말하였습니다. 사도들도 부활하신 주님이 시몬 베드로에게 나타나셨다고 응답하였습니다. 사도들과 제자들이 부활하신 예수님에 관해 대화하고 있을 때, 예수님이 느닷없이 그들 가운데 나타나셨습니다. 그리고 "평화가 너희와 함께!"(루카 24,36; 요한 20,19) 하고 인사하셨습니다.

제자들은 너무나 무섭고 두려워서 유령을 보는 줄로 착각하였습니다(루카 24,37 참조). 제자들의 불신을 안타깝게 여기신 예수님은 제자들에게 "왜 놀라느냐? 어찌하여 너희 마음에 여러 가지 의혹이 이느냐? 내 손과 내 발을 보아라. 바로 나다. 나를 만져 보아라. 유령은 살과 뼈가 없지만, 나는 너희도 보다시피 살과 뼈가 있다."(루카 24,38-39) 하고 말씀하셨습니다.

예수님이 십자가에 못 박히셨던 상처의 흔적을 부활하신 후에도 그대로 지니고 계셨음이 확실합니다. 십자가에 못 박히셨던 바로 그분이 제자들에게 나타나심은 수난하시고 부활하신 주님이 제자들과 늘 함께 계실 것임을 보증하는 것입니다.

제자들은 부활하신 주님을 만나 뵙고 기뻐하면서도 아직도 확신하지 못하고 어리둥절하였습니다. 예수님이 제자들에게 "여기에 먹을 것이 좀 있느냐?"(루카 24,41) 하고 물으셨습니다. 제자들이 구운 물고기 한 토막을 드리자, 예수님은 그것을 받아 그들이 보는 앞에서 잡수셨습니다(루카 24,42-

토마스의 불신
헨드릭 테르브루겐(Hendrick Terbrugghen, 1588~1629년), 1604?년,
캔버스에 유채, 암스테르담 국립 미술관, 암스테르담, 네덜란드.

43 참조). 이제 이러한 사실 앞에 더 이상 제자들은 우왕좌왕할 수 없게 되었습니다. 예수님이 실제로 앞에 와 계시기 때문입니다. 부활하신 주님은 영혼만이 아니라 육신까지도 포함하여 현존하신 것입니다.

토마스의 신앙 고백

요한 복음서를 보면 첫 번째로 예수님이 부활하신 날 사도들에게 나타나셨을 때에 토마스가 그 자리에 없었습니다. 그래서 토마스는 예수님의 못 자국에 자기 손가락을 넣어 보아야 믿겠다고 고집을 피웠습니다(요한

20,24-25 참조). 예수님은 부활하신 지 여드레 후 토마스를 포함한 사도들에게 다시 나타나셨습니다. 그리고 예수님이 토마스에게 못 자국에 손가락을 넣어 보라고 말씀하셨습니다(요한 20,27 참조). 그러자 토마스는 예수님께 "저의 주님, 저의 하느님!"(요한 20,28) 하고 감격스러운 신앙 고백을 하였습니다. 예수님은 "너는 나를 보고서야 믿느냐? 보지 않고도 믿는 사람은 행복하다."(요한 20,29) 하고 말씀하셨습니다. 토마스의 이러한 행동은 사도들의 시대 이후 오늘날에 이르기까지 예수님의 부활을 의심하는 사람들을 위하여 하느님이 미리 안배하신 부분일 것입니다.

예수님의 못 박혔던 상처는, 부활하신 주님의 육신이 십자가에 못 박히셨던 희생의 제물이었음을 증명합니다. 이것은 이천여 년 전 예루살렘 성 밖 갈바리아 언덕에서 일어났던 역사적 사실에 그치는 것이 아니라, 언제나 항구하게 남아 있는 사실이며 그 효과가 언제나 계속되고 있는 사건입니다. 영광의 주님은 희생되셨던 구세주이시므로 주님의 희생 효과는 영원히 남을 것입니다.

부활하신 주님이 사도들에게 죄를 사하는 권한을 주심(요한 20,21-23)

예수님이 부활하신 날 저녁 때 사도들에게 나타나시어 "평화가 너희와 함께! 아버지께서 나를 보내신 것처럼 나도 너희를 보낸다."(요한 20,21) 그리고 이어서 사도들에게 숨을 불어넣으며 "성령을 받아라."(요한 20,22) 하고 말씀하셨습니다. 예수님이 숨을 불어넣으시는 행위는 태초에 창조주 하느님이 사람을 창조하셨을 때의 행위를 연상케 합니다(창세 2,7 참조).

예수님의 이 행위는 새로운 창조를 시사합니다. 예수님이 불어넣으신 성령은 이제부터 사도들이 예수님과의 일치 안에서 드러낼 구원의 힘이 될 것입니다.

예수님은 최후의 만찬 중에 사도들에게 성령 강림을 약속하셨습니다(요한 14,16-26; 16,7-13 참조). 그런데 부활하신 날 주님은 성령이 강림하시기 전임에도 불구하고 사도들에게 "너희가 누구의 죄든지 용서해 주면 그가 용서를 받을 것이고, 그대로 두면 그대로 남아 있을 것이다."(요한 20,23) 하고 생명의 원천이신 성령이 주시는 권한에 참여할 수 있도록 사명과 권한을 부여하셨습니다. 이 권한은 용서를 청하는 죄인의 사정을 잘 알아보고 나서 그의 죄를 용서하거나 용서하지 않는 판단을 포함합니다. 즉, 사도들은 올바로 판단하기 전에 죄인의 사정과 내용을 살펴야 할 것입니다.

요한 복음사가는 이 자리에서 마태오 복음서 16장 19절과 18장 18절을 인용하였습니다. 즉, 사도들은 세상에 대한 예수님의 사명 수행을 계속하는 가운데, 사람들의 죄를 용서하기도 하고 그대로 두기도 하는 권한을 받은 것입니다. 이와 관련하여 가톨릭교회와 동방 교회에서는 죄를 용서하는 권한이 예수님과의 일치 안에서 사목적 책임이 맡겨진 사도단의 구성원들에게 부여된 것으로 이해합니다(요한 21,15-17 참조).

부활하신 주님이 사도들에게 복음을 선포할 사명을 주심(마르 16,14-18)

예수님이 부활하신 날 밤이었습니다. 사도들이 식탁에 앉아 있을 때 예수님이 나타나셨습니다. 예수님은 이미 세 번씩이나 당신의 수난과 부활을 예언하셨습니다. 그뿐만 아니라 예수님의 예언을 회상하게 하는 부활의 증인들도 사도들에게 주님의 부활을 알려 주었습니다. 그러나 사도들은 아직 믿지 않고 있었기 때문에 그 완고한 불신을 예수님이 꾸짖으셨습니다(마르 16,14 참조).

마지막 만찬 때에 성체성사와 사제직을 제정하신 주님이 이제는 사도들에게 그리스도의 신비체인 교회 건설 즉, 복음 선포에 대한 사명을 주셨습니다. 주님은 사도들에게 "유다인들뿐만 아니라 온 세상 모든 사람들에게 복음을 선포하여라. 믿고 세례를 받는 이는 구원을 받고, 믿지 않는 자는 단죄를 받을 것이다."(마르 16,15-16 참조) 하고 명하셨습니다.

세례성사로 사람을 그리스도와 일치시키는 신앙은 구원의 조건입니다. 그러나 사람은 자기의 자유를 악용하여 그리스도의 선언을 거부할 수 있습니다. 만일 거부하면 하느님 나라에서 제외됩니다. "믿지 않는 사람은 단죄를 받을 것이다."(마르 16,16 참조)라는 말씀은 영원한 구원을 받을 사람과 영원한 벌을 받을 사람들에 관한 단호한 갈림길을 뜻합니다.

사도들과 그 후계자들이 하느님으로부터 받은 특별한 능력은 예수님의 가르침이 하느님으로부터 왔다는 것을 충분히 증명할 것입니다. 예수님은 사도들에게 이렇게 말씀하시며 특전을 주셨습니다. "믿는 이들에게는 이러한 표징들이 따를 것이다. 곧 내 이름으로 마귀들을 쫓아내고 새로운 언어들을 말하며, 손으로 뱀을 집어 들고 독을 마셔도 아무런 해도 입지 않으며, 또 병자들에게 손을 얹으면 병이 나을 것이다."(마르 16,17-18)

복음을 전파하는 사도들이 배운 적 없는 외국어를 말하고 신비적인 말씀을 전하는 은사를 받았습니다(사도 2,3-11 참조). 예수님이 일흔두 명의 제자들에게 뱀을 밟아도 해를 입지 않는 능력을 주셨습니다(루카 10,19 참조). 바오로 사도는 자기 손에 매달린 독사에게 물렸지만 해를 입지 않았습니다(사도 28,3-5 참조).

교회의 역사에서도 성인들의 안수로써 병이 치유되는 기적이 빈번이 나타났음을 알 수 있습니다.

10 예수 부활 주일 이후

1) 주님이 갈릴래아에서 사도들에게 나타나심(마태 28,16-20)

사도들은 예수님이 부활하신 날 예루살렘에서 예수님을 만났고, 사흘 후에도 예루살렘에서 예수님을 만났습니다. 그리고 여드레 뒤에 토마스가 사도들과 함께 있을 때에도 예수님을 만났습니다(요한 20,26 참조). 이를 볼 때 사도들은 예수님이 부활하신 후 한 주간 정도 예루살렘에 머문 것 같습니다.

사도들은 예수님의 지시에 따라 갈릴래아 지방으로 가서 예수님이 분부하신 산으로 갔습니다. 거기서 사도들은 예수님을 뵙고 엎드려 경배하였으나 더러는 의심하였습니다(마태 28,16-17 참조). 이 구절을 현대의 성서

학자들은 "의심하고 있던 사도들은 그분을 보고 예배하였다."라는 의미로 설명합니다.

그렇다면 사도들은 여전히 의혹을 가지고 있었을까요? 마태오 복음사가는 예수님이 처음 나타나셨을 때 사도들이 품고 있던 의심을 써 두고 싶었기 때문에 여기에 써 넣었을 것입니다. 마태오 복음사가는 예수님의 부활에 대한 사도들의 믿음은 맹목적이고 일시적이며 감정적인 것이 아님을 쓰고 싶었을 것입니다.

예수님은 사도들에게 다가가서 "나는 하늘과 땅의 모든 권한을 받았다."(마태 28,18)라고 선언하셨습니다. 격조가 높은 아름다운 문장입니다. 이 말씀에는 주님의 신성神性이 그 배경으로 되어 있음이 느껴집니다.

삼위일체이신 하느님을 믿고 세례성사를 받아야 한다

이어서 예수님은 이렇게 부분하셨습니다. "너희는 온 세상 모든 민족들에게 복음을 선포하고 제자로 삼아라. 그리고 아버지와 아들과 성령의 이름으로 즉, 삼위일체이신 하느님의 이름으로 모든 사람들에게 세례를 주어라."(마태 28,19 참조) 사람이 하느님의 자녀로 다시 태어나 구원을 받으려면 삼위일체이신 하느님을 믿고 세례성사를 받아야 함을 예수님이 명시하신 것입니다.

예수님은 제자들에게 "내가 너희에게 명령한 모든 것을 가르쳐 지키게 하여라. 보라, 내가 세상 끝 날까지 언제나 너희와 함께 있겠다."(마태 28,20) 하고 격려하셨습니다. 예수님이 세우신 교회의 연속성을 보장하시며, 마지막 날까지 제자들과 교회를 떠나지 아니하시고 보호하시어 이끌어 주시겠다는 선언입니다. 하느님으로서 우리에게 해 주신 거룩한 약속입니다. 이 말씀은 그리스도를 믿어 구원을 받은 모든 제자들에게 하신 약속입니다. 복음을 전하는 데 있어서, 또 하늘나라의 확립을 위하여 어려운 투쟁을 해야 할 우리에게 참으로 격려가 되는 말씀입니다.

세례를 받은 사람은 예수님의 제자로서 예수님이 가르쳐 주신 모든 말씀을 믿고 계명을 지켜야 합니다. 예수님은 제자들과 함께 계시겠다고 약조하셨습니다. 어떠한 상황에서든지 예수님은 제자들을 지켜 주시고 이끌어 주실 것입니다.

그러므로 그리스도와 함께 살며 복음을 전하고 하느님의 정의와 사랑을 선포하는 우리를 그 어떠한 세력도 막지 못할 것입니다. 아무리 무서운 공포로 우리를 전율케 할 박해가 닥쳐올지라도 우리와 함께하시는 그리스도의 힘을 당할 자가 누가 있겠습니까?

"함께 있겠다."라는 주님의 약속을 증명하는 역사가 오늘까지의 교회의 역사이며 또한 내일의 역사일 것입니다. 그러기에 우리는 그리스도와 함께 영원히 승리할 것입니다. 그리스도와 함께 사는 한없는 기쁨 속에서 우리는 전진할 것입니다.

2) 티베리아스 호숫가에 나타나신 주님(요한 21,1-19)

(1) 와서 아침을 먹어라(요한 21,1-13)

사도들은 부활하신 주님이 명령하신 대로 갈릴래아 지방으로 돌아왔습니다. 어느 날 베드로를 비롯한 일곱 명의 사도들이 배를 타고 밤새도록 고기를 잡으려 수고하였으나 아무것도 잡지 못하였습니다. 날이 밝을 무렵 예수님이 호숫가에 서 계셨습니다. 그러나 사도들은 그분이 예수님이신 줄을 알아보지 못하였습니다.

호숫가에 서 계신 예수님이 100미터쯤 떨어진 배 위에 있는 사도들에게 "얘들아, 무얼 좀 잡았느냐?"(요한 21,5) 하고 반갑게 인사하셨습니다. 밤새껏 헛수고만 해서 속이 상한 사도들이 시무룩하게 "아무것도 못 잡았습니다."(요한 21,5 참조) 하고 대답하였습니다.

밤새도록 아무것도 못 잡은 사도들은 배의 왼쪽에 그물을 던져 놓고 있었는데, 예수님이 "그물을 배 오른쪽으로 던지면 고기가 잡힐 것이다."(요한 21,6 참조)라고 일러 주셨습니다. 그래서 사도들이 주님의 말씀대로 그물을 던졌더니 고기가 너무 많이 잡혀서 그물을 배에 끌어올릴 수가 없었습니다.

요한은 삼 년 전 예수님을 처음 만났을 때에도 밤새도록 고기를 못 잡았던 상황에서 예수님의 말씀에 따라 그물을 던졌더니 그물이 찢어질 정도로 많은 물고기를 잡았던 것이 생각났습니다. 눈치 빠른 요한이 "저 분은 주님이십니다."(요한 21,7 참조) 하고 외쳤습니다. 그러자 속옷 차림으로 밤새도록 그물을 던지고 있던 격정적이고 강직한 성품의 베드로는 주님께 예의를 갖추려고 얼른 겉옷을 걸치고 물속으로 뛰어들었습니다. 배에 남은 사도들이 침착하게 작업을 계속하여 그물에 가득찬 물고기들을 100미터쯤 떨어져 있는 호반으로 끌고 갔습니다. 베드로가 다시 배에 올라서 그물을 뭍으로 끌어올렸습니다(요한 21,11 참조). 그물이 찢어질 지경으로 고기가 많았음에도 불구하고 그물은 찢어지지 않았습니다.

요한과 베드로가 예수님을 처음 만났을 때에도 그러하였습니다. 삼 년 전 그 기적적인 사건에 충격을 받은 베드로 형제와 요한 형제가 즉석에서 예수님의 제자들이 되었던 사건이 다시 재현된 것입니다(루카 5,1-11 참조).

사도들은 감격한 상태에서 고기가 몇 마리나 되는지 세어 보니 큰 고기가 백쉰세 마리나 들어 있었습니다.

고대 자연 과학자들은 물고기의 종류가 백쉰세 가지라고 생각하였습니다. 예로니모 성인은 이를 이렇게 설명했습니다. "백쉰세 마리의 고기는, 장차 온 세상 사람들이 부활하신 주님에 대한 신앙을 고백하면서 모이게 될 것임을 뜻한다."

사도들이 뭍에 내려서 보니까 숯불 위에 물고기가 놓여 있고 빵도 있었습니다(요한 21,9 참조). 예수님이 자상하게 식사 준비를 해 놓으신 것을 보고 사도들이 놀랐습니다. 그때 예수님이 "방금 잡은 고기를 몇 마리 가져오너라."(요한 21,10) 하고 말씀하셨습니다.

평생 잊지 못할 감격에 잠겨 있는 사도들에게 예수님이 "와서 아침을 먹어라."(요한 21,12) 하고 말씀하셨습니다. 예수님이 사도들과 함께 지내는 동안에 늘 보여 주시던 자상한 모습입니다. 사도들은 예수님임을 직감적으로 알아보았으나, 감격과 경외심이 가득차서 감히 아무도 "주님이십니까?" 하고 묻지 못하였습니다. 물을 필요도 없이 주님이시라는 것을 알고 있었기 때문입니다. 예수님이 사도들에게 빵과 고기를 나누어 주셨습니다. 제자들은 마치 오천 명을 먹이셨던 기적을 행하셨을 때에 모습이 연상되었습니다. 이것은 성찬례를 시사하는 것일 수 있습니다.

요한 복음사가는 이 사건을 예수님이 부활하신 후 세 번째로 사도들에게 나타나신 사건으로 기록하였습니다(요한 21,14 참조).

(2) 베드로의 수위권(요한 21,15-19)

베드로의 첫 번째 사랑 고백

티베리아스 호숫가에서 주님과 사도들이 함께 아침 식사를 한 다음에 예수님이 사도들 가운데 서 있는 베드로에게 "요한의 아들 시몬아"(요한 21,15) 하고 부르셨습니다. 예수님이 삼 년 전 처음 만난 베드로를 유심히 보고 "너는 요한의 아들 시몬이구나."(요한 1,42) 하시며 바로 제자로 삼으셨습니다. 그런데 부활하신 예수님이 이제 다시 베드로를 처음 제자로 부르셨을 때의 이름으로 부르셨습니다.

예수님이 베드로에게 "너는 이들이 나를 사랑하는 것보다 더 나를 사랑하느냐?"(요한 21,15) 하고 물으셨습니다. 베드로는 다른 사도들 앞에서 예수님께 사랑한다는 말을 하기가 쑥스러워서 지금까지 예수님께 "사랑합니다."라고 대놓고 말한 적이 없었을 것입니다. 그래서 예수님은 제자들이 보는 앞에서 베드로에게 공개적인 사랑을 고백하도록 유도 질문을 하셨습니다.

베드로가 "예, 주님! 제가 주님을 사랑하는 줄을 주님께서 아십니다."(요한 21,15) 하고 쑥스러움을 무릅쓰고 용감히 대답하였습니다. 이제 베드로가 다른 사도들보다 예수님을 더 사랑한다는 고백을 공개적으로 선언한 것입니다. 그러자 예수님이 그에게 "내 어린 양들을 돌보아라."(요한 21,15) 하고 말씀하셨습니다. 베드로의 공개적인 사랑의 고백을 바탕으로 온 세상 신자들을 이끌 영도자로서의 임무를 맡기신다는 말씀입니다.

두 번째 사랑 고백

예수님이 다시 두 번째로 베드로에게 같은 질문을 하셨습니다. 그리고 베드로는 다시 한 번 공개적으로 예수님에 대한 사랑을 고백하였습니다. 예수님이 다시 전 세계의 모든 성직자, 수도자들을 이끌 지도자로서의 임무를 맡기시는 뜻으로 "내 양들을 돌보아라."(요한 21,16) 하고 말씀하셨습니다.

예수님이 다시 세 번째로 베드로에게 같은 질문을 하셨습니다. 예수님이 베드로에게 같은 질문을 세 번씩이나 거듭하신 목적은 두 가지였을 것으로 짐작됩니다.

첫째, 예수님이 승천하신 다음, 이 세상에서 예수님의 대리자로서 예수님이 세우신 교회의 최고 권위자의 임무를 수행하려면 예수님에 대한 사랑이 누구보다도 커야 합니다. 따라서 전 세계 신자들에 대한 최고 권위자는 마땅히 최고 목자이신 그리스도에 대한 큰 사랑이 필수적으로 있어야 하기 때문입니다.

둘째, 예수님이 잡히시어 카야파 대사제 저택에서 심문을 받으셨을 때에 베드로가 예수님을 모른다고 세 번씩이나 부인하였던 잘못과 연관시켜서 해석하는 학자들도 있습니다. 베드로가 예수님을 모른다고 세 번씩이나 공개적으로 부인하였기 때문에 그 잘못을 다른 사도들 앞에서 뉘우치고, 그를 보상하는 의미로 예수님에 대한 사랑을 공개적으로 세 번 반복하여 명예를 회복할 기회를 주셨다는 것입니다.

세 번째 사랑 고백

베드로는 예수님이 세 번이나 "나를 사랑하느냐?" 하고 물으심으로 서글퍼졌습니다(요한 21,17 참조). 세 번 거듭된 질문을 받을 때에 베드로는 이미 감정이 극에 치닫고 있었습니다. 예수님이 카야파의 신문을 받으셨을 때에 예수님을 모른다고 대답한 베드로의 잘못에 대하여 주님이 모든 것을 알고 계셨다는 것을 직감하였습니다.

그래서 베드로는 주님의 물음에 극진하게 겸손한 마음으로 대답하였습니다. "주님, 주님께서는 모든 것을 아십니다. 제가 주님을 사랑하는 줄을 주님께서는 알고 계십니다."(요한 21,17) 하고 대답하였습니다. 그는 자기의 사랑이 다른 사도들보다 뛰어났다고 드러내어 말할 용기가 없었고 그저 주님의 전지全知하심에 맡겼습니다.

주님은 베드로의 마음이 예수님에 대하여 얼마나 깊은 사랑으로 불타고 있는지도 알고 계셨습니다. 가엾은 제자의 마음은 터질 지경이었습니다. 베드로는 자신을 불쌍히 여겨 주시기를 청하였습니다. 자신의 목숨을 바치는 한이 있더라도 예수님을 위해서 모든 충성을 다 바치겠다는 사랑의 맹세를 마음속으로 깊이깊이 새긴 것입니다.

그러자 예수님이 베드로에게 그리스도의 대리자요 교회의 최고 권위자로 임명하시는 뜻으로 "내 양들을 돌보아라."(요한 21,17) 하고 말씀하셨습니다.

그리고 예수님은 베드로가 맡은 임무를 수행하기 위하여 지극한 수난까지도 견디어 내야 함을 예견하면서 격려하셨습니다. "내가 진실로 진실로 너에게 말한다. 네가 젊었을 때에는 스스로 허리띠를 매고 원하는 곳으로

성인들과 함께 즉위하는 베드로 성인
조반니 바티스타 치마 다 코넬리아노(Giovanni Battista Cima da Conegliano, 1460?~1518?년),
1516년, 목판에 유채, 브레라 미술관, 밀라노, 이탈리아.

다녔다. 그러나 늙어서는 네가 두 팔을 벌리면 다른 이들이 너에게 허리 띠를 매어 주고서, 네가 원하지 않는 곳으로 데려갈 것이다."(요한 21,18) 예수님은 이렇게 말씀하시어, 베드로가 어떠한 죽음으로 하느님을 영광스럽게 할 것인지 예언하신 것입니다. 이렇게 이르신 다음에 예수님은 베드로에게 "나를 따라라."(요한 21,19) 하고 말씀하셨습니다.

맺음말

예, 주님!
제가 주님을 사랑하는 줄을 주님께서 아십니다

저는 1961년 3월 18일, 그해의 주님 수난 성지 주일 전날에 명동 대성당에서 사제품을 받았습니다. 제가 서품 성구로 택한 성경 구절이 "나 너를 사랑하시는 줄을 너 알으시나이다."(요한 21,15 참조)입니다. 이 말씀은 예수님이 부활하신 후 베드로에게 세 번이나 "나를 사랑하느냐?" 하고 물으셨을 때, 베드로가 예수님께 드린 대답입니다.

예수님이 붙잡혔을 때, 세 번이나 예수님을 모른다고 부인했던 베드로처럼 저도 주님 앞에 사제되기에 부족한 자임을 자각하였습니다. 저는 베드로 사도의 심정을 공감할 수 있었습니다. 베드로 사도는 부활하신 예수님을 만난 자리에서, 이렇게 부족하고 죄가 많은 인간에게 가장 필요한 것이 바로 회개임을 우리에게 알려 줍니다. 회개야말로 베드로 사도를 사도들의 으뜸으로 만든 소중한 원동력이었습니다.

또한 예수님은 베드로에게 "나를 따라라."(요한 21,19) 하고 말씀하셨습니다. 예수님을 따르기 위해서는 모든 것을 버려야 합니다. 그만큼 예수님을 따른다는 것은 힘들고 어려운 일입니다. 과연 저는 사제로 살아온 지난 오십여 년 동안 저의 모든 것을 버렸는지 자문해 봅니다. 매일매일 최선을 다해 살고자 노력하였지만 부족한 점이 너무나 많았습니다. 저의 결점을 참아 주시고 너그러이 용서해 주시는 주님과 교형 자매 여러분께 매 순간 감사드립니다. 그것이 바로 주님이 십자가 위에서 돌아가시면서까지 베풀어 주신 한없는 사랑에 대한 당연한 응답일 것입니다.

예수님은 우리를 위해 자신의 모든 것을 아낌없이 내어 주시고 그것도 모자라 온갖 수난을 겪으시고 십자가 위에서 비참한 죽음을 맞이하셨습니다. 그러나 그분은 죽음을 이기시고 영광스럽게 부활하시어 우리를 죄에서 구원해 주시고 새 생명과 희망을 주셨습니다. 수난과 죽음, 부활을 통해 우리에게 무한한 사랑을 쏟아 주셨습니다. 그렇기에 우리는 그분의 사랑과 은총에 감사하며, 그분을 증거하는 삶을 살아야 합니다. "그리스도께서 되살아나지 않으셨다면, 우리의 복음 선포도 헛되고 여러분의 믿음도 헛됩니다."(1코린 15,14)

이 책을 통해 주님의 지상 여정의 핵심 부분인 성주간을 함께 묵상했습니다. 성주간의 여정은 구약의 이스라엘 여정과 예수님 삶을 통한 하느님 사랑을 단 한 주간에 압축시켜 보여 줍니다. 독자 여러분에게도 소중한 시간이 되기를 소망합니다. 수난과 죽음의 시간에서도 우리를 한없이 사랑해 주셨던 주님의 부활로 우리 모두는 죄와 죽음에서 해방되었습니다.

여러분과 여러분의 가정에 부활하신 예수님의 은총이 가득하시기를 기도합니다.

"예, 주님! 제가 주님을 사랑하는 줄을 주님께서 아십니다."(요한 21,15)